동아시아 전통사회의 구조와 해체

이 책은 동아시아역사연구소 총서 5권입니다.

동아시아 전통사회의 구조와 해체

초판 1쇄 발행 2009년 2월 28일

저 자 임경석 외
펴낸이 윤관백
제 작 김지학
편 집 이경남 · 장인자 · 김민희
교정교열 김은혜 · 이수정
표 지 정안태
펴낸곳 

등록 제5-77호(1998.11.4)
주소 서울시 마포구 마포동 324-1 곶마루빌딩 1층
전화 02)718-6252 / 6257
팩스 02)718-6253
E-mail sunin72@chol.com

정가 · 18,000원
ISBN 978-89-5933-151-2 93900

동아시아 전통사회의 구조와 해체

임경석 외

서 문

이 책은 동아시아 전통사회에 관한 작은 탐구의 기록이다. 서구 문물이 엄습해 오기 이전에 동아시아 사회가 어떤 구조를 갖고 있었는지, 그 구조가 서세동점에 의해 어떻게 해체되어 갔는지 그 일단을 밝혀 보고자 했다.

동아시아 전통사회의 구조를 온전히 해명하는 일은 매우 어려운 과제다. 왜냐하면 연구대상이 거대하고 복잡하기 때문이다. 동아시아 권역 내에는 여러 나라가 포함되어 있으므로 일국사적 관점만으로는 대상 전체를 시야에 넣을 수 없다. 각 나라 사정에 밀착하려는 노력과 함께 국제적 · 전체적 조망을 확보하고자 힘써야 한다. 그뿐만이 아니다. 동아시아 전통사회는 수천년의 역사를 거쳐 왔다. 따라서 역사적 고찰의 대상은 예외없이 난마와 같은 인과관계로 촘촘히 엮여 있다. 대상의 변화와 전변이 무쌍하기 때문에 연구자들은 자칫하면 길을 잃고 헤매기 십상이다.

연구의 어려움은 대상의 거대함과 복잡함에서만 연유하는 것은 아니다. 어려움을 가중시키는 또 하나의 난관이 있다. 서구와 일본의 인문학자 · 사회과학자들이 백수십년 동안 축적해 온 지역학적 연구성과와 그에 내재한 편견이 그것이다.

동아시아 각국은 근대 이후 서세동점의 거센 파도에 직면해야만 했다. 그리하여 서구 열강에 군사적 · 정치적으로 복속됐을 뿐만 아니라

문화적 · 학술적으로도 예속되기에 이르렀다. 오직 일본만이 예외였다. 일본은 동아시아 각국 중에서 유일하게 식민지 · 반식민지적 경로가 아니라 서구 열강과 동일한 경로의 근대적 전환을 겪었다. 한국의 전통 지식인의 표현을 따르면 '왜양일체(倭洋一體)'가 됐던 것이다.

서구와 일본은 동아시아 각국 사람들이 근대적 자아를 형성하기 이전에 자신의 주도하에 동아시아학을 정립했다. 그리하여 동아시아 지역학이 탄생했다. 동양학, 동방학, 조선학, 지나학(支那學) 등은 그것의 별칭이었다. 지역학은 제국주의의 정책적 수요에 응하여 출현한 학문이었다. 그 연구성과에 따르면 동아시아 전통사회는 정체되고 타율적인 사회였다. 발전이라곤 거의 없거나 설혹 있었더라도 지지부진했으며, 변화의 계기는 항상 외부의 자극과 충격하에서만 주어졌다. 비트포겔류의 동양적 전제주의 학설이나 일본인 관학자들이 구축한 식민주의 사관 등은 그 보기라 하겠다. 사이드는 오리엔탈리즘이란 이름으로 비서구 구식민지 지역에 대한 서구인의 편견과 왜곡을 고발한 바 있다. 이러한 지역학적 유산은 오늘날에도 여전히 학문적으로 확대 재생산되고 있다.

이러한 어려움들에 비춰볼 때 동아시아 사회에 관한 연구는 일조일석에 진전될 수 있는 것이 아니다. 이 책의 목적도 동아시아 전통사회의 구조를 수미일관하게 이론적으로 제시하는 데에 있지 않다. 그것은 우리의 화살이 닿는 곳 너머에 있다. 이 책이 꾀하는 바는 당사자의 시선에서 동아시아 전통사회를 바라보는 조망을 확장하는 데에 있다. 작지만 신뢰할 만한 사유의 거점을 마련하고자 한다.

제1부에서는 동아시아 전통사회의 구조를 해명하는 데에 유의미한 단서가 된다고 판단되는 인간 집단에 주목했다. 동아시아 전통사회에 등장했던 '민(民)', '사인(士人)', '조닌(町人)'과 '햐쿠쇼(百姓)' 등이 그것이다.

이창훈은 7세기 한국사에서 진행된 거대한 사회 변동의 배후에서 '민(民)'의 역사적 지위 변화가 수반되고 있었음을 논증했다. 그는 7세기에 진전된 농업 생산력의 발전에 힘입어 '민'의 지위 변화를 초래할 조건들이 마련됐다고 이해한다. '민'에 대한 인신적 지배는 약화됐으며, 토지를 매개로 한 인간관계의 형성이 본격적으로 진행됐다는 것이다. 그는 이러한 변화가 고구려와 백제의 멸망을 초래한 대규모 전쟁과 나란히 진행됐음에 주목한다. 그리하여 전쟁이 종료된 이후에 '민'의 존재형태가 변화됐다고 한다. 즉 7세기의 사회적 변화를 거친 '민'은 공동체적 · 인신적 예속에서 벗어나 권리와 의무를 동시에 지니는 국가의 공민으로 전화됐다는 것이다.

하원수는 위진남북조(魏晉南北朝)에서 송대(宋代)에 이르는 시기 중국의 '사인' 층에 관심을 기울였다. 그는 이 집단의 성격을 이해하기 위해서 사회적 지위나 신분과 같은 외적인 조건만을 중시하는 데에는 부족함이 있다고 보았다. 그래서 사인 층의 내면 세계로 들어가서 그들이 스스로 사인이라고 자임할 수 있었던 근거가 무엇이었는지를 천착했다. 그에 따르면 유가(儒家)에서는 '사인'이 갖춰야 할 덕목으로서 '덕행(德行)' · '언어(言語)' · '정사(政事)' · '문학(文學)' 네 가지를 중시했다. 이 네 가지가 곧 '공문사과(孔門四科)'인데, 이는 관료 선발의 기준으로 작용했다. 하원수는 네 덕목의 의미와 비중이 시대에 따라서 변화했음에 주목했다. 정치적 격변기에는 '정사'가 중시됐고, 진사과(進士科)가 정착되는 과정에서는 '문학'이 더 우선시됐다고 한다. 한편 송대의 '사인'은 위진남북조 시대에 비하여 관료층과의 상관성이 더 컸음을 확인할 수 있는데, 그것은 이 집단이 황권(皇權)에 더 종속됐음을 뜻하는 것이 아니라 상대적인 자율성이 더 강화됐음을 뜻한다고 해석했다.

구태훈은 18세기 일본의 '조닌(町人)'과 '하쿠쇼(百姓)' 층에 주목했다. 그는 에도(江戶) 막부가 시행한 도검 휴대 금지령이 신분에 따라서 어떻게 달리 적용됐는지를 검토했다. 1668년에 서민층에 대한 신분 규제의 일환으로 처음 하달된 금지령은 1683년에는 더욱 강화됐다. 그리하여 모든 예외 규정이 배제됐다. 그러나 금지령이 시행됐음에도 불구하고

서민층이 칼을 차는 행위의 적법성을 둘러싼 현실적 긴장은 격화됐다고 한다. 그 결과 신분상으로는 칼을 차는 행위가 허용되지 않던 조닌 · 하쿠쇼 층은 경우에 따라서는 그 행위가 허락됐다. 무사(武士) 신분과 조닌 · 하쿠쇼 신분은 겉으로는 신분의 논리에 의해 명확히 구분되면서도, 다른 한편으로는 '직(職)'과 '역(役)'의 논리에 의해 서로 개방되어 있었던 것이다.

제2부에서는 동아시아 전통사회 해체기의 여러 양상을 다뤘다. 일본을 제외한 동아시아 전통사회의 해체는 타력에 의해 이뤄졌다. 그것은 서세동점의 소산이었다. 동아시아 사회는 서구와 일본의 팽창하에서 종속적 근대화의 경로를 강요받았다. 하지만 억압자들은 그에 맞서는 식민지 · 반식민지 구성원들의 다양한 움직임과 대면해야만 했다. 그 움직임은 국왕, 전통 지식인, 농민, 상인 등이 참가하는 다채로운 양상을 보이고 있다. 이 책에서는 서구와 일본 주도의 근대 기획에 맞서서 한국과 중국에서 표출된 다양한 대응 양식에 주목했다.

도면회는 전통사회 해체기의 정치사를 도덕적 포폄(褒貶)에 구애됨이 없이 객관적으로 관찰할 것을 제안하고 있다. 그는 대한제국의 정치사를 국가권력의 장악을 위한 정치 · 사회 세력 간의 투쟁과정으로 파악한다. 이때 중요한 것은 왕권의 향배였다. 갑오개혁기에 도입된 국가체제의 원리는 왕권을 극도로 제한하고 균질적 국민을 형성하려는 지향이었다. 그에 반해 1896년 2월 아관파천 이후에는 왕권을 중심으로 한 근대국가 구상이 추진됐다. 독립협회 주도세력은 황제를 구심점으로 한 국민 통합을 꾀했으나, 고종 황제는 그를 탄압하고 자신의 전제권력을 수립하는 데에 골몰했다. 도면회는 1899년의 「대한국국제」와 황제권 강화정책을 가리켜 대한제국판 '보나파르티즘'의 출현이라고 명명했다. 그러나 대한제국기 보나파르티즘은 충성 · 복종의 의무만 있고 생명 · 재산상 권리는 보호받지 못하는 '신민'을 만들어 냈을 뿐이었다. 그리하여 결국 국민국가 수립 구상은 좌절됐다. 이것이야말로 일본의 침략에 대해 민족적 저항을 결집시키지 못한 주요한 원인이었다고 한다.

임경석은 전통사회 해체기에 표출된 전통적 지식인층의 동향에 주목했다. 그는 식민지적 조건하에서 전통적인 유교 지식인층이 어떠한 논리에 의거하여 독립운동을 수행했는지를 살폈다. '파리장서'가 검토대상으로 선정됐다. 파리장서란 1919년 3·1운동 당시 유교 지식인 137인이 파리강화회의에 제출한 '한국 독립 제안서'를 가리킨다. 파리장서에는 여러 종류의 서로 다른 이본(異本)이 있다. 그를 검토한 결과 파리장서 텍스트에는 다섯 가지 종류가 있음을 확인했다. 또한 파리장서가 최종적으로 채택되기까지에는 네 차례의 수정 및 선택 과정이 있었음도 밝혔다. 이 과정에서 유교 지식인층의 논리와 심리가 어떻게 문안 속에 게재됐는지를 해명했다.

박기수는 전통사회 해체기 중국의 농민봉기에 주목했다. 태평천국운동의 발상지인 광서성(廣西省)에서 다른 지역과는 달리 격렬한 농민봉기가 빈발하게 된 인과관계를 추구했다. 그는 토지소유관계와 유통구조의 모순 이외에도 광서에서 특유하게 전개된 관료지배방식에 관심을 기울였다. 그 결과 광서성에서는 지정은 징수액이 전국 평균치보다 1.8배에 달했고, 아편전쟁 이후에는 그것이 더욱 가중됐음을 실증했다. 또한 지방관료와 서리층, 그리고 군대의 부정부패가 중국의 여느 지방과 마찬가지로 극심했음을 확인했다. 지방 재정은 항상 적자 상태였고, 관료층의 기강이 현저히 해이해져 있었다. 이처럼 광서성은 민중봉기가 만연할 조건이 구비되어 있었으나, 다른 성과는 달리 부패와 부정을 견제할 수 있는 신사층(紳士層)의 역량이 결여되어 있었다. 그 때문에 광서성의 지방 통치 시스템은 태평천국 발발 당시에 이미 붕괴나 다름없는 상태에 놓여 있었던 것이다.

임방은 근대 전환기에 중국 내부에서 발생한 독자적인 근대화 모델에 주목했다. '한구(漢口) 모델'이 그것이다. 이는 중국 초기 근대화의 여러 모델 중 하나였다. 한구의 초기 근대화 동력은 산업화가 아니라 상업화였다. 그것은 영국 모델은 물론이고 중국 내 다른 모델과도 달랐다. 근대화의 기초와 동력은 공업이 아닌 상업 영역에서 나왔다. 고도로 발달한 전통 상업을 기초로 외부요인의 힘을 빌려 발전하는 모델이었다. 한편 임방은 한구 모델의 여러 양상이 '죽지사(竹枝詞)'라는 문학 작품 속에 어떻게 반영되어 있는지에 대해서도 관심을 기울였다. 죽지사는 칠언절구(七言絕句)의 형식을 가지며 통속적인 언어와 경쾌한 음조로 서민생활을 노래하는 것이 특징이다. 이 운문 속에 담겨있는 문학적 표현을 인용함으로써 19세기 말 20세기 초 한구지역의 상업 발전과 근대화 양상을 형상화했다.

전통사회의 구조를 해명하고 근대 이후 그것이 해체되어 가는 과정을 합법칙적으로 이해하는 것은 한국 역사학의 목표 가운데 하나이다. 그 목표를 어떻게 달성할 수 있을까. 우리는 이 책이 그것을 일거에 감당할 수 있다고 주장하지는 않는다. 우리가 목표로 삼는 바는 좀 더 미세하고 구체적이다. 이 책에 수록된 일곱 편의 논문은 동아시아 전통사회의 구조와 그 해체를 이해하는 데에 필수적인 논점들을 구체적으로 천착하고 있다. 이 연구 성과들이 좀 더 일반화된 논의를 전개하기 위한 단단한 밑받침이 될 수 있기를 기대한다.

2009년 2월

임경석

차 례

동아시아 전통사회의 해체

동아시아 전통사회의
구조

7세기 신라 民의 재편과정

李昌勳

이창훈

서울여자대학교 사학과 강사

저서로 『문화유산으로 본 우리문화』(공저, 교우사, 2005) 등이 있다.

7세기 신라 民의 재편과정

머리말

한국사의 7세기는 변동의 시기였다. 한반도에서 삼국이 정립하여 힘의 균형을 이루며 상호 발전적인 영향을 주고받다가 신라의 중고기가 시작되는 6세기에 이르러 이들은 격렬한 영토 쟁탈전을 벌였다. 게다가 각국의 내부에서는 왕과 귀족들의 갈등이 표출되어 첨예하게 대립하였고, 결국 7세기 중엽에 唐과 日本을 끌어들인 국제전이 한반도에서 전개되어 백제는 신라에 통합되었으며, 고구려는 멸망하고 그 지역에서 발해가 건국되었다. 그리하여 한반도의 세력판도에 큰 변화가 일어났다. 그리고 신라는 백제를 통합한 뒤 진골귀족들의 도전을 물리치고 강력한 왕권을 구축하는 한편, 지방제도를 포함한 일련의 제도적 정비를 단행하여 사회체제를 새롭게 수립하였다.

이러한 사회변동은 그 기저의 인간관계 변화와 짝하여 사회성격을 새롭게 정립해나가는 과정이었다. 그리고 그것은 피지배층 일반인 '民'의 성장과 그 民을 견인하여 새로운 통치체제를 수립하려는 지배층의 이해가 맞아떨어지면서 전개된 것이었다. 본고는 그와 같이 民의 역사적 지위가 변화되고 있다는 점에 주목하여 그 변화양상을 추적하고자 한다.

民에 대한 연구의 토대는 지방제도를 비롯한 奴人法과 外位制, 그리고 收取制度 등의 제도사적 연구성과이며, 이를 바탕으로 6~7세기 民의 존재형태에 대한 접근이 이루어졌다. 이 시기 律令과 民의 編制를 통하여 民의 존재형태가 변화되었고, 그 방향은 공동체적 정치원리가 지양되었고, 국왕을 정점으로 하는 국가기구의 공적 지배대상으로 재편성되었다는 것으로 정리되었다.[1] 그리고 民을 피지배층 일반으로 파악하였던 경향에서[2] 나아가 身分制 연구를 통하여 5세기까지의 民을 왕의 공식적 통치대상인 民·百姓과 중앙 및 토착세력에 예속된 집단인 下戶로 준별하여 그 존재형태를 밝힌 연구도 제출되었다.[3] 또한 통사적 견지에서 지방과 왕경 하층의 平人·百姓들이 삼국시대 말 이래 확대되어 良人층을 형성하였고, 그러한 民의 역사적 지위를 고려·조선시대 신분제의 前史로 파악하기도 하였다.[4] 이러한 民에 대한 연구들은 기왕에 진행된 지방사회에 대한 연구성과에 힘입은 바 컸지만 제도적 변화에 따른 역규정으로 분석하였다. 물론 그 이유는 현존하는 사료가 지배층 중심으로 서술되어 民의 모습을 구체적으로 살펴보기에는 어려움이 있기 때문이다. 본고에서는 이러한 사료적 한계를 인정하면서도 역사의 총체적 구성을 위하여 民의 존재방식에 대한 분석을 행하고, 그것을 바탕으로 사회변동의 시기인 7세기를 중심으로 民의 동향을 살펴보고자 한다.

---

1) 姜鳳龍, 「三國時期의 律令과 '民'의 存在形態」, 『韓國史研究』 78, 1992 및 「민의 존재형태」, 『한국사』 4, 한길사, 1994.

2) 洪承基, 「1~3世紀의 '民'의 存在形態에 대한 一考察－所謂 '下戶'의 實體와 관련하여－」, 『歷史學報』 63, 1974 ; 武田幸男, 「魏志東夷伝にみえる下戶問題」, 『朝鮮史研究會論文集』 3, 1967 ; 강봉룡, 「민의 존재형태」.

3) 趙法鍾, 「三國時代 身分制研究－被支配層의 身分樣相을 中心으로－」, 고려대 박사학위논문, 1991.

4) 金基興, 「신라시기 民의 사회경제적 위상」, 『韓國史研究』 102, 1998.

1. 邑落共同體의 해체와 民의 분화

초기의 신라사회에는 공동체적 운영원리가 강하게 남아 있었다. 邑落은[5] 원시사회의 씨족공동체가 분화·형성되었던 사회를 구성하는 기본 단위였으며, 그 내부에는 읍락사회의 실질적인 지배자로 자리잡고 있는 豪民과 농업생산을 담당하는 下戶가 있었다.[6] 호민은 族長 아래 氏族長的인 성격을 가졌던 계층이거나 읍락 내에서 富를 축적하여 상층으로 분화된 '부유한 농민'인데, 이들은 族長에서 분화한 중앙의 지배귀족과 읍락에서 농업생산을 담당하는 하호의 중간계층으로 볼 수 있다.[7] 그리고 '下戶', '民' 또는 '百姓'으로 표현되었던 생산의 주요 담당자들은 노비와는 구분되는 존재로서 당시 산업의 주요한 부문이었던 농업생산에 종사하는 농민들이라고 할 수 있다.[8] 이러한 읍락은 民의 생활단위로서 읍락공동체를 이루었고, 이는 각각 평면적으로 분산되어 있었을 뿐 아니라 읍락 간 상호계열화에 의해 누층적으로 존재하고 있었다.[9]

그런데 이렇듯 사회의 운영원리로서 존재하였던 공동체적 질서는 서서히 해체되어 갔다. 4세기경부터 가속화되는 농업생산력의 발달이 6세기에 접어들면 읍락사회의 변동을 초래하고 지배체제의 변화를 수반하고 있는 것이다.

기존 사회의 변동을 초래하였던 4~6세기의 농업생산력 발달은 크게 세 부분에서 찾아진다.[10] 철제농기구의 확대 보급, 우경의 실시, 그리고

5) 邑落이라는 용어는 東夷사회 전역에 걸쳐 광범위하게 산재했던 취락집단에 대한 일반적인 명칭으로 볼 수 있다. 읍락이란 일정한 지역 안에서 혈연적인 유대관계를 바탕으로 한 부락공동체로서, 그 안에는 주거지를 포함하여 農耕地와 山谷까지를 영역으로 하는 취락단위로 이해된다(金杜珍, 「三韓社會의 邑落」, 『韓國學論叢』 7, 1985, 22~24쪽).

6) 盧重國, 「韓國古代의 邑落의 構造와 性格」, 『大丘史學』 38, 1989, 43~47쪽.

7) 文昌魯, 「三國時代 初期의 豪民」, 『歷史學報』 125, 1990, 50~56쪽.

8) 洪承基, 앞의 글, 21~28쪽.

9) 武田幸男, 앞의 글, 11~17쪽.

벼농사의 중요한 조건인 수리시설의 확충이 그것이다. 철제농기구의 발달과 확대보급, 그리고 축력의 이용은 경지면적의 확대와 노동력의 절감효과를 가져와 단위면적당 토지생산성과 노동생산성의 향상을 초래하였다. 이러한 생산력의 발달은 가족 단위의 소규모경영과 집약적인 농업을 가능하게 하고,[11] 휴경농법에서 휴한농법으로 농업경영방식을 변화시켰다.[12] 또한 이 시기 수리시설의 확충은 농업생산에서 물의 필요성이 증대되었다는 것을 의미하며, 이 점은 이 시기에 물을 많이 필요로 하는 농업, 즉 稻作의 확대를 시사하고 있다.[13] 그리고 水田의 수확량은 旱田에 비해 월등하기 때문에[14] 수전의 확대는 단위면적당 토지생산성의 비약적인 발달을 나타내며, 이러한 점으로 미루어 전반적인 잉여생산물의 증대를 추정할 수 있다.

결국 4~6세기의 농업생산력 발달은 크게 보아 노동력의 절감과 농업생산물의 증대라는 측면으로 작용하였다. 그러나 이러한 利器의 혜택이나 畜力의 이용, 水田농업의 시행이 사회 전계층에 미쳤으리라고는 생각되지 않는다. 철제농기구의 경우는 이 시기에 전국적으로 보급되어 농경에 적극적으로 활용되었음이 확실해 보이지만,[15] 말이나 소의 경우는 이 시기가 삼국 간의 치열한 항쟁기임을 고려할 때 농경에 이용되기보

---

10) 4~6세기 농업생산력의 발달에 대한 부분은 전덕재, 「4~6세기 농업생산력의 발달과 사회변동」, 『역사와 현실』 4, 1990 및 金在弘, 「新羅 中古期의 村制와 地方社會構造」, 『韓國史硏究』 72, 1991 참조.

11) 최덕경, 『中國古代農業史硏究』, 백산서당, 1994, 222~237쪽 및 박대순, 『농기구』, 대원사, 1990, 10~12쪽 참조.

12) 전덕재, 앞의 글, 27~28쪽 및 李喜寬, 「統一新羅 土地制度硏究」, 서강대 박사학위논문, 1994, 210~213쪽. 그러나 휴한농법이 본격적으로 행해진 시기에 있어서는 견해를 달리하고 있다. 전덕재는 4~6세기를 거치면서 보편적으로 행해졌다고 주장하는 데 반하여 이희관은 7세기 이후에 본격적으로 보급되었다고 보고 있다.

13) 李春寧, 『韓國農學史』, 民音社, 1989, 39쪽.

14) 최덕경, 앞의 책, 259~261쪽.

15) 우리나라 중요 농기구의 대부분이 이 시기에 정비되었으며, 이것들은 지역에 따른 차이가 거의 없이 전국에서 쓰여지고 있다(김광언, 「신라시대의 농기구」, 『민족과 문화』 Ⅰ, 정음사, 1988, 46~47쪽).

다는 전쟁의 수행에 더욱 중요하게 작용하였으리라 짐작된다.[16] 그리고 수전농업은 갈이작업의 중요성으로 말미암아 우경과 밀접한 관련을 가지며 개별 단위의 집약적인 노동력을 필요로 한다.[17] 따라서 이 시기의 농업생산력 발달에 의해 혜택을 누린 계층은 철제농기구와 우경을 농경에 적극 도입하여 수전농업을 행할 수 있었던 읍락공동체의 호민이나 일정한 사유재산을 축적하고 있었던 民일 것이다.[18] 이들은 기왕의 신분적 우위와 축적된 부를 바탕으로 철제농기구와 우경 등의 생산수단을 배타적으로 소유하며 성공적으로 선진적인 농경을 수행할 수 있었던 것이다. 반면에 농업경영의 소규모화에서 탈락한 民은 자립성을 잃고 豪民이나 새로운 농경방식에 적응하여 豪民化한 民에게 고용되어 傭作을 통해 생계를 이어나갈 수밖에 없었다.

다음의 사료는 이러한 民의 분화를 잘 보여주고 있다.

> A-1. 7왕들이 함께 의논하여 敎示하였으니, 前世의 두 王의 교시로써 증거를 삼아 財物을 모두 節居利로 하여금 얻게 하라고 하셨다. 또 교시하셨으니 절거리가 만약 먼저 죽으면 그 집 아이 斯奴로 하여금 그 재물을 얻게 하라고 하셨다. 다시 교시하셨으니 末鄒와 斯申支 이 두 사람은 뒤에 다시는 이 재물에 대하여 말하지 말라고 하셨다(〈迎日冷水里碑〉 前面 Ⅶ~Ⅻ행).

---

16) 중국의 경우 소와 말이 戰國時代의 초기에는 주로 군사용으로 이용되다가 후기로 접어들어 전쟁의 횟수가 줄어들자 농업의 동력으로 활용되었음은 시사하는 바가 크다(최덕경, 앞의 책, 181~182쪽).

17) 박대순, 앞의 책, 11~12쪽.

18) 앞서 보았듯이 원시사회의 해체 결과 발생한 읍락공동체의 계급구성은 씨족장적 성격을 여전히 지니고 있었던 豪民과 생산의 주요 담당자였던 民(하호), 인신적으로 예속되어 그 자체 생산수단의 하나로 취급되었던 奴婢로 나누어져 있었다. 그런데 6세기까지 지속적으로 생산력이 발달하고 읍락사회가 분화되는 가운데 富를 축적한 民이 豪民化되어 호민의 씨족장적 성격은 탈각되었다. 물론 그들이 지닌 在地의 영향력을 무시할 수는 없지만 신분적으로는 民의 범주에 포함시킬 수 있을 것이다. 따라서 이하의 서술에서 표현되는 6세기 이후의 호민층은 '부유한 농민'으로 한정하고자 한다.

A-2. 法師 眞定은 신라인이었다. 출가 전에 卒伍에 속하였는데, 집이 가난하여 장가를 들지 못하고 部役의 여가에 품을 팔아(傭作) 곡식을 얻어 그 홀어머니를 봉양하였다. 집안의 재산이라고는 오직 다리 부러진 솥 한 개가 있을 뿐이었다(『三國遺事』 卷5, 「孝善」 9, 眞定師孝善雙美).

〈영일냉수리비〉에 보이는 A-1의 내용은 6세기 초엽의 사건으로 국가가 나서서 節居利라는 인물에게 재물에 대한 소유권을 인정해주고, 그의 사후에도 소유권의 세습을 지시하는 것이다.[19] 그리고 A-2는 7세기 중엽, 眞定法師가 세속에 있을 때 집안이 가난하여 傭作을 통해 어머니를 봉양한 내용을 담고 있다. 우선 A-1에서는 두 가지 점이 주목된다. 첫 번째는 재물을 소유한 절거리, 그리고 분쟁을 유발시킨 末鄒와 斯申支가 어떠한 인물인가이고, 두 번째는 국가가 나서서 소유권에 대한 분쟁을 판결하였고, 그 소유권은 세습되었다는 것이다. 재물에 대한 배타적인 소유권을 확보하고자 하였던 절거리나 말추, 사신지는 고구려 美川王이 즉위하기 전에 고용살이를 하였던 水室村人 陰牟와[20] 같이 모두 일정한 富를 축적하였던 재지의 유력자라고 볼 수 있을 것이다. 즉 이들이 豪民層이라면 그들의 분쟁을 공동체 내부에서 수습하지 못하고 국가권력의 힘을 빌어 해결해야 되었던 상황은 바로 읍락사회의 공동체적 질서가 해체되었음을 보여주는 것이다. 그러한 틈을 비집고 국가권력이 읍락사회로 침투하여 직접 지배의 길을 열었던 것이다. 또한 절거리의

---

19) 〈영일냉수리비〉의 건립연대는 443년설(金昌鎬, 「迎日冷水里新羅碑의 建立 年代」, 『韓國古代史研究』 3, 1990)과 503년설(鄭求福, 「迎日冷水里新羅碑의 金石學的 考察」, 『韓國古代史研究』 3, 1990)이 있는데, 문화재위원회에서는 이 비를 국보로 지정하면서 건립연대를 503년으로 한 바 있다(한국고대사연구회 편, 『韓國古代史研究』 3, 1990 및 韓國古代社會研究所 編, 『譯註 韓國古代金石文』 Ⅱ, 1992, 4쪽 참조).

20) 『三國史記』 卷17, 「高句麗本紀」 5, 美川王 卽位條, "美川王(一云好壤王) 諱乙弗(或云憂弗) …… 子乙弗畏害出遁 始就水室村人陰牟家 傭作 陰牟不知其何許人 使之甚苦."

재물 상속에서 보이듯이 이들은 배타적인 소유를 확대함으로써 부를 축적해 나갔으며, 자신들이 속한 읍락공동체의 소속감을 약화시키면서 개별 가호 단위의 독립성을 확보해나가는 경향을 확인할 수 있다.[21)]

그와 반대로 배타적인 사적 소유가 확대되는 과정에서 생활의 기반을 잃고 자신의 노동력만을 통하여 생계를 유지할 수밖에 없는 계층이 확산되어 있었음은 A-2의 진정법사에게서 잘 나타나고 있다.[22)] 용작의 내용은 농사일이었을 것이고, 이는 인간관계가 토지를 매개로 하여 형성되어감을 보여주는 것이기도 하다. 결국 이들은 국가가 흡수하지 않으면 귀족들이나 호민층에게 예속될 수밖에 없는 존재들이었다.

한편 농업생산력의 발달에 따른 잉여노동의 발생은 사회를 분업화하고 사회적 분업을 진전시켰다. 照知麻立干 12年(490)에는 서울(경주)에 시장을 개설하였는데,[23)] 국가권력이 공식적으로 시장을 개설하였다는 것은 이전부터 꾸준히 교역이 이루어져 일정한 교역 장소에 대한 필요성이 증대되었고[24)] 국가가 이를 받아들인 것으로 해석할 수 있다.[25)] 그리고 바로 뒤이어 東市를 개설하고 시장을 관리·감독하는 관청으로서 東市典을 설치하였다. 이러한 시장의 확대와 그에 따른 국가기구의 설치는 당시 수공업 생산물의 교역이 상당히 활발히 이루어졌음을 반영하

21) 安秉佑, 「迎日冷水里新羅碑와 5~6세기 新羅의 社會經濟相」, 『韓國古代史研究』 3, 1990, 129~136쪽 참조.

22) A-1과 A-2의 기사는 150년 정도의 시차가 있어 동일시기의 상황을 설명하는 데에는 적합하지 않을 수 있지만, 고구려 미천왕의 예에서 보이듯이 용작은 한국 고대사회에 일찍부터 등장하였다고 할 수 있으며, 신라의 경우 中代王權에 의한 체제정비 이전의 사회상은 동궤에서 파악할 수 있을 것이다.

23) 『三國史記』 卷3, 「新羅本紀」 3, 照知麻立干 12년.

24) 照知麻立干 9年에 四方에 郵驛을 두고 官道를 수리하여 교통로를 정비하였는데, 이는 교환경제의 발달에 추동된 측면도 포함하고 있다고 볼 수 있을 것이다(『三國史記』 卷3, 「新羅本紀」 3, 照知麻立干 9년, "三月 始置四方郵驛 命所司修理官道").

25) 백남운 저, 윤한택 역, 『조선사회경제사』, 이성과 현실, 1989, 315쪽. 또한 3세기 무렵에 이미 전업적인 수공업자가 존재하였으며 다른 생산물의 교역을 독자적 기능으로 하는 상인층이 형성되고 있었다(朴南守, 『新羅手工業史』, 신서원, 1996, 320쪽).

고 있다. 그것은 잉여생산물의 私有化가 상당한 정도로 진전되었으며, 그 결과 발생한 民의 분화로 인하여 이미 읍락사회의 공동체적 질서가 와해되고 있었음을 보여주는 것이다.

하지만 이때 주로 시장을 통하여 물품을 소비했던 계층은 말할 나위도 없이 부유한 호민층과 6부의 지배계층이었을 것이다. 이러한 물품교환의 증대는 상업 자체를 발달시킬 뿐 아니라 물품생산을 위한 수공업의 발달과 분업화를 촉진하였다. 그러나 수공업은 농업으로부터 분화되었지만 국가권력에 생산수단 및 재지장인들이 통제되어 민영수공업의 발달은 활발히 이루어지지 못하였던 것으로 보인다.[26] 따라서 중고기 왕권의 강화와 국가체제 정비과정 속에서 국왕이나 왕실의 수요에 충당하기 위한 생산체계인 궁중수공업과 국가의 재정과 관사에 필요한 물품을 생산하는 체계인 관영수공업이 발달하였다.[27]

상업과 수공업의 발달은 생산물의 교환을 위한 교통을 발달시키고 시장이 서는 특정 지역을 중심으로 각 지역 간의 편차를 줄이는 역할을 수행하였다.[28] 그리하여 공동체를 중심으로 결속되어 자립성이 취약했었던 民은 점차 자립적인 개별 가호로 성장하였다. 그러한 모습은 다음의 사료를 통하여 간취할 수 있다.

B-1. 백제 明禯(聖王)이 加良(가야)과 더불어 와서 管山城을 공격하므로, 軍主 角干 于德과 伊湌 耽知 등이 마주 나가 싸우다가 利를 잃음에, 新州 軍主 金武力이 州兵을 이끌고 가서 교전함에 이르러 裨將인 三年山郡의 高于[干] 都刀가 갑자기 쳐서 백제왕을 죽였다(『三國史記』 卷4, 「新羅本紀」 4, 眞興王 15년).

---

26) 이 시기는 삼국의 대립에 따른 계속된 전쟁의 과정에 있었기 때문에 국가는 병기 제조 및 축성 등에 징발하는 장인을 항상 관리하고 있어야 했고, 진보된 기술이나 장비가 敵國에 유입되지 않도록 주의해야 했다.

27) 朴南守, 앞의 책, 321~327쪽.

28) 농업사회에서의 상업의 역할에 대해서는 양필승 편저, 『중국의 농업과 농민운동』, 한나래, 1991, 113~115쪽 참조.

B-2. 戰功을 논함에 斯多含이 으뜸이었다. 왕이 良田과 俘虜 200인을 상으로 주니 사다함이 재삼 사양하였다. 왕이 굳이 주니, 이에 生口는 받아서 풀어주어 良人으로 삼고 田은 나누어 戰士들에게 주었다. 國人이 이를 칭송하였다(『三國史記』 卷4, 「新羅本紀」 4, 眞興王 23년).

B-3. 薛氏女는 栗里 民家의 여자였다. …… 진평왕 때에 그 아버지가 나이 늙게 正谷에서의 防秋하는 番을 들게 되었는데, …… 이때 沙梁部의 少年 嘉實이 비록 가난하고 궁핍하나 마음가짐은 곧은 남자로서, …… 설씨에게 청하여 말하기를, "……원컨대 不肖한 몸으로 嚴君의 役을 대신하기를 원합니다"라고 하였다. …… 가실은 말 한 필을 가지고 있었는데, 설씨에게 이르기를, "이것은 천하의 좋은 말이니, 후에 반드시 쓸 때가 있을 것이요. 지금 내가 간 뒤에 기를 사람이 없으니 간직해 두었다가 소용이 되게 하시오"하고 작별하고 떠났다(『三國史記』 卷48, 「列傳」 8, 薛氏女).

B-1에서는 金庾信의 祖父인 金武力이 백제와의 管山城전투(554)에 참전했을 때 그의 高干이란 外位를 가진 비장 都刀가 백제의 성왕을 죽였음이 보인다. 한편 『日本書紀』에도 백제 聖王의 戰死 기록이 남아 있는데, 거기에는 성왕이 신라 佐知村의 飼馬奴 苦都라는 인물에 의해 죽임을 당한 것으로 되어 있고 당시 상황을 비교적 자세히 전하고 있다.[29] 물론 都刀와 苦都는 동일인으로 보아야 할 것이고, 고간이라는 외위를 받은 도도가 '奴'로 표현되었던 것은 공동체적 예속관계의 표현으로 볼 수 있을 것이다.[30] 그런데 外位制는 지방인에 대한 왕경인의 집단적이

29) 『日本書紀』 卷19, 第29世 欽明天皇 15년 12월, "新羅聞明王親來 悉發國中兵 斷道擊破 是時 新羅謂佐知村飼馬奴苦都曰 苦都賤奴也 明王名主也 今使賤奴殺名主 冀傳後世 莫忘於口 已而苦都 乃獲明王 …… 苦都斬首而殺 掘坎而埋."

30) 〈廣開土王陵碑文〉과 〈牟頭婁墓誌〉의 '奴客'과 〈蔚珍鳳坪碑〉의 '奴人'이라는 구절에서 나타나는 한국 고대사회의 '奴' 관념은 반드시 개별 인신적 예속관계에 처한 존재를 가리키는 표현으로 국한시킬 수 없다. 오히려 기층의 인신적 지배－예속관계가 고대인의 의식세계에 투영되어 형성된 主－奴 관념이 고대사회의 중층적인 공동체구조와 맞물려 하나의 관념세계를 이룬 것으로 보는 것이 자연스럽지

고 배타적인 권력 독점의 표현형태이면서 지방민 중에서 유력자를 국가 권력이 포섭하는 데 이용되었던 관위체계이다.[31] 그리고 삼국시대 초기의 전쟁이 주로 중앙의 지배자집단이나 王京人에 의해 수행되었음을 고려할 때,[32] 외위를 소지한 지방인이 전쟁에 참여하여 전공을 세우는 것은 매우 중요한 의미를 갖는다. 그것은 왕경인들이 독점하였던 전리품의 획득이 지방인에게 확대되는 것을 의미하기 때문이다.

앞서 보았던 A-2의 진정법사나 B-3의 가실은 지방의 유력자라기보다는 일반 民으로 보는 것이 타당할 것이고, 이들이 직접 전쟁에 참여하고 있다는 사실은 이 시기 民의 전쟁 참여가 지방의 유력자에게만 국한된 것이 아니라는 것을 보여주는 것이다. 그리고 B-2에서 보이는 것처럼 전리품이 戰士들에게 분배되었던 것은 지방인, 나아가 일반 民에 이르기까지 전쟁을 통한 전리품의 분배가 이루어졌고, 그에 따라 전반적으

않을까 싶다. 따라서 丕寧子의 유언을 받드는 奴 合節이나(『三國史記』 卷47, 「列傳」 7, 丕寧子條) 都刀의 경우에서 나타나는 '奴'라는 표현은 공동체성이 유제로서 남아있음을 시사하는 것으로 보여진다.

31) 外位制는 일반적으로 국가의 체제가 정비되는 과정과 궤를 같이하여 복속된 지역의 유력자에게 중앙의 관등체계인 京位와는 다른 外位를 수여하였고, 신라의 '三國統一'이 완수되는 文武王代에 외위제가 소멸되고 일원적인 관등체계가 확립되었다고 파악된다(朱甫暾, 「新羅中古期의 地方統治와 村落」, 계명대 박사학위논문, 1995, 227~231쪽 참조). 그 성립배경은 신라국가가 지방에 대한 지배를 관철시켜 나가는 데 있어서 현지의 유력자에게 현저히 의존하면서 그들을 적절히 활용하기 위하여 단순한 피정복민 또는 복속민으로만 대우하는 방식으로는 한계가 있었고 먼저 일정한 기준에 의해 그들을 체제 내에 포섭할 필요가 있었기 때문이었다(하일식, 「6세기 新羅의 地方支配와 外位制」, 『學林』 12 · 13, 1991, 36~37쪽).

32) 『三國志』 卷30, 「魏書」 30, 烏丸鮮卑東夷傳 第30, 夫餘, "有敵 諸加自戰 下戶俱擔糧飮食之" 및 『三國史記』 卷1, 「新羅本紀」 1, 南解次次雄 11년, "倭人遣兵船百餘艘 掠海邊民戶 發六部勁兵以禦之 …… 衆懼而退 屯於閼川之上 造石堆二十而去 六部兵一千人追之 自吐含山東至閼川 見石堆知賊衆 乃止"에서 삼국시대 초기의 전쟁이 중앙의 귀족, 나아가 왕경인에 의해 수행되었음을 엿볼 수 있다. 이것은 전쟁의 수행을 통한 전리품의 분배가 배타적으로 이루어지고 있는 것이다. 물론 당시의 전리품은 生口로 표현되는 전쟁포로가 주요한 부분을 차지했을 것인데, 이 점은 인격적 지배를 기초로 하는 농업노동력[노예]의 확보가 사회적 지위의 지표로 나타나는 사회상을 반영하고 있다.

로 民의 지위가 상승하였다는 의미를 내포하고 있다. 즉 이제는 의무와 권리를 동시에 가졌다는 것이다. 기왕의 방식처럼 복속시킨 지역에 대한 독립성을 인정하면서 공납을 수취하는 것이 아니라 국가권력이 직접 民을 통치하고 일정한 기준에 의한 수취의 대상으로 파악한 것이다. 그 대신 국가는 民의 경작권을 보장해 주고 A-1에서 보았듯이 일정한 재산권을 인정해 주었다.

이러한 변화는 앞서 보았듯이 공동체의 해체에 따른 농민층의 분화에 기본적인 요인이 있지만, 또 하나의 요인은 당시에 치열하게 전개되었던 삼국 간의 전쟁에서 찾을 수 있을 것이다. 삼국 모두가 농업사회를 정착시키고 문화적인 동질성을 확보한 단계에서 民들은 국가에 대한 소속감보다는 농업생산을 안정적으로 유지시켜주고 개별 가호의 자립성을 보장받기를 원하였다. 그리고 왕을 포함한 지배층에게는 농토와 民의 확보가 곧 국가나 자신의 富로 직결되고 정권유지의 기반이 되기 때문에 삼국은 이러한 영토쟁탈을 치열하게 벌일 수밖에 없었다.[33]

그러한 시대적 분위기에서 B-2에서 보이듯이 사다함은 전쟁포로인 生口를 노비화시키지 않고 양민으로 풀어주고 하사받은 田地를 전사들에게 나누어주었다.[34] 특히 花郎이 왕권에 의해 통제되고 승려에 의해 교

33) 비록 유교적인 윤색이 가해졌지만 다음의 사료에서 토지와 농민의 확보가 중요한 권력 기반이 되어 가는 시대적 분위기를 엿볼 수 있다.
『三國史記』 卷3, 「新羅本紀」 3, 奈勿尼師今 18년, "百濟王移書曰 兩國和好 約爲兄弟 今大王納我逃民 甚乖和親之意 非所望於大王也 請還之 答曰 民者無常心 故思則來斁則去 固其所也 大王不患民之不安 而責寡人 何其甚乎."

34) 한편 「列傳」에는 斯多含이 加羅 人口 300을 받아 풀어주고 또 왕이 田地를 하사함에 고사하다가 强勸에 못이겨 閼川의 不毛地를 요청한 것으로 되어 있다(『三國史記』 卷44, 「列傳」 4, 斯多含, "王策功賜加羅人口三百 受已皆放 無一留者 又賜田 固辭 王强之 請賜閼川不毛之地而已"). 본기와 열전의 차이는 우선 生口의 숫자가 각각 200과 300이다. 그리고 田의 지급문제인데, 본기에는 생구와 함께 良田을 지급한 것으로 되어 있는 데 비해 열전에서는 생구를 풀어주니 왕이 대신 전지를 지급하고자 하였고 사다함이 이를 거절하다가 不毛地를 요청한 것으로 되어 있다. 먼저 생구의 숫자문제는 본기와 열전 중의 하나가 오기일 것인데 별 문제가 되지 않는다. 그리고 전지의 지급문제인데, 열전에서는 전지를 지급하기까지의

육되었으며 관료를 양성할 목적까지 겸하였다는 점을 고려할 때[35] 당시의 추앙받는 화랑이었던 사다함의 행동은 지극히 親王的인 것으로 보아야 한다. 즉 이전부터 전리품으로 전쟁포로를 분배하는 것은 흔히 행해지는 일이었고 당시까지 사적 노비의 확보를 여전히 추구하는 귀족들이 다수를 점하고 있었지만, 왕권의 강화 방향과 공적 권력의 확립을 위한 시대적 요구에 부응한 사다함의 행동은 귀감이 될 만한 것이었다.[36]

한편 B-2에서 사다함이 석방한 포로들은 비록 양인이 되었지만 경작할 토지를 분급받지는 못하였다. 그리고 전쟁에 참여하였던 전사들은 田地를 받았다. 이 사실은 뚜렷이 대별되는 두 계층의 존재를 보여주는 것이다. 生口의 처지에서 석방된 양인들은 생계를 유지하기 위하여 傭作을 하든가 노비가 될 수밖에 없는 처지에 놓이게 되었고, 경작할 땅을 얻은 전사들은 그들의 자립성을 강화시킬 수 있는 중요한 토대를 확보한 것이다. 아마도 B-3의 사량부인 嘉實이 바로 이 전사와 같은 부류였다고 생각할 수 있다. 가실은 농경을 위한 노동수단인 말 한 필만을 소유하였지만, 그와 같은 民이 전쟁의 수행을 통하여 보다 안정적인 경제적 기반인 토지를 획득할 수도 있었던 것이다. 이렇게 볼 때 民이 전쟁에 참여한다는 것은 그들의 지위가 향상되었음을 표현하는 한 지표로 볼 수 있을 것이다. 다른 한편으로 B-2에서 보이듯이 전쟁에 져서 포로가 된 民은 비록 노비로 전락하지 않을 경우에도 국가의 보호를 제대로 받을 수

과정을 묘사한 것이고, 본기는 사다함의 불모지 요청에도 불구하고 왕이 양전을 지급하였고 그 결과를 일괄적으로 기재하였다고 볼 수 있을 것이다. 따라서 이는 동일한 사실을 전하는 것으로 해석할 수 있다.

35) 李基東, 『新羅骨品制社會와 花郎徒』, 一潮閣, 1984, 330~333쪽.

36) 韓㳂劤은 이 사료에 대해 사유노비의 확대가 불필요한 단계에 도달하였음을 보여주는 자료로 해석하고 있다(韓㳂劤, 「古代國家成長過程에 있어서의 對服屬民施策(上)－其人制起源說에 對한 檢討에 붙여서－」, 『歷史學報』 12, 1960, 101쪽). 그러한 견해에 기본적으로 동의하지만, 당시의 귀족들은 아직 사적 지배기반으로서의 사유노비의 확대를 여전히 지향하고 있었고, 그렇기 때문에 사다함의 행동이 특기되었다고 보는 것이 타당할 것이다.

없었기 때문에 自國民과는 분명히 차별된다. 이럴 때 自國民들은 국가에 대해 보다 소속감을 가질 수 있었을 것이다. 따라서 이러한 民의 지위 향상은 국가기반의 확립으로 연결되었다. 그리하여 사적 지배-예속관계를 유지·강화하려는 귀족들로부터 왕으로 표현된 국가가 이들을 보호·육성하는 것이 중요한 문제로 대두되고 있었다.

2. 新羅 中古왕권의 강화와 公民化의[37] 진전

民이 분화되어 가는 사회적 추세는 귀족들이 더 이상 이들을 혈연·지연적인 관념으로만 강박하여 공동체 내에 묶어둘 수 없도록 만들었다. 따라서 읍락공동체의 해체와 더불어 분화되어 나온 民을 흡수할 새로운 사회체제가 요구되고 있었던 것이다. 자립성을 갖추어 개별 가호로 성장한 民이나 몰락하여 傭作으로 어렵게 생계를 꾸려나가던 民이나 모두 안정적인 재생산을 보장해 줄 수 있는 정치권력을 필요로 하였고, 이들을 흡수하는 것은 국가의 몫이었다.

그런데 국가권력은 왕과 귀족세력이 대척점을 이루고 있었다. 공동체적 질서가 기층으로부터 동요되기 시작하자 왕은 보다 큰 범주의 지배권을 확립하고자 했으며, 기왕에 가지고 있던 재지적 기반에 대한 배타적 독점권을 유지·강화하고자 하였던 귀족세력들은 자신들의 기반을 침식하는 왕권과 대립할 수밖에 없었다.

---

37) 公民의 사전적 의미는 "國家에 係屬하고, 독립하여 생활을 영위하는 자유민"이자 "奴隷·私民의 반대어"이다(諸橋轍次, 『大漢和辭典』 2, 41쪽). 韓國史에서 公民이란 용어는 金基興과 姜鳳龍에 의해 사용되었는데, 김기흥은 7세기 이후 民에 대해, 丁田·烟受有田畓의 지급을 통해 보다 확고한 사회경제적 주체로서 衣食의 기반을 갖춘 公民으로 자리하게 되었다고 파악하며, 일방적 관계(인신적 예속관계, 착취의 대상)에서 쌍무적 관계(증가된 국가재정의 담당자)로의 전환으로 이해한다. 강봉룡은 民이 국왕을 정점으로 국가기구의 공적 지배대상으로 재편성되어

신라 중고기는 이러한 두 경향의 갈등이 노정되고 극복되어 가는 과정이라고 할 수 있다. 상고기 이래 部를 기초로 한 귀족합의체제로 운영되던 중앙의 정치운영은 지증왕대 '新羅'라는 國號를 제정하고 王號를 사용하기 시작하면서 귀족에 대한 왕권의 우위가 나타나기 시작하였고

국가의 제도적 보호를 받는 '公民'으로 인식되고, 이에 응하여 국가권력은 공적 지배의 대상인 民의 지지라는 명분 위에서 그 정통성의 실마리를 찾고자 하였을 것이며, 국왕은 정통성의 상징으로 인식되었다고 파악한다.

한편 일본사에서도 공민이란 용어가 사용되었는데, 石母田正은 최고의 地主인 국가와 租·庸·調·雜徭의 피수취자인 公民의 관계로 律令國家의 생산관계를 설명하였다. 여기에 前提되는 것이 在地首長層과 人民 사이의 인격적 지배-예속의 형태로 존재하는 또 하나의 생산관계이다. 즉 재지에서 인신적 지배-예속관계가 성립한 토대 위에 국가 대 공민의 생산관계가 성립되고, 그것이 바로 일본 고대국가의 생산관계라는 것이다.

그리고 중국사연구에서는 木村正雄에 의해 齊民이란 개념이 사용되었다. 齊民制는 노예제의 특수한 형태로서 그리스나 로마와는 달리 모든 인민이 국가라는 생산체에 편입되어 국가의 노동력으로서 예속되는 생산관계라는 것이다. 그리고 인민은 국가로부터 가족 당 100畝의 경지를 분할·점유하는 것이 허락되었지만 독립적인 생산체를 확립할 수 없는 인신적 지배를 받았다는 것이다.

이와 같이 民의 존재형태를 규정할 수 있는 용어로써 한국사나 일본사·중국사의 연구에서 공민 또는 제민이란 용어가 사용되었다. 그런데 이 용어들은 民이 국가의 통치대상으로 파악되고, 국가에 의해 지배되었다는 공통점을 지니고 있으면서도 지배의 방식에서는 차이점을 보이고 있다. 즉 한국사에서 사용된 공민은 국가의 담세층이자 인신적 지배로부터 벗어난 존재를 가리키는 데 비하여 일본사의 공민은 기층 단위의 인신적 지배의 전제 위에 존재하고 있으며, 중국사의 제민은 국가로부터 인신적 지배를 받고 있는 존재이다. 石母田正이나 木村正雄의 공민·제민은 아시아적 생산양식을 일본사나 중국사에 비판적으로 적용하여 고대사회의 생산관계를 규명하고자 한 노력의 산물로 보여진다. 그리하여 국가의 직접 통치대상이 된 民을 고대사회의 세계사적 보편성이라는 전제 아래 인신적 지배를 받는 존재로 위치지운 것이다.

본고에서 사용하는 '公民'의 개념은 김기흥과 강봉룡의 견해를 수용하였다. 이에 따라 공민의 개념을 정리해 보면, 전근대 사회의 공민은 公的 기구로 확립된 국가의 통치대상이자 국가의 유지를 위한 擔稅層이다. 그리고 그들은 전단계 사회의 인신적 지배로부터 벗어나 자립성을 갖춘 개별 가호로 존재하였다. 물론 그들의 자립성은 국가로부터 보장되는 것이었으며, 노동수단으로부터 토지에 이르기까지 점차 私的 所有가 확대·강화되면서 자영농으로 성장하였다.

金基興, 「韓國史의 古·中世 時代區分」, 『韓國史의 時代區分』, 신서원, 1995 ; 강봉룡, 「민의 존재형태」 ; 石母田正, 『日本の古代國家』, 岩波書店, 1971 ; 木村正雄, 『中國古代帝國の形成』, 不昧堂書店, 1965.

바로 다음 왕인 법흥왕대에는 이러한 경향성을 더욱 강화하였다. 7년(520)에 율령을 반포하고 百官公服의 위계를 세웠으며, 이듬해에 중국의 梁에 사신을 파견하였고, 異次頓의 죽음을 바탕으로 불교를 공인하기에 이르렀다.[38] 이 과정은 왕이 귀족세력을 누르고 정치권력을 배타적으로 획득해 나가는 수순으로 볼 수 있을 것이다. 특히 중국과 교류를 행한다는 것은[39] 선진문물, 그중에서도 왕권을 강화시키고 정치체제를 정비하는 데 유용한 제도적 장치와 이념을 수용한다는 측면에서 주목해야 할 것이다.[40]

법흥왕의 체제정비를 바탕으로 眞興王은 적극적인 영토확장을[41] 추진하는 한편, 귀족들에 대한 초월적인 지위를 확보하기 위하여 적극적으로 불교사상을 받아들였다.[42] 또한 이 시기에는 유교 도입의 단초도 보인다. 진흥왕 순수비의 하나인 磨雲嶺碑文에 보이는 "修己以安百姓"이나 "恐違乾道", "四方託境" 등의 표현은 유교적 王道思想을 표방하는 것이며 지배질서의 확립을 위하여 이때 이미 유교사상을 받아들이고 있음을 알 수 있다.[43]

---

38) 불교의 公認 시기는 대체로 법흥왕 14년으로 파악되고 있다(末松保和, 「新羅 佛教 傳來 傳說考」, 『新羅史の諸問題』, 1954, 212~216쪽 및 李基白, 「三國時代 佛教收容과 그 社會的 意義」, 『新羅時代의 國家佛教와 儒教』, 1978, 10~11쪽).

39) 『梁書』에는 이때 처음으로 백제사신을 따라 신라의 사신이 왔다고 기록되어 있다(『梁書』 卷50, 「列傳」 40, 諸夷 新羅).

40) 특히 이 무렵 17관등의 관등체계와 외위제가 정비되어 왕을 중심으로 한 일원적인 통치구조를 정착시키고 있다(全德在, 「新羅 6部體制의 變動過程 研究」, 『韓國史研究』 77, 1992, 7~11쪽).

41) 국가체제의 정비를 바탕으로 이루어진 이 시기의 영역팽창은 '王土'의 확장으로서 신라 영토의 양적 확대라는 측면뿐만 아니라, 확대된 지역이 왕의 지배하에 일원적으로 편제되었다는 점에서 이전 단계와는 다른 질적인 차이를 내포하고 있다(金瑛河, 「新羅의 發展段階와 戰爭」, 『韓國古代史研究』 4, 1991, 125~129쪽).

42) 왕의 권위를 불교의 진종설 혹은 전륜성왕사상으로 윤색하여 왕가의 초월적 지위를 구축하고 왕권을 강화하였다(姜鳳龍, 「6~7世紀 新羅 政治體制의 再編過程과 그 限界」, 『신라문화』 9, 1992, 138쪽).

43) 金哲埈, 「三國時代의 禮俗과 儒教思想」, 『大東文化研究』 6·7, 1971(『韓國古代社會研究』, 서울대학교 출판부, 1990, 304~305쪽).

지증·법흥왕대의 체제정비, 진흥왕대의 영역확대의 토대 위에 眞平王은 귀족세력을 누르고 강력한 왕권을 구축할 수 있었다. 진평왕은 재위 초에 位和府, 調府, 乘府, 禮部 등의 행정관부를 차례로 설치하여 귀족세력의 권력을 분산시킴과 동시에 왕에게 권력을 집중시키고 통치기구를 정비하였다.[44] 그리고 말엽에 가서는 왕의 近侍機構的 성격을 가지는 內省私臣에 金春秋의 아버지이자 같은 진흥왕계인 金龍春을 임명하여 大宮·梁宮·沙梁宮의 3宮을 겸하여 관장하게 하는 한편, 宮城 호위의 임무를 맡았을 것으로 보이는 侍衛府를 兵部로부터 분리·설치함으로써[45] 왕실 내의 결속을 다지고 안정을 보장하고자 하였다.[46] 이제 다음의 사료를 통하여 진평왕대의 왕권강화와 그것이 갖는 의미를 찾아보겠다.

C. 제32대 孝昭王代, 竹曼郎의 徒中에 得烏(혹은 得谷이라 함)級干이 있어 風流黃卷에 이름이 올라 날마다 출근하더니 한 열흘 동안 보이지 아니하였다. …… 그 母가 말하되 幢典 牟梁 益宣 阿干이 내 아들을 富山城 倉直으로 임명하였으므로 달려가느라고 郎에게 고하지도 못하였노라 하였다. …… 富山城에 이르러 門直에게 得烏失이 어디 있느냐고 물으니, 가로되 지금 益宣의 밭에 例에 따라 일하러 갔다고 하였다. 郎이 밭으로 찾아가 가지고간 酒餠을 먹이고 益宣에게 휴가를 얻어 같이 돌아가도록 청하였으나 益宣이 굳게 거부하여 허락하지 아니하였다. 이때 使吏 侃珍이 推火郡 能節

44) 金瑛河, 「新羅 中古期의 政治過程試論-中代王權成立의 理解를 위한 前提-」, 『泰東古典硏究』 4, 1988, 15~18쪽.

45) 『三國史記』 卷4, 「新羅本紀」 4, 眞平王 46년, "春正月 置侍衛府大監六員." 한편 「職官志」에는 진덕왕 5년에 설치한 것으로 되어 있는데(『三國史記』 卷40, 「雜志」 9, 職官下, 武官 侍衛府條, "侍衛府 有三徒 眞德王五年置") 관리를 둠으로써 실제적인 기능을 하였다고 보아 본기에 따라 이 시기에 시위부를 설치한 것으로 파악하였다(李文基, 「新羅侍衛府의 成立과 性格」, 『歷史敎育論集』 9, 1986, 27~29쪽 참조).

46) 金瑛河, 「新羅 中古期의 政治過程試論-中代王權成立의 理解를 위한 前提-」, 16~18쪽.

租 30石을 거두어 城中으로 수송하다가, 郞의 重士의 風을 아름답게 여기고 益宣의 暗塞不通함을 더럽게 여겨, 가지고 가던 30石을 益宣에게 주고 요청하였으나 그래도 허락하지 아니하므로, 또 珍節 舍知의 騎馬鞍具를 주니, 그제야 허락하였다. 조정의 花主가 이 말을 듣고 사람을 보내어 益宣을 잡아다 그 더럽고 추한 것을 씻어주려 하니 益宣이 도망하여 숨거늘, 그의 長子를 잡아갔다. …… 大王이 이 말을 듣고 명령하기를 牟梁里人으로 벼슬하는 자를 모두 몰아내어 다시는 官公署에 부치지 못하게 하고 黑衣를 입지 못하게 하며 만약 중이 되더라도 절에 들어가지 못하게 하였다 (『三國遺事』 卷2, 「紀異」 2, 孝昭王代 竹旨郞).

C의 사료는 일단 해석의 문제를 내포하고 있다. 첫머리에 '제32대 효소왕대'라고 제시되어 있는 데 비하여 본문의 내용이 반영하고 있는 사실을 효소왕대의 일로 받아들이기 곤란한 점이 있기 때문이다.[47]

竹旨의 활동시기를 검토해 보면 眞德王 3年(649)에 처음으로 대장군인 김유신을 따라 將軍의 지위로 대백제전을 수행하였고, 진덕왕 5년(651)에 波珍飡의 지위로 執事部 中侍에 임명되었다. 이후 太宗武烈王 8年, 文武王 元年, 3年, 8年, 10年에 활동이 보이고, 文武王 11年(671)에 唐軍과 싸워 공을 세운 것을 끝으로 더 이상 기록이 보이지 않는다. 즉 진덕

47) 이 사료에 대하여 李弘稙은 효소왕대의 사건으로 보았는데[李弘稙, 「三國遺事竹旨郞條雜考」, 『黃義敦先生古稀記念史學論叢』, 1960(『韓國古代史의 硏究』, 新丘文化社, 1971)], 金哲埈은 효소왕대에 竹旨郞의 郞徒 得烏가 이미 故人이 된 죽지랑을 그리어 진평왕대에 있었던 일을 회고조로 말한 것을 잘못 기록한 것으로 파악하였다[金哲埈, 「新羅 貴族勢力의 基盤」, 『人文科學』 7, 1962(『韓國古代社會硏究』, 서울대학교 출판부, 1990, 330~334쪽)]. 김철준은 첫째 眞骨貴族이면서 7세기 전반에 걸쳐 혁혁한 공을 세운 竹旨郞을 대하는 益宣의 태도가 그토록 강경하다는 것은 부자연스럽다는 점, 둘째 級飡의 관등을 가진 得烏가 징발되어 노역에 종사하는 것은 있을 수 없는 일로 보인다는 점, 셋째 幢典은 部隊長이며 익선은 牟梁部 관할의 富山城을 맡은 부대장이어서 모량부 출신이거나 그 관할하에 있던 득오를 징발하여 전통적인 권한을 행사하였기 때문에 국가에서 장려하는 花郞徒와 정면으로 충돌하였고 결국 모량부 출신 총축출령이 내려진 것으로 보아야 한다고 분석하였다.

왕 3년(649)부터 문무왕 11년(671)까지 23년간 주로 활동하였던 것이다. 그런데 진덕왕대(647~653)에 죽지의 아버지인 述宗公과 더불어 최고 귀족회의에 참여하였던[48] 김유신이 낭비성전투에 부장으로 참여했을 때의 나이가 35세였다. 따라서 처음 김유신을 따라 전투에 참가했을 때인 649년의 장군 죽지는 30대 후반이 넘었다고 보아야 자연스럽다.

그리고 당시의 화랑제도는 15세에 화랑이 되어 3년간 수련의 과정을 거치는 것으로 이해되고 있는데,[49] 죽지의 郎徒였던 득오가 "風流黃卷에 이름이 올라 날마다 출근하"였다는 것은 바로 이 수련에 참가했던 것으로 이해해야 한다.[50] 그러므로 이 사건이 발생했던 시기는 죽지가 15세부터 18세까지 화랑으로 수련하던 시기, 즉 진평왕 말엽이 된다. 그런데 이 시기는 앞서 살펴보았듯이 왕실의 결속을 기반으로 한 기구개편이 단행되어 친위체제를 구축한 때이기도 하다. 따라서 花主와[51] 眞平王이 중앙의 권력기구에서 牟梁里人을 몰아내는 강력한 조치가 취해질 수 있었던 것이다.

이제 이러한 이해에 기초하여 C의 사료를 분석해 보기로 하겠다. 진평왕 말엽, 신라 王京의 6部 중 牟梁部(漸梁部) 소속의 益宣이란 인물이 제6관등인 阿干(阿飡)의 지위에 있었는데, 당시 화랑이었던 竹旨의 휘하에서 수련 중인 得烏를 차출하였다. 그래서 죽지는 자신의 낭도들을 데리고 득오를 면회하러 그의 근무지로 찾아갔다. 하지만 득오는 차출될 때 부여받은 임무를 수행하는 것이 아니라 익선의 밭에서 개인적인 使役을 당하고 있었다. 이에 죽지는 익선에게 항의하여 득오를 데리고

---

48) 『三國遺事』 卷1, 「紀異」 1, 眞德王, "王之代有閼川公 林宗公 述宗公 虎林公(慈藏之父) 廉長公 庾信公 會于南山亐知巖 議國事 …… 然諸公皆服庾信之威."

49) 李基東, 앞의 책, 337~341쪽.

50) 위의 책, 340쪽.

51) 花主는 C를 제외하고는 『三國史記』·『三國遺事』에 전혀 보이지 않는다. 따라서 그 실체를 규명하기는 어렵다. 단지 화랑도는 一代에 몇 개의 화랑집단으로 나뉘어 있고, 이를 중앙에서 통제하는 것이 소위 花主였다고 추측되고 있다(李基東, 앞의 책, 333~334쪽 및 三品彰英 저, 李元浩 역, 『新羅花郎의 硏究』, 集文堂, 1995, 50쪽).

가려 하였으나, 익선은 어린 죽지의 말을 무시하였다. 이때 마침 侃珍이란 자가 그곳을 지나다가 이러한 사정을 듣고, 자신이 거두어 운반하던 推火郡 能節租 30石을 임시 융통하고 珍節 舍知의 마구까지 얻어서 익선에게 뇌물로 제공하였다. 드디어 죽지는 득오를 빼내올 수 있었고, 화랑들을 관리하는 조정의 花主에게 이러한 사실을 보고하니, 화랑을 무시한 것에 격노한 화주는 이를 왕권에 대한 도전으로 간주하고 익선을 처벌하였다. 그리고 이미 民을 왕권과 국가권력의 유지 기반으로 인식하고 있었던 왕은 이 사건에 대한 보고를 받은 후, 구태의연하게 民에 대한 지배를 계속하고 있던 귀족들에게 경종을 울리기 위하여 익선의 출신지인 牟梁部人들까지 연좌하여 처벌을 가하였다.

이렇게 볼 때 죽지와 익선의 대립은 공동체로부터 분화된 民들을 국가의 공민으로 흡수하여 국가권력의 기반을 공고히 하려는 왕권과 상고기 이래로 유지해왔던 공동체적 지배, 즉 民에 대한 인신적이고 자의적인 지배권을 유지하려는 귀족의 대립으로 정리할 수 있다. 그리고 이와 같이 왕권으로 표현된 국가권력이 民을 귀족들로부터 보호·자립시키며 국가의 公民으로 포섭하기 위한 노력은 이후에도 지속적으로 보이고 있다. 그리고 그것은 다른 한편으로 民의 지위가 향상되었고, 또한 향상되고 있음을 뜻하기도 한다.

이러한 과정을 통하여 신라의 中古王權은 귀족세력에 대한 초월적 권위를 확립하고 그것의 제도화에 성공하였다. 그리고 그 과정은 중앙의 部를 기초로 한 공동체적 질서의 해체와 맥을 잇고 있다. 이제 단위정치체로서의 部의 기능은 왕권의 통치체제 속에 편입되었으며, 중앙귀족들의 재지적 기반이었던 部는 국가의 효율적인 통치를 위한 행정구역으로 되어 갔다. 즉, 더 이상 공동체의 지배자로 자신의 기반을 가지는 것이 불가능해진 귀족들은 왕의 관료로서 충성을 바치고 그 반대급부로서 富貴를 취하지 않으면 안되는 처지에 놓여져 갔다. 7세기에 들어서면 '명예롭게' 戰死하는 경우가 많이 발생하는데, 그것은 바로 이러한 상황을 잘 보여주는 것이라 할 수 있다.

D-1. 왕은 고구려가 자주 영토를 침범함을 근심하고, 隋兵을 청하여 고구려를 정벌하려고 圓光에게 명하여 乞師表를 지으라 하였다. 원광이 말하기를 "자기가 살려고 남을 멸하는 것은 승려의 도리가 아니나, 貧道가 대왕의 땅에 살고 대왕의 水草를 먹으면서 어찌 감히 명을 따르지 않겠습니까?" 하고 곧 글을 지어 바쳤다(『三國史記』 卷4, 「新羅本紀」 4, 眞平王 30년).

D-2. 官昌은 신라 장군 品日의 아들이다. …… 黃山들에 이르러 양편 군사가 서로 대치하였을 때, 그 아버지 품일이 이르기를 "네가 비록 어린 나이지만 志氣가 있다. 오늘은 功名을 세워 富貴를 취할 때니 어찌 용맹을 내지 않겠느냐?" 하였다. 관창이 "그렇습니다." 하고 말에 올라 창을 비껴들고 곧장 적진으로 달려들어가 여러 명을 죽였는데 …… 품일이 그 머리를 쳐들고 소매로 피를 씻으며 "내 아이 얼굴이 살아 있는 것 같다. 능히 王事에 죽었으니 후회할 바가 없다." 하였다(『三國史記』 卷47, 「列傳」 7, 官昌).

D-1의 원광은 진평왕 11년부터 22년까지 중국에서 修學하고, 貴山과 箒項에게 '世俗五戒'를 설파하였으며 同王 35년 황룡사에 百高座를 설치하였을 때 經을 講論하였던 인물이다. 이러한 원광의 행적을 비추어 볼 때 그의 왕권강화에 대한 기여도를 짐작할 수 있으며, 다른 한편으로 당시의 불교가 가진 성격을 미루어 알 수 있다. 즉 당시의 불교는 왕실을 중심으로 수용되어 왕권강화의 이념적 支柱가 되었으며, 고급 지식을 갖춘 승려는 바로 그러한 목적을 달성하는 데 첨병 역할을 하였던 것이다. 그리하여 D-1의 원광의 말에서 보이듯이 진평왕대에는 이미 왕토사상에 대한 관념이 자리를 잡고 있었다. 더구나 기층의 民들이 자립성을 갖추고 공동체로부터 벗어나고 있었으므로 자연히 귀족에게서 그들이 기왕에 누렸던 '族的 전통을 가진 공동체의 지배자'로서의 지위는 탈각

되어 갔다. 이제 귀족들은 왕의 관료가 되어 충성을 바치는 것이 지배층으로서의 지위를 유지하는 길이었다. 그리고 民들도 왕에게 충성을 바칠 경우 안정된 재생산을 보장받고 일정한 신분상승까지도 바라볼 수 있었다.

마침 전개된 삼국 간의 치열한 쟁패는 이러한 경향들을 더욱 부채질하였다. D-2는 그러한 상황을 잘 보여주고 있다. 치열했던 백제와의 黃山벌전투에서[52] 품일이 관창을 死地로 내몰게 된 데에는 이러한 분위기가 큰 요인으로 작용하고 있는 것이다. 세속오계로 표현되는 당시의 중요한 덕목은 忠과 孝, 전쟁터에서의 용기이다. 그리고 전쟁터에서 용감하게 싸우다 장렬히 戰死하는 것은 왕에 대한 충성의 가장 극한 표현 형태이다. 따라서 품일은 家系 집단의 功名과 富貴를 확보하고자 그 아들 관창의 죽음도 불사한 것이다. 그렇기 때문에 관창이 죽고 나서도 "능히 王事에 죽었으니 후회할 바가 없다."고 천명하였던 것이다. 결국 품일은 바로 이듬해에 중앙군을 통솔하는 大幢將軍에 취임하고 이후 文武王代까지 권력의 핵심에서 활약하였다.

이상의 검토를 통해서 신라사회는 진평왕대를 거치면서 공동체적 모습을 탈각하고 있으며 강화된 왕권을 중심으로 국가가 공적 기구로 정립되어 감을 확인할 수 있었다. 개별적 · 자립적 가호를 형성한 民이 공동체로부터 이탈하여 국가권력과 직접 결합하기 시작하였고, 이에 따라 공동체적 지배권을 상실한 귀족들은 새로운 정치 · 경제적 기반을 확보하기 위하여 국가권력, 즉 왕권에 충성할 수밖에 없었다. 그러한 인간들의 모습은 삼국 간 전쟁의 과정 속에서 여실히 드러났으며, 이는 이전과는 다른 새로운 존재방식의 人間像인 것이다. 그러나 한편으로는 기왕의 기득권을 포기하지 않으려는 세력이 잔존함으로써 두 세력 간의 갈등이 표출되고 대립하였다. 그것이 바로 善德王代의 정치과정이고 결국

52) 『三國史記』 卷5, 「新羅本紀」 5, 太宗武烈王 7년조 참조.

'毗曇의 亂'을 계기로 김춘추 · 김유신에 의해 권력은 장악되고[53] 眞德王代 정지작업의 단계를 거쳐 '中代'라는 새로운 시대를 맞게 된 것이다.

김춘추와 김유신으로 대표되는 집단이 왕을 중심으로 국가권력을 집중시키고 통치체제를 일원화하는 데 성공한 원동력은 民들과 적극적으로 결합하였다는 점에서 찾아야 할 것이다. 그 점을 다음의 사료를 통하여 확인해 보겠다.

E-1. 이때 庾信은 押梁州 軍主로 있었는데, 마치 軍事에 아무런 생각도 없는 것과 같이 술을 마시고 풍악을 울리며 달포를 지내니, 고을 사람들이 유신을 용렬한 장수로 여겨 비방하기를 "여러 사람들이 편안히 있은 지 오래되어 한번 싸워볼 만한 여력이 있는데, 장군이 게으르니 어찌하면 좋은가?" 하였다. 유신이 이 말을 듣고, (이제) 백성들을 가히 쓸 수 있음을 알고, 대왕에게 고하기를 "지금 民心을 보니 일을 할 만합니다. 百濟를 쳐서 (앞서) 大梁州 싸움에 보복을 하기를 청합니다."고 하였다. 왕이 "작은 힘으로 큰 세력을 만나면 그 위태로움을 어찌할 것인가?" 하였다. 대답하기를 "싸움의 승부는 (세력의) 大小에 있지 않고 그 인심의 어떠함을 보아야 합니다. …… 지금 우리 백성들이 한 뜻이 되어 생사를 같이 할 수 있으니, 저 백제를 두려워할 것이 없습

[53] 毗曇의 난은 女王을 둘러싸고 毗曇세력과 김춘추 · 김유신세력이 대립한 정치적 사건이었다. 각 세력의 명분은 여왕을 폐위하느냐 지지하느냐로 나타났지만, 이 사건은 당시의 국제관계 및 신라의 내부 상황과 밀접한 관련을 맺고 있었다. 기존의 연구성과에서는 이들 두 집단에 대해 각각 중앙세력과 지방세력(井上秀雄), 唐에 대한 의존파와 자립파(武田幸男), 구귀족과 신귀족(金瑛河), "女主不能善理"派와 女主支持派(朱甫暾)로 파악하기도 하였지만, 그 성격은 서로 다른 지향점을 가진 두 세력의 대립으로 보고 있다(井上秀雄, 「新羅王權と地方勢力」, 『新羅史基礎硏究』, 東出版, 1974 ; 武田幸男, 「新羅"毗曇の亂"の一視角」, 『三上次男博士喜壽記念論文集』 歷史編, 平凡社, 1985 ; 金瑛河, 「新羅 中古期의 政治過程試論－中代王權成立의 理解를 위한 前提－」 ; 朱甫暾, 「金春秋의 外交活動과 新羅內政」, 『韓國學論集』 20, 1993). 그런데 그 지향점이란 바로 기왕에 가지고 있었던 民에 대한 공동체적 지배권을 유지하고자 하는 경향과 民을 국가의 공적 기반으로 재편하고자 하는 경향으로 파악될 수 있을 것이다.

니다." 하니, 왕이 이에 허락하였다. 드디어 州兵을 뽑아 조련하여 적진을 향해 나갔다(『三國史記』 卷41, 「列傳」 1, 金庾信上).

E-2. 竹竹은 大耶州 사람이다. 부친 郝熱은 撰干으로 있었다. 선덕왕대에 舍知가 되어 대야성 都督 金品釋의 幢下에서 보좌하였다(『三國史記』 卷47, 「列傳」 7, 竹竹).

E-3. 裂起는 史上에 그 族系 姓氏가 없다. …… 이때 열기가 步騎監輔行으로서 나아가 말하기를, "제가 비록 노둔하고 부족하지만 가는 사람의 수효를 채우겠습니다." 하고 드디어 軍師 仇近 등 15인과 함께 弓劍을 가지고 말을 달려나가니 고구려인이 바라만 보고 능히 막지 못하였다. …… 庾信이 그 용감함을 가상히 여겨 級湌의 벼슬을 주었다. 군사를 돌이켜 오자, 유신이 왕에게 고하기를 "열기 · 구근은 천하의 용사입니다. 신이 便宜로 급찬의 직위를 許與하였으나 공로에 맞지 아니하오니 沙湌을 더해주기를 청하나이다." 하니, 왕이 "사찬의 관품은 과하지 않은가?" 하였다. 유신이 再拜하고 아뢰기를 "爵과 祿은 公의 그릇으로서 功이 있는 사람에게 주는 것이오니 어찌 과하다 하겠습니까?" 하니 왕이 허락하였다. 후에 유신의 아들 三光이 정권을 잡았는데 열기가 찾아와서 郡守가 되기를 원하매 허락하지 않았다. 열기가 祇園寺의 승려 順憬과 더불어 말하기를 "나의 공이 큰데 군수를 청하여 되지 않으니, 삼광이 아마도 그 아버지가 죽었음으로 해서 나를 잊은 것인가?" 하였다. 순경이 삼광에게 말하니 삼광이 三年山郡 太守를 제수하였다(『三國史記』 卷47, 「列傳」 7, 裂起).

民의 성장과 그에 따른 사회적 요구를 감지하고 이들을 권력의 기반으로서 인식하였던 대표적 인물은 김유신이다. 그리하여 적극적으로 民과 결합하려는 김유신의 행동양식이 바로 E-1에서 잘 나타난다. 신라는 선덕왕 11년(642) 백제의 공격에 의해 大耶城을 포함한 國西의 40여 성을 빼앗기는 궤멸적인 타격을 입는다. 더구나 김유신과 뜻을 같이하였던 김춘추는 이 전투에서 딸과 사위를 잃어 그 원한이 깊었다.[54] 그리고 그해에 김유신은 압량주 軍主로 임명되었다. 그런데 E-1에 보이는 대로 김유신은 부임하자마자 나태한 행동을 보여 民心을 떠보고 있다. 그리고 민심이 신라에게 있고 또 그들의 지원을 기대할 수 있음을 확인한 후에야 과감하게 선공을 감행한다. 이것은 바로 이 시기의 전쟁이 더 이상 국지전의 양상으로 전개되는 것이 아니라, 民들의 지원 속에 전쟁물자를 조달하고 군사력을 확보해야 하는 국가적 총력전의 양상을 띠고 있음을 보여주고 있다.[55] 그러한 시대적 분위기를 김유신은 대단히 잘 인식하고 있었다. 진덕왕 3년(649) 백제의 佐平 正福이 항복하였을 때 그들을 모두 풀어주었으며, 泗沘城이 함락된 후인 문무왕 원년, 항거하던 瓮山城을 함락한 후에도 賊將은 죽이되 백성들은 모두 놓아주었다. 특히 이 점은 새로이 신라의 영토에 편입된 지역의 民들을 회유하는 측면으로도 볼 수 있지만, 김유신을 비롯해 새로이 등장하는 지배층의 民에 대한 관념을 엿볼 수 있는 것이다. 이들은 이제 民을 국가의 토대를 이루는 公民으로 파악하고 있었으며 그들을 보호·육성하는 것이 바로 국가나 자신들의 기반을 확고히 하는 것으로 인식하고 있었다.

한편 전쟁의 한 주체로 위치지어진 民은 그 반대급부를 통하여 지위가 지속적으로 향상되어 갔다. 그러한 대표적인 모습이 E-2에 보인다. 大耶州人 郝熱은 京位 제11관등인 奈麻에 준하는 撰干이란 外位를 받았는데, 그 아들인 竹竹은 舍知라는 京位 제13관등을 받고 있다. 이 점은 외위가 소멸되어 간다는 것을 강하게 시사하고 있다. 외위가 지방인에 대한 왕경인의 차별적인 지배의 표현이라는 점을 고려하면, 이제 왕을 중심으로 일원화된 체계를 확립하고 왕경인이든 지방인이든 관계없이 모든 民을 국가의 수취대상인 公民으로 편제해 나가는 과정에서 더 이

54) 『三國史記』 卷5, 「新羅本紀」 5, 善德王 11년, "都督品釋之妻死焉 是春秋之女也 春秋聞之 倚柱而立 終日不瞬 人物過前而不之省 旣而言曰 嗟乎大丈夫 豈不能呑百濟乎."

55) 김기흥, 「삼국간 전쟁의 사회경제적 의미」, 『삼국 및 통일신라 세제의 연구』, 역사비평사, 1991, 222~225쪽.

상 외위는 의미가 없는 것이다. 그리하여 7세기전쟁의 과정 중에 자연스럽게 외위제는 소멸되어 갔으며, 이 과정에서 지방민은 7세기전쟁의 종식과 함께 추진된 신라 중대왕권의 중앙집권화에 밑거름이 되었던 것이다.

또한 이와 같은 戰功에 의한 民의 지위향상을 가장 잘 드러내 보이는 것이 E-3이다. 출신 家系도 미미한 裂起라는 인물이 평양까지의 군량수송작전에서 功을 세워 6두품 이상만이 오를 수 있는 沙湌의 관등을 받았다. 그리고 나중에는 지방관인 郡의 太守를 요구하였다. 아마도 사찬의 관등은 부여되었지만 중앙에서 중용될 수 없었기에 지방사회에서 실질적인 권력을 가질 수 있는 郡守를 요구한 것으로 보인다. 하지만 군수는 115명에 불과하고 관등이 重阿湌까지 임명되는[56] 것으로 보아 진골귀족들이 거쳐가거나 家系에 권력이 있는 6두품들이 주로 담당했던 것으로 생각된다. 따라서 출신이 미미한 열기의 요구는 무리한 것이었고 삼광으로서는 거부할 수밖에 없었다. 하지만 열기가 先代의 전공을 내세워 군수에 취임할 수 있는 정당성을 강변하자 결국 승복하였던 것이다.

이와 같이 왕경인과 지방인의 차별이 없어지는 것은 물론, 民에 대한 차별적 조치가 소멸되어 가고 民의 지위가 향상되었다는 것은 고대사회의 공동체적 지배구조가 해체됨을 의미한다. 하지만 이상의 검토에서 확인하였듯이 국가권력과 결합하여 公民으로 자리잡을 수 있었던 民은 공동체의 분화과정에서 자립성을 확보한 豪民層이었다. 그와 반대로 傭作으로 생계를 이어가야 했던 民들은 일정한 公民化의 진전에도 불구하고 전쟁을 수행하면서 어렵게 延命해야 했다. 따라서 7세기전쟁을 성공적으로 수행한 신라의 中代王權에게는 이들의 생활을 안정시켜 국가의 公民으로 확보하는 일이 중요한 과제로 대두되었던 것이다.

---

56) 『三國史記』 卷40, 「雜志」 9, 職官下, 外官 都督, "郡大守百十五人 位自舍知至重阿湌爲之." 한편 地理志에는 郡의 수가 120개로 되어 있다.

3. 7세기전쟁과[57] 民의 재편

강력한 왕권을 구축하고 체제정비작업을 일단락하였던 진평왕 死後 선덕왕이 즉위하면서 귀족들의 반동은 다시 시작되었다. 그리하여 왕권을 옹호하는 김춘추·김유신을 중심으로 한 세력과 충돌을 피할 수 없었다. 한편 이러한 내부의 갈등이 첨예하게 표출되고 있을 때 신라는 백제의 大耶州 침략으로 많은 영토를 상실하고 국가의 존립을 위협받게 되었다. 이는 바로 사회경제적·문화적 동질성을 확보하고 있음에도 불구하고 영토적 통일성의 결여에서 기인하는 삼국 간 상호 전쟁이라는 외부적인 모순이 격렬하게 표출된 것이었다. 결국 질곡으로 다가온 내적 갈등과 외적 모순은 동시에 해결되어야 했으며, 그러한 돌파구가 바로 7세기전쟁이었던 것이다. 그리고 7세기전쟁을 치르는 동안은 中古期 내내 추동되었던 사회경제적 변화를 반영한 새로운 체제의 정비가 적극

---

57) 삼국 간 전쟁은 4세기 후반 황해도 지역(帶方故地)에 대한 고구려·백제의 쟁탈전으로부터 시작되어 7세기 중반 고구려·백제가 멸망할 때까지 지속되는 장기전의 양상을 띠었다(김기흥, 「삼국간 전쟁의 사회경제적 의미」, 222~223쪽). 하지만 4세기 후반부터 7세기 중반까지의 전쟁이 전 시기에 걸쳐 동일한 성격을 띠었다고 할 수는 없다. 이전 시기부터 이어진 소국통합을 위한 전쟁이 4세기 중엽에 일단락되고, 그로부터 6세기까지는 삼국 간 세력각축전의 양상으로 전쟁은 수행되었다. 그리고 그것은 노동력의 확보를 통한 왕과 귀족들의 경제적 기반을 구축하는 전쟁으로 규정되어질 수 있었다. 하지만 6세기부터의 전쟁은 그 성격의 변화를 보이고 있다. 전쟁을 통하여 획득된 영토와 인민을 왕이 배타적으로 독점하며, 왕에 의해 분배가 이루어지는 것이다(金瑛河, 「新羅의 發展段階와 戰爭」 참조). 그리고 7세기에 들어서면 기왕의 삼국 간 전쟁에 唐과 倭가 가세하여 한반도를 중심으로 한 동아시아 국제전의 성격을 띠고 진행되었다(7세기의 국제정세와 이 시기 전쟁의 성격에 관해서는 山尾幸久, 「7世紀 中葉의 東아시아」, 『百濟硏究』 23, 1992 참조). 7세기 중엽 백제의 大耶州점령으로부터 본격화되는 이 시기의 전쟁은 한편으로 삼국 각국 내부의 정치적 갈등이라는 내부적 모순의 해결과 다른 한편으로는 공동체로부터 분출되어 나온 民을 흡수하기 위한 삼국 간 각축이라는 외적 모순의 해결을 과제로 삼고 있었다. 그리하여 이 시기 전쟁은 사회적 변화를 수반하였고, 그 종말은 질곡으로 다가온 내·외적 모순의 해결을 전망하는 것이었다. 따라서 본고에서는 7세기에 전개된 전쟁에 시기적인 범위와 함께 사회적 변화를 수반하였다는 의미를 부여하여 '7세기전쟁'이라고 부르겠다.

적으로 추진될 수 없었다. 하지만 7세기전쟁을 성공적으로 수행한 中代의 왕권은 오히려 새로운 체제의 구축을 가속화할 수 있었다.

7세기 중반, 치열했던 삼국 간의 전쟁이 종식되어 가고 唐과의 항쟁을 마무리하면서 이제 신라사회는 내적 정비에 총력을 기울일 조건이 마련되었다. 그리고 새로운 통치체제를 구축하는 방향은 왕권을 중심으로 한 국가권력이 모든 영토 내에 지배권을 관철시키는 中央集權化였다. 이러한 목표를 추진하기 위해서는 우선 지난한 전쟁의 수행과정으로 말미암아 어려움을 겪고 있는 民의 생업을 안정시키고 사회생산력을 제고시키는 일이 무엇보다 중요하였다. 그것은 바로 이 시기의 民이 국가권력의 기반으로서의 公民化가 상당히 진전된 존재들이었기 때문이다. 그리하여 7세기에 다시 한번 사회생산력이 발전하게 되는 계기가 마련되었다. 물론 이때에도 농업생산력의 발달이 중심이 되었는데 그 방향은 생산도구의 개선과 노동력의 안정적 수급, 그리고 농경지의 확대로 요약될 수 있다.

F-1. 城中의 물건 값(市價)은 베(布) 1疋에 쌀(租) 30碩 혹은 50碩이었으니 백성들(民)은 聖代라고 하였다(『三國遺事』 卷1, 「紀異」 1, 太宗春秋公).

F-2. 絹布는 종래에 10尋을 1匹로 하던 것을 (지금) 고치어, 길이 7步, 너비 2尺을 1匹로 하게 하였다(『三國史記』 卷6, 「新羅本紀」 6, 文武王上 5년).

F-3. 2월 21일에 대왕이 君臣을 모아놓고 下敎하되 "…… 국내의 죄수를 特赦하여 總章 2년 2월 21일(下敎 당일) 未明 이전에 5逆·死罪 이하를 범한 자로 방금 갇히어 있는 자는 죄의 大小를 막론하고 죄다 놓아주고, 앞서 大赦 이후에 죄를 범하여 官爵을 被奪한 자는 다 복구케하고, 도적 죄인은 단지 그 몸만을 석방하되 변상할 재산이 도무지 없는 자는 징수하지 아니하며, 또 貧寒하여 남의 미곡을 취하여 먹은 자로 농작이 부실한 곳에 있는 자는 元·利를 갚지 아니해도 좋고, 만일 농작이 잘되는 곳에

있는 자는 금년 추수 때에 단지 그 本穀만을 갚고 이자는 물지 말 것이니, [今月] 30일을 기한으로 하여 所司는 奉行하라." 하였다(『三國史記』 卷6, 「新羅本紀」 6, 文武王上 9년).

F-4. 遺詔曰 과인이 紛紜한 계제와 爭戰의 시대를 당하여 西征北討, 강토를 克定하고 叛하는 자를 치고 협조하는 자를 불러 드디어 遠近의 땅을 안정케 하여 위로 祖宗의 遺顧를 위로하고 아래로 父子의 숙원을 갚았으며, (전쟁에) 存者·死者를 널리 追賞하고 內外에 疏爵을 골고루 주었고, 兵器를 녹이어 農具를 삼고 黎元(백성)을 仁壽의 域에 처하게 하였다. 賦稅를 가볍게 하고 徭役을 덜어, 집이 富하고 人口가 늘며, 民間이 안정하고 域內(국내)에 우환이 없으며, 倉廩은 丘山같이 쌓여 있고 囹圄(감옥)는 (죄인이 없어) 茂草를 이루었으니, 나는 가히 幽顯에 대하여 부끄럼이 없고 士人에 대하여도 저버린 것이 없다고 할 수 있다(『三國史記』 卷7, 「新羅本紀」 7, 文武王下 21년).

F-5. 또 서울에 성곽을 쌓으려 하여 이미 관리에게 명하였던 바 그때 義相法師가 듣고 글을 보내어 아뢰되 "왕의 政敎가 밝으면 비록 草丘에 땅을 그어서 城이라 하여도 백성이 감히 넘지 못하고 재앙을 가히 씻어 福이 될 것이나, 政敎가 밝지 못하면 비록 長城이 있더라도 災害를 소멸치 못할 것이라" 하니 왕이 이에 그 役을 罷하였다(『三國遺事』 卷2, 「紀異」 2, 文虎王 法敏).

우선 F-1을 살펴보면 城中은 王京을 가리킨다고 보는 것이 자연스러우므로 왕경의 市價가 布 1필에 租 30석 혹은 50석이라서 民들이 태종무열왕대(654~661)를 聖代로 일컬었다고 한다. 이 구절로 간취할 수 있는 것은 첫째로 '市價'라는 표현으로 보아 이때 왕경 내에는 상당한 정도의 상업활동이 이루어지고 있음을 알 수 있다. 두 번째는 布 1필의 가격이 租 30석도 되고 50석도 된다는 것이다.[58] 즉 布의 質이 어떠냐에 따

58) 『三國史記』에서 '租'라는 표현은 '稻穀'과 함께 일관되게 벼를 가리키는 용어로 쓰여졌음이 제시되어 있다(李弘稙, 「三國史記 '租'의 용법」, 『韓國古代史의 硏究』, 新丘文化社, 1971, 514~515쪽). 따라서 이 사료는 租를 기준으로 布의 가치가 산출

라 1필에 30석짜리도 있고 50석짜리도 있다고 해석할 수 있다. 당시의 布는 民에 의해 가내수공업으로 생산되었거나 궁중 또는 관영수공업에 의해 생산되었는데, 양자의 질은 차이가 있었을 것이다.[59] 그리고 이러한 질적 차이가 인정되는 가운데 자유롭게 생산·교환할 수 있었던 유통상황을 나타내고 있는 것이다. 이 점은 자유로운 교환경제의 모습을 나타내는 한편, 상업과 수공업 등의 사회적 분업이 상당히 진전되어 있었다고 해석할 수 있겠다. 그리고 국가권력은 民들의 시장경제에 자율성을 부여하면서 적극적으로 장려했다고 볼 수 있다. 따라서 이 시기를 '聖代'로 표현한 것이다. 이것은 자유로이 교환에 참가할 수 있는 사람들이 많아졌다는 것을 의미하며, 그 점으로부터 개별 가호로 자립한 民의 모습을 그려낼 수 있는 것이다.

그렇지만 이 시기는 치열한 전쟁을 벌여나가던 때였다. 그리고 이미 民이 전쟁의 한 주체로 자리잡고 있는 상황을 고려할 때 경제적 富를 축적할 수 있는 사람은 많지 않았을 것이다. 용작으로 생계를 이어가던 民들은 국가에서 적극적으로 보호하지 않으면 다시금 자립성을 잃고 귀족들이나 호민층에게 인신적으로 예속될 수 있는 가능성이 여전히 높았던 것이다. 그러므로 전쟁이 끝난 후 바로 이러한 民들을 보호하여 공민으로 편제하려는 국가적 노력이 행해진 것이다.

F-2의 사료를 살펴보면 문무왕 5년(665)에 이전까지 1匹을 10尋으로 정하였던 絹布를 길이 7步, 폭 2尺으로 고친다는 내용의 尺度 개편을 단행하고 있다. 척도를 제도적으로 규정한다는 것은 F-1과 같은 民의 경제활동에 효율성을 부여하기 위한 조처로 이해할 수 있다. 그런데 여기에는 또 다른 의미가 포함되어 있다. 그것은 F-2에 나오는 尋이나 步를 尺으로 환산했을 때 1尋은 8尺이고 1步는 6尺이다.[60] 따라서 이 조치는 견

되어졌음을 보여주는 것이다.

59) 朴南守, 앞의 책, 71쪽.

60) 李宇泰, 「韓國古代의 尺度」, 『泰東古典研究』 創刊號, 1984, 7쪽 및 14~16쪽.

포 1필의 길이를 80척에서 그 절반에 가까운 42척으로 줄이고 폭도 2척 2촌 또는 2척 7촌에서 2척으로 줄인 것인데, 그 이유는 바로 조세수취에 있어서 民들의 부담을 경감시켜준다는 의미를 담고 있다.[61] 이러한 점은 문무왕 4년에 사람들이 마음대로 절에 재화나 田地를 시주하지 못하게 한 조치에서 잘 드러난다.[62] 이 조치는 부유한 民, 즉 호민층의 시주를 막기 위한 것이라기보다는, 가난한 民들이 살기 어려워 땅을 절에 바치고 寺奴로 들어가는 것을 막기 위한 조치로 이해해야 한다. 民들이 다시금 예속의 상태로 돌아가는 경우가 빈번해지면 국가는 담세자를 잃게 되고, 재정수입의 감소에 따른 기반의 동요는 필연적으로 예상되는 일인 것이다. 하지만 사원에 투신하는 것을 금지한다고 民들의 어려움이 해결되는 것은 아니기 때문에 이듬해에 바로 F-2와 같이 民의 부담을 경감해주는 조치를 취한 것으로 이해된다.

그리고 문무왕 9년에는 F-3과 같은 파격적인 大赦免令과[63] 부채의 경감조치를 취한다. 그것은 民들이 경제적인 이유로 隷民化하는 것을 방지하기 위하여 채권자의 私有財産權마저 부정하는 것이었다. 즉 부채를 갚지 못할 경우 노비로 전락될 수밖에 없는 民들을 국가가 개입하여 구제하는 특단의 조치였다.[64] 당연히 예상될 수 있는 귀족들이나 호민들의 반발을 감수하면서까지 이러한 조치를 취한 것은 국가권력을 대표하는 왕의 民에 대한 생각을 여실히 보여주는 대목이다. 이와 같이 자립한 民들은 인신적 예속관계에서 벗어나 국가의 통제 아래 놓이게 되므로 公的인 力役동원을 제외하고는 항상 안정적인 농업노동력 수급을 가능

---

61) 위의 글, 7쪽 및 18쪽.

62) 『三國史記』 卷6, 「新羅本紀」 6, 文武王上 4년, "禁人擅以財貨·田地·施佛寺."

63) 문무왕 재위기간(661~681) 중 무려 5번의 大赦免이 행해지고 있다(『三國史記』 卷6, 「新羅本紀」 6, 文武王 2년, 3년, 5년, 6년, 9년).

64) F-3의 사료에 대해 姜鳳龍은 반율령적인 '파격적 선언'이며, 이러한 것이 가능했던 배경은 정치사회적 조건의 성숙, 토지제도와 수취체제 등에서의 진전, 지방지배의 정비 등의 조건이 율령체제 개편의 필요성을 대두시켰기 때문이라는 주목할 만한 견해를 제시하였다(姜鳳龍, 「三國時期의 律令과 '民'의 存在形態」, 27~30쪽).

하게 하고, 그것은 국가경제의 토대를 확보하는 길이었다.

이제 이러한 토대 위에 구체적인 생산력의 발달을 살펴보도록 하겠다. 먼저 F-4는 文武王 遺詔의 일부분인데 무엇보다도 권력의 정점에 서 있는 지배자인 王의 당대 사회에 대한 인식과 당면한 선결과제에 대한 이해가 잘 나타나고 있다. 그중 특히 주목되는 것은 "兵器를 녹여 농기구를 만들게 하였고, …… 賦稅를 가볍게 하고 徭役을 덜어" 民들이 생산에 몰두할 수 있도록 조처했던 부분이다. 물론 당장 생존을 위협하는 존재들이 없어졌으니 국가적 기반의 안정화를 위하여 산업을 장려하고 조세의 징수를 철저히 행하리라는 것은 쉽게 짐작할 수 있다. 그런데 이 표현이 왕의 遺詔에 나타났기 때문에 자신의 치적을 포장하려는 의례적인 문구로 비춰질 수 있다. 하지만 고려가 후삼국을 통일한 후 이와 비슷한 조치를 내려 실제 시행하기도 했다는 점을 고려하면[65] 이 표현은 실제적인 의미를 가지는 것으로 보아도 좋을 것이다.[66] 게다가 철의 사용은 원래 武器에만 국한되었던 것이 점차 평화적인 생산재료인 農具로 돌려지게 된 것이라는 점은 병기의 농구화에 더욱 가능성을 부여하고 있다.[67] 이와 함께 고려될 수 있는 것이 철의 제조기술 발달에 따른 농기구의 개선이다. 장기간의 전쟁은 무기제조기술, 특히 철의 강도를 높이고 날을 세우는 기술의 발전을 가져왔을 것이며, 그러한 발전의 성과가 농기구 제조기술로 이전되었음을 추정할 수 있겠다.

그리고 F-5는 문무왕 21년에 있었던 사실인데[68] 앞서 살펴보았던 F-3

65) 『高麗史』 卷79, 「志」 33, 食貨 農桑 成宗 6년 6월, "收州郡兵 鑄農器."

66) 李喜寬, 앞의 글, 211쪽.

67) 李春寧, 앞의 책, 42쪽. 그리고 중국의 戰國時代를 마감한 秦나라는 기원전 221년 제후국의 세력 회복을 방지하기 위하여 천하의 무기를 몰수하는 조치를 취하였다(徐連達 · 吳浩坤 · 趙克堯 지음, 중국사연구회 옮김, 『중국통사』, 청년사, 1989, 151쪽). 이 점은 戰後의 시대를 맞이하여 집권자들이 취할 수 있는 행동양식의 일면을 보여주며, 軍需물자가 民需물자로 전환되었음을 의미하여 兵器의 農具化를 해석하는 데 많은 시사점을 준다.

68) 『三國史記』 卷7, 「新羅本紀」 7, 文武王下 21년, "夏五月 …… 六月 …… 問浮屠義

의 大赦免, 그리고 民의 부채를 탕감해 주었던 조치와 함께 民이 생업에 충실할 수 있도록 배려한 일련의 조치로 볼 수 있다. 당시의 승려는 단지 종교인이라는 측면 외에도 국가권력을 유지하는 데 상당한 기여를 하고 있음은 이미 확인하였다. 따라서 조언자로서의 승려의 충고를 받아들여 民의 農時를 빼앗지 않는다는 측면에서 役을 罷하고 있는 것이다. 이 점은 당시 무엇보다 산업, 특히 농업을 안정시킴으로써 民들을 안정시켜 국가권력의 기반을 공고히 하는 것이 급선무의 과제라는 인식의 표현이라고 해석할 수 있을 것이다. 즉 공민화된 民을 바탕으로 중앙집권체제를 구축하려면 선행되어야 하는 것이 바로 民의 안정이라는 것을 중고기를 경험한 당시의 지배층들은 이미 인식하고 있었던 것이다. 그리고 농업에서 특히 중요한 것은 계절적인 노동력 수급을 안정화시키는 것이었고 특히 이때가 6월이기 때문에 더욱 자제하였던 것이다. 또한 문무왕대에 실시하였던 다른 役의 동원 시기도 각각 3년 정월, 5년 겨울, 19년 가을로 모두 가을에서 겨울 사이의 농한기에 집중되었던 사실은 이러한 이해에 타당성을 부여하고 있다.

한편 노동력의 문제는 단지 인간의 노동력만으로 그치는 것이 아니다. 앞서 서술하였듯이 농업생산에서 畜力의 이용이 갖는 의미는 대단히 중요하다. 그것은 농업경영방식과 생산주체의 구성단위에도 영향을 주기 때문이다. 즉 축력을 적극적으로 이용할 경우 수전농업과 황무지 개간 등을 효과적으로 수행할 수 있으며, 소가족단위의 농업경영과 휴한농법, 나아가 상경농법으로까지 진전할 수 있는 것이다. 그런데 앞서 중고기의 경우 전쟁이 지속되는 상황임을 고려하여 우경이 일반 농민에게까지 보편적으로 시행되지는 못하였을 것으로 파악하였다.[69] 하지만

相 對曰 雖在草野茅屋行正道 卽福業長 苟爲不然 雖勞人作城 亦無所益 王乃止役 秋七月一日……."

69) 문무왕 2년 평양까지 군량을 수송하는 데 수레(우마차) 2천 대가 이용되고 있으며, 『新唐書』에는 "우마를 죽인 자는 노비로 삼는다."는 구절이 보인다. 이 점으로 미루어 볼 때 전쟁이 치열할 당시 군수품의 수송에 소가 보편적으로 이용되었으

전쟁이 마무리되어 가는 상황에서는 전쟁의 수행을 위해 국가에서 관리하고 확보했던 소나 말을 분배하였을 것이다. 문무왕 9년에 귀족들을 중심으로 말을 배분하였듯이[70] 軍資를 수송하는 데 적극 이용되었을 소의 경우도 크게 다르지 않았을 것이다. 특히 소는 고위 관료에게 포상의 성격으로 분배하기보다는 농업생산에 이용할 수 있도록 배치하였을 개연성이 더욱 높다. 촌락문서에서[71] 마소의 보유 頭數가 절대적인 수에서 상당히 많고, 후대와 비교하여도 많은 수치라는 것에서[72] 7세기를 거치면서 국가적 차원의 장려·보급이 있었음을 짐작할 수 있다. 이러한 점은 개간에 의한 가경면적의 증대와 더불어 농경방식에 변화를 가져왔음을 시사하고 있는 것이다.

이상과 같은 계절적 농업노동력의 안정적 수급, 그리고 농경에서의 보편적 축력 이용과 가경면적의 확대는 인간관계의 질적 변화를 동반하고 있는 것이었다. 이미 傭作이 확대되었음을 고찰하였는데, 용작으로 표현되는 인간관계는 인신적 구속보다는 토지를 매개로한 지배－예속관계의 맹아적 형태이다. 그리고 이러한 인간관계의 변화는 이 시기 結負制의 시행에서 보다 분명히 드러나고 있다.[73] 문무왕 3년(663)에 戰功

며, 이를 위해 국가가 소를 관리하였음을 짐작할 수 있다(백남운 저, 윤한택 역, 앞의 책, 319쪽 및 李仁在, 「新羅統一期 土地制度 硏究」, 연세대 박사학위논문, 1995, 11~12쪽 참조).

70) 『三國史記』 卷6, 「新羅本紀」 6, 文武王上 9년, "頒馬阹九(凡)一百七十四所 屬所內二十二 官十 賜庾信太大角干六 仁問太角干五 角干七人各三 供(伊)湌五人各二 蘇判四人各二 波珍湌六人·大阿湌十二人各一 以下七十四所 隨宜賜之."

71) 촌락문서의 작성연도에 대한 견해는 다양하게 제시되어 있지만(李仁哲, 『新羅村落社會史硏究』, 일지사, 1996, 61~64쪽 참조), 최근 이 문서의 작성연대를 695년으로 보는 견해가 제기되어 주목을 끈다(尹善泰, 「正倉院 所藏 「新羅村落文書」의 作成年代－日本의 『華嚴經論』 流通狀況을 중심으로－」, 『震檀學報』 80, 1995). 촌락문서가 7세기대의 사실을 반영한 것이라면, 당시의 상황과 관련하여 우마의 보유 頭數가 후대에 비해 월등히 많다는 것이 설명될 수 있을 것이다.

72) 李喜寬, 앞의 글, 47~49쪽.

73) 토지의 면적을 일정하게 규격화된 結이나 負로 파악하는 방식이 7세기를 전후하여 나타나기 시작하고 이후 신라 중·하대에는 보편적으로 사용되었다(李宇泰, 「新羅時代의 結負制」, 『太東古典硏究』 5, 1989 및 「新羅의 量田制」, 『國史館論叢』 37,

에 대한 포상으로 김유신에게 500결의 토지를 지급하고 있는데, 結이라는 단위로 표현된 땅을 하사한다는 것은 이때 이미 토지의 면적을 측량하고 있었다는 의미이다. 물론 농업이 주요 산업인 사회에서 토지의 면적을 파악한다는 것은 당연한 일이겠으나 일정한 기준에 의해 제도화된 규격을 본격적으로 사용한다는 것은 또 다른 의미를 담고 있다. 토지의 소유 또는 점유가 대단히 중요하게 대두되었기 때문에 법제적으로 규격화된 토지 측량의 단위를 요구한 것이다. 이제 사회적 관념이 노동력의 확보를 중시하는 경향에서 토지의 확보를 중시하는 경향으로 변화되었음을 시사한다. 또한 국가는 토지에 대해 정확히 파악하고 있으면, 그것을 기준으로 한 조세수취를 통해 對民지배를 관철시킬 수 있었다.[74] 따라서 이 시기의 주요한 對民支配의 방향은 公民으로 성장한 民을 토지에 緊縛시키고, 그 토지를 매개로 하여 국가적 수취를 행하는 것으로 진행되었음을 보여주고 있다. 그리하여 국가권력은 이미 축적된 公民化의 경험을 기초로 새로이 편입된 영토 내의 民을 공민으로 편성하였고, 이는 국가의 기반이 확대되고 강화되는 것이었다.

결국 4~6세기 농업생산력의 발달이 노동력의 절감과 농업생산물의 증대라는 측면으로 작용하여 民을 개별 가호로 자립시키고 공동체를 해체시키는 결과를 초래하였다면, 7세기 농업생산력의 발달은 농업경영 방식을 변화시키는 방향으로 작용하여 民의 자립성을 강화시키고 이후 중앙집권적인 체제정비의 밑거름이 되었던 것이다.

이와 같이 民을 안정시킨 토대 위에 본격적인 公民의 편성이 국가권력을 중심으로 진행되었다. 그것은 왕권을 중심으로 중앙의 권력을 공

1992 참조).

74) 고구려의 3等戶制나 村落文書에 보이는 9等戶制는 모두 재산을 기준으로 한 수취체계로 인신적 지배가 지양되어 갔는데(김기흥, 『삼국 및 통일신라 세제의 연구』, 역사비평사, 1991 참조), 특히 촌락문서에 보이는 9등호제는 소유 토지면적의 차등에 따라 마련되었다(李仁哲, 「新羅 統一期의 村落支配와 計烟」, 『韓國史硏究』 54, 1986 참조).

고히 하고, 그 외연의 확대로서 지방지배를 확립하는 중앙집권화의 과정과 동궤를 이루었는데, 이미 진전된 公民化를 바탕으로 국가의 공적 지배질서로 民이 재편되었던 것이다. 이러한 추이를 다음의 사료를 통하여 확인해 보겠다.

G-1. 왕이 하루는 庶弟 車得公을 불러 이르되 "네가 宰相이 되어 百官을 고루 다스리고 四海를 태평케 하라."고 하니, 公이 말하되 "폐하가 만일 小臣을 재상으로 삼으시려거든 원컨대 臣이 국내를 潛行하여 民間의 徭役의 勞逸과 租賦의 輕重과 官吏의 淸濁을 살펴본 연후에야 職에 나아가고자 합니다."라고 하니 왕이 그것을 허락하였다(『三國遺事』 卷2, 「紀異」 2, 文虎王 法敏).

G-2. 國制에 各州의 鄕吏 1인으로써 京中의 諸曹를 上守케 하는 일이 있었는데 安吉이 上守할 차례가 되어 서울에 올라왔다. …… 星浮山 아래의 地를 武珍州의 上守燒木田으로 삼아 人民의 伐採를 금하니 사람들이 감히 가까이 하지 못하고, 京鄕이 다 부러워하였다. 山下의 田은 30畝로, 種子 3石을 뿌리는 곳인데, 이 밭이 풍작이면 武珍州도 풍작이 되고 흉작이면 武珍州도 흉작이 되었다 한다(『三國遺事』 卷2, 「紀異」 2, 文虎王 法敏).

G-3. 强首를 沙飡을 삼고 해마다 租 200석을 주기로 하였다(『三國史記』 卷7, 「新羅本紀」 7, 文武王下 13년).

중앙집권화라고 하면 지방의 중앙에 대한 복속이 아니라, 중앙의 권력 집중에 의해 관철된 지방에 대한 지배이다. 그리고 여기에는 對民支配의 일원화가 전제되어야 하며, 중앙 자체의 권력이 강력하게 구축되어 있어야 한다. 즉 중앙의 정치권력이 왕권을 중심으로 확립되어 있어야 하는데 중대의 왕권은 귀족들로부터 도전받을 수 있는 조건을 가지고 있었다. 중대의 왕권을 연 김춘추는 진골로서 귀족의 추대라는 형식을 통해 왕위에 올랐기 때문이다.[75] 따라서 중대의 왕권은 통치체제의 정비에 앞서 진골귀족들의 왕권 도전을 물리쳐야만 했다. 그리하여 7세기전쟁을 거치면서, 그리고 전쟁 후에도 반기를 드는 귀족들에 대한 무자비한 숙청이 불가피하였다. 문무왕대에는 眞珠와 眞欽을 비롯하여 3차례의 숙청을 단행하였다.[76] 그리고 神文王代에는 즉위하자마자 金欽突, 興元, 眞功, 軍官 등을 숙청하고 왕권을 강화하였다.[77] 이러한 숙청은 효소왕대까지 이어져 9년에 慶永을 죽이고 順元을 파면하였다. 중대의 왕권은 이와 같은 과정을 거쳐 왕권을 공고히 유지하면서 본격적인 체제의 정비작업을 진행시킬 수 있었다.

G-1의 사료에서는 문무왕이 같은 一族인 車得公에게 보좌할 것을 명하니, 차득공은 국내의 제반 상황을 먼저 파악한 다음에 관직에 나아가겠다는 뜻을 피력하고 있다. 차득공이 파악하고자 한 것은 크게 두 가지로 나눌 수 있다. 첫째는 "民間 徭役의 勞逸과 租賦의 輕重" 부분이다. 이것은 앞서 살펴본 농업장려와 民의 보호 · 육성이 얼마나 실효를 거두고 있는가에 대한 확인일 것이다. 이 말에서 바로 民을 국가의 公民으로 인식하고 있는 이 시기 지배층의 對民觀의 일면을 간취할 수 있다. 두 번째는 "官吏의 淸濁"을 살핀다는 것이다. 이것은 바로 지방에 파견한 관리의 자의적인 수탈을 방지할 목적을 가지고 있음은 물론이거니와 지방의 유력자에게 위임한 통치권을 점검하겠다는 의미이다. 이러한 면을 볼 때 재지의 유력자를 매개하여 지방통치를 행하는 공동체적 질서는 지양되고, 국가권력이 民과 직접 결합하면서 지방사회에 깊이 침투하였

---

75) 『三國史記』 卷5, 「新羅本紀」 5, 太宗武烈王 즉위조, "及眞德薨 群臣請閼川伊湌攝政 閼川固讓曰 臣老矣 無德行可稱 今之德望崇重 莫若春秋公 實可謂濟世英傑矣 遂奉爲王 春秋三讓 不得已而就位."

76) 문무왕 2년(662)에 진주와 진흠을, 10년에 藪世를, 13년에 大吐를 처형했다. 문무왕대의 이와 같은 숙청은 진골귀족들의 군사적 기반을 해체함으로써 왕권을 강화하는 방향으로 진행된 것으로 보인다(金壽泰, 「新羅 中代 專制王權과 眞骨貴族」, 서강대 박사학위논문, 1990, 21~29쪽).

77) 김수태는 金欽突勢力이 '삼국통일전쟁기' 군사적으로 활동한 진골귀족임에도 불구하고 문무왕의 왕권강화 결과 정치적으로 무열왕계에 의해 소외되었기 때문에 난을 일으킨 것으로 파악하고 있다(金壽泰, 위의 글, 10~19쪽).

음을 알 수 있다.

또한 차득공이 잠행하였을 때 인연을 맺게 된 安吉이 上守하기 위해 서울로 올라오는 모습이 G-2에서 보인다. 그리고 첫머리에 보이듯이 이러한 上守吏制가 이미 제도로 정착되어 있다는 것은 지방사회, 그리고 民에 대한 직접 지배가 관철되고 있음을 보여주는 동시에 중앙에서는 지방세력을 효과적으로 통제하기 위한 노력을 경주하고 있다고 보아야 할 것이다.

G-2에서 간과할 수 없는 또 한 가지는 안길에게 上守燒木田을 지급했다는 것이다. 안길에게 특혜의 차원으로 지급되었을 수도 있지만, 대체로 상수를 하는 경우 지급했다고 보는 것이 자연스럽다. 단지 안길에게는 특별히 좋은 토지를 분급한 것이다. 상수를 하는 것도 일종의 근무라고 하면 이 상수소목전은 관리에게 복무의 대가로 지급한 것이 된다. 즉, 이 토지는 職田의 성격을 가지는 것이다. 하지만 이 경우는 명확한 기준에 의해 분급된 것 같지는 않고, 지급받는 사람이 중앙과 民을 연결하는 職을 수행하는 만큼 얼마나 충실히 중앙의 정책을 잘 반영하여 그 매개역할을 이루어내었는지, 그리고 중앙에 얼마나 충성을 하는지에 따라 지급되었던 것으로 보인다. 여기서 또 한 가지 의미를 부여할 수 있는 것은 안길에게 노동력이 배제된 특정의 토지를 지급했다는 것이다. 이 점은 앞서 살펴본 결부제의 시행과 더불어 이 시기 토지가 가지는 의미를 다시 음미하게 한다. 즉 전단계 사회와는 달리 토지 자체가 생산의 직접적이고 중요한 요소라는 점을 보여주는 한 예로 파악할 수 있는 것이다. 이제 토지는 인간관계를 연결하는 중요한 매개체로 기능하고 있었다. 그것은 국가의 조세수취나 지배층의 民에 대한 지배가 토지를 매개로하여 이루어지고 있었음을 시사한다.[78] 이러한 관료화의 진전과 토지의 지급 방식은 신문왕대에 관료전을 지급하는 것으로 이어졌다고 보아야

78) 李景植, 「古代 · 中世의 食邑制의 構造와 展開」, 『孫寶基博士停年紀念韓國史論叢』, 1988, 152~153쪽.

할 것이다.

그리고 G-3에서는 强首에게 매년 租를 200석씩 준다는 기록이 보인다. 이것은 바로 복무의 대가를 현물로 지급한다는 것이다. 그것은 관료들에게 복무의 대가를 지급할 때에도 民에게 자행될 수 있는 경제외적 강제를 최대한 방지하고자 하는 방향으로 국가의 정책이 나아가고 있음을 시사한다. 그리고 이 점은 民이 公民의 지위를 획득하였음을 보여주는 것이라고 간주할 수 있겠다. 그에 따라 이러한 조치를 법제화하기 위한 기초작업으로 문무왕 17년에 左司祿館을 설치하고 21년에 右司祿館을 설치하였다. 이들 부서는 바로 국가에서 조세를 수취하여 관리들에게 지급하기 위한 목적에서 만들어진 것으로 보인다. 그리고나서 곧바로 이러한 생산물의 지급방식은 제도적으로 정착되기에 이른다. 그것이 바로 신문왕 9년에 실시하는 祿邑[79] 폐지와 歲租 지급의 규정이다.

결국 신라 중고기를 통하여 지속적으로 이루어진 民의 지위향상과 그러한 民을 公民으로 확보하기 위한 국가의 노력은 기왕의 지배층이 가지고 있었던 인신적 지배의 기득권을 무너뜨렸다. 이제 民은 공동체의 인신적 지배로부터 벗어나 가족 중심의 소규모 농업 경영을 행하는 개별 가호로 성장하였다. 그리고 공동체적 기반을 가진 귀족들로부터 배타적인 권력독점을 확보한 왕권, 즉 국가권력은 民을 권력 유지의 기반

---

79) 祿邑制에 대해 李景植은 諸加의 下戶에 대한 노예적 지배(食邑의 형태)가 삼국시기 어느 때부터 쇠퇴하면서 토지소유관계를 중심으로 한 새로운 지배 예속관계가 확산되어 가고, 왕실·귀족의 대토지소유 및 전장 경영이 발달하고, 국가는 結負制를 매개로 하여 사적토지 및 그 소유 경작자에 대한 지배 수취를 내용으로 하는 토지 분급을 통해 관료제의 물적 기반을 제도로서 마련한 방식이 수립되는데, 이러한 사회변동을 집약하면서 등장한 것이 녹읍제였다고 보았고(李景植, 앞의 글, 152~154쪽), 전덕재는 6세기 초반 지배체제 정비과정에서 중앙의 귀족으로 전화한 소국의 수장층이나 지배계층들의 재지기반을 완전히 부정할 수 없었기 때문에 그들의 재지기반을 어느 정도 인정해 주면서 역으로 그들에 대한 통제력을 가할 수 있는 제도적 장치를 모색하였으리라 보이는데, 그것이 바로 녹봉제도로서의 녹읍제였다고 보았다(全德在, 「新羅 祿邑制의 性格과 그 變動에 관한 硏究」, 『역사연구』 1, 1992, 8~19쪽).

으로 인식하여 적극적인 결합을 추진하였다. 이와 같은 과정을 거치면서 民은 국가의 담세층으로 자리잡고 국가는 民의 안정적인 재생산을 보장해주려는 노력을 지속하였다. 이제 民은 일방적이고 직접적인 예속 상태에서 벗어나 권리와 의무를 동시에 지니는 국가의 公民으로 轉化되었던 것이다.

맺음말

한반도를 중심으로 三國이 정립하고 있었던 韓國古代社會는 7세기에 커다란 변화를 겪었다. 외형적으로 드러난 모습은 삼국 간의 대립구도에 唐과 日本이 가세한 동아시아 국제전의 형태로 나타났지만, 그 내부에는 이전부터 진행되어 온 고대사회의 구조적 변동이 중첩되어 있었다. 그리하여 7세기전쟁을 거지면서 이전 사회와는 質的으로 다른 사회구조를 지향하였던 것이다.

본고에서는 이러한 7세기의 변화, 특히 고대사회의 구조적 모순이 촉발한 사회변동에 주목하였다. 그중에서도 民을 중심으로 한 인간관계의 변화를 추적함으로써 당시의 사회성격을 규명해보고자 하였다. 그리하여 고대사회의 民은 共同體의 구성원으로 존재하였다는 전제 아래, 民의 사회경제적 지위가 변화해가는 과정을 분석하였다. 그 결과 7세기전쟁이 종식된 후의 民은 公的 권력기구인 국가의 公民이 되었음을 확인하였다. 이하에서는 지금까지 본고에서 전개한 구체적인 民의 재편과정을 확인하면서 글을 맺고자 한다.

한국의 고대사회는 원시공동체로부터 분화·발전한 공동체가 사회의 기층을 이루었다. 중앙은 部를 기초로 공동체적 질서가 형성되었고, 지방사회는 그러한 중앙의 공동체에 의해 집단적으로 예속된 관계가 확대되어 갔다. 이러한 공동체적 질서의 기층에는 邑落이 존재하였고, 읍락의 내부에는 豪民과 下戶(民), 그리고 奴婢가 존재하였다. 호민은 원시사회의 氏族長적 성격을 가진 존재들이었고 下戶는 당시의 주요 산업인 농업에 종사하는 農民層이었다. 그런데 공동체의 해체과정에서 호민이 가진 공동체의 長의 위상은 탈각되고 富를 축적하여 자립성을 획득한 民과 함께 '부유한 농민' 즉 豪民層을 이루었다. 그리고 民의 대부분은 傭作을 통하여 생계를 유지할 수밖에 없는 취약한 기반을 가지고 있었다.

6세기 무렵, 邑落共同體의 해체된 모습이 본격적으로 나타나는데, 이는 4~6세기를 거치면서 지속된 농업생산력의 발달로 촉발되었다. 이 시기 농업생산력의 발달은 鐵製農器具의 확대 보급, 水利施設의 확충, 牛耕의 보급 등을 통한 노동력의 절감과 농업생산물의 확대로 나타났다. 이 점은 수공업 생산물의 교환을 촉진시켜 사회적 분업을 일정하게 진전시켰으며, 民으로 하여금 공동체의 예속으로부터 벗어나 자립할 수 있도록 하였다. 하지만 공동체로부터 분출되어 나온 民은 두 방향으로 분화되었다. 진보된 농경방식을 적극 도입하여 富를 축적하고 호민층이 된 民과 공동체의 예속으로부터는 벗어나 개별 家戶를 이루었지만 여전히 취약한 기반 아래 傭作으로 연명하는 民이 존재하였던 것이다.

이러한 생산력의 발달과 民의 分化로 말미암아 전반적인 民의 지위는 향상되었다. 그것은 外位制와 전쟁에 民이 참여하는 모습으로부터 확인된다. 국가권력이 民에게 일정한 지위를 부여하고 이들을 동원하였고, 특히 이렇게 동원된 民이 전쟁에 참여하여 전리품을 분배받고 있는 것이다. 이것은 이전 단계의 전쟁이 지배자집단에 의해 수행되며, 이들에 의한 전리품의 배타적 독점이 지양되고 있음을 뜻한다. 그 점은 전쟁의 성격이 변화하였음을 나타내는 것인데, 당시 왕을 중심으로 권력이 집중되어가던 정치적 상황과 밀접한 관계가 있다.

신라는 6세기에 이르면 공동체의 長인 귀족들에 의해 정치가 운영되던 貴族合議體制로부터 왕이 국가권력을 배타적으로 장악하는 大王執權體制로 변화되었다. 이러한 정치적 변화는 바로 읍락사회의 변동의 결과로 나타났는데, 공동체적 질서가 해체되어 가는 과정에 왕에 의한 民의 포섭이 적극 추진되면서 귀족들의 공동체적 기반을 약화시키는 효과를 가져왔고, 이를 기반으로 왕은 귀족들로부터 배타적인 권력의 독점을 이루어낼 수 있었던 것이다. 이 과정에서 왕과 결합한 民은 공동체적·인신적 지배로부터 벗어나 公民化의 길을 걷게 되었고, 왕은 民에 대한 귀족들의 구태의연한 지배를 차단하고 民을 보호하려는 노력을 경주하였다.

新羅의 中代를 열었던 金春秋와 金庾信은 이러한 시대적 분위기를 정확히 인식하고 民과의 적극적인 결합을 추구하였다. 그리하여 民의 적극적 지지라는 토대 위에 7세기전쟁을 성공적으로 수행할 수 있었고, 내·외적 모순이 중첩된 7세기전쟁의 종식은 변화된 사회상을 반영한 새로운 지배체제를 구축하는 조건이 되었다. 그렇지만 民이 국가권력의 기반으로 자리잡고 있었기 때문에 신라 중대의 왕권이 새로운 통치체제를 구축하는 데에는 선결 과제가 있었다. 그것은 지난한 전쟁을 수행하느라 피폐해진 民의 생활을 안정시키고 사회적 생산력을 제고하는 일이었다. 그리하여 赦免과 負債蕩減 등을 통해 民의 안정화를 도모하였고, 이러한 국가적 시책과 맞물려 7세기에는 다시 한번 농업생산력이 발달할 수 있었다.

이 시기 농업생산력의 발달은 전쟁의 종식에 큰 영향을 받았는데, 생산도구의 개선과 노동력의 안정적 수급, 그리고 축력의 보편적 이용이라는 방향으로 진행되었다. 이러한 면은 농업경영방식의 변화를 초래하였고, 농경에 있어서 토지의 중요성이 대두되는 한편, 토지를 매개로 한 인간관계의 형성이 본격적으로 진행되었다. 民에 대한 국가의 公的 收取를 제외한 인신적 지배는 지양되었으며, 토지를 매개로 한 경제외적 강제만이 民을 예속하고 있었다. 그 과정에 귀족은 관료화되었고, 그들에게는 복무의 대가로 토지가 지급되었다.

그리고 이러한 기초 위에 中央集權化가 진행되었다. 국가를 위해 복무하고 그 대가를 지급받는 관료를 파견하여 民을 편제하고 수취를 행하는 체제가 지향되었던 것이다. 그 결과 영역 내의 民을 일원적으로 통치하는 제도로서 地方制度가 마련되었다. 결국 이것은 6·7세기를 거치면서 향상된 民의 지위와 사회경제적 변화를 제도로써 정착시킨 것이다. 이렇게 재편된 民은 이제 공동체에 예속되었던 존재가 아니라 국가의 擔稅層으로 자리잡고 있는 公民으로 그 존재형태가 변화되었다. 즉 7세기의 사회적 변화를 거친 民은 공동체적·인신적 예속으로부터 벗어나 권리와 의무를 동시에 지니는 국가의 公民으로 전화되었던 것이다.

(『韓國古代史研究』 16, 1999)

前近代 中國 士人의 自意識 一考

- '孔門四科'에 대한 魏晉南北朝~宋代의 認識을 중심으로

河元洙

하원수

성균관대학교 사학과 교수

공저로 『講座 中國史』 Ⅲ(지식산업사, 1989), 『分裂과 統合－中國 中世의 諸相』(지식산업사, 1998) 등이 있고, 공역서로 『譯註唐律疏議－各則(下)』(한국법제연구원, 1998), 『역주 당육전(상, 중)』(신서원, 2003, 2005), 『사료로 읽는 중국 고대 사회경제사』(청어람미디어, 2005) 등이 있으며, 논문으로는 「應試者의 입장에서 본 唐代의 科擧－禮部試의 性格에 관한 一試論」(2005)과 「唐前期 制擧의 實狀－官人選拔制度에서 皇帝權의 限界」(2007) 외 다수가 있다.

前近代 中國 士人의 自意識 一考

– '孔門四科'에 대한 魏晉南北朝~宋代의 認識을 중심으로

머리말

'士'의 전통적 훈인 '선비'는 남한과 북한의 대표적인 사전에서 "예전에 학식은 있으나 벼슬하지 않은 사람"[1] 혹은 "봉건사회에서 주로 유교 학문을 닦는 량반층 또는 그에 속한 사람"[2]이라고 풀었다. 그런데 선비에 대한 이 두 가지 풀이는 "학식"·"학문"과의 관계를 공통으로 지적하면서도, 전자가 "벼슬"이 없음을 강조한 반면 후자는 "량반"임을 역설한다는 점에서 확연히 다르다. 이러한 설명의 차이는 남한과 북한의 상이한 체제·이념만이 아니라 애당초 中國에서 '士' 곧 士人의 사회적 지위나 신분이 그만큼 애매하였던 탓일 수도 있다.

실제로『春秋』에서 "四民"의 하나로 나오는 "士"에 대한 주석은 그 좋은 예이다.『公羊傳』의 何休(129~182)注가 "德能居位曰士"[3]라고 하였으

1) 국립국어연구원,『표준국어대사전』, 두산동아, 1999 초판, '선비'조.
2) 사회과학원 언어학연구소,『현대조선말사전』, 도서출판 백의 영인본, 1981 원간, '선비'조.

나, 『穀梁傳』의 范甯(339경~401경)注는 "學習道藝者"[4]라고만 하였기 때문이다. 즉 "位"가 士人의 조건인지 여부에 뚜렷한 이견을 보이고 있는 것이다. 그리고 士人이 "居位"한다면 "民"이 아니라고 何休를 비판한 唐代 楊士勛(생졸 미상)의 疏를[5] 볼 때, 여기에서의 "位"가 士人을 일반 백성과 실질적으로 구분하는 것으로 간주되었음을 홀시할 수 없다. 士人이란 존재의 구체적인 성격은 일찍이 『公羊傳』과 『穀梁傳』의 注에서부터 서로 달리 이해되어 왔던 것이다.

士人의 사회적 위상에 대한 이처럼 상이한 인식은 『漢書』의 "學以居位曰士"[6]란 설명이 계속되는[7] 상황에서 나온 『唐令』의 "凡習學文武者爲士"[8]라는 규정에서 재차 확인된다. 그런데 여기에서 "居位"의 조건으로 거론된 "學"은 『公羊傳』 注의 "德"과 다름도 아울러 주목할 필요가 있다. 그리고 "位"에 대한 언급 없이 단지 학습·학문만을 士人의 조건으로 명시한 경우 역시 그 대상을 "道藝"와 "文武"로 달리 서술한 점 또한 간과해서는 안 된다. 이러한 해석에 나오는 어휘들 곧 "學"·"德"이나 "道藝"·"文武"는 단지 표현상의 문제로만 차치하기 힘든 중요한 사상적 함의를 가질 수 있으며, 中國史에서 士人의 성격은 더욱 혼란스러워진다.

사실 '士'의 文字學的인 古義나 周代의 古制는 그만두고라도, 春秋戰

---

3) 『春秋公羊傳注疏』(北京: 北京大學出版社, 2000) 卷17, 成公元年 3월조, 427쪽(이하 특별히 명기하지 않은 경우, 經書는 모두 이 十三經注疏의 整理本에 따름).

4) 『春秋穀梁傳注疏』 卷13, 成公元年 3월조, 242쪽.

5) 『春秋穀梁傳注疏』 卷13, 成公元年 3월조, 242쪽.

6) 『漢書』(北京: 中華書局) 卷24上, 「食貨志上」, 1117~1118쪽(이하 正史는 모두 이 校勘標點本에 따름).

7) 唐代 崔融의 「請不稅關市疏」, 『文苑英華』(北京: 中華書局, 1966) 卷697, 3599쪽이나 宋代 王應麟의 『小學紺珠』(北京: 中華書局, 1987) 卷3, '四民'條, 60쪽에서는 『漢書』의 士人에 대한 설명을 되풀이하고 있다.

8) 李林甫 외, 『唐六典』(北京: 中華書局, 1992) 卷3, 「尙書戶部」, 74쪽과 仁井田陞, 『唐令拾遺』(東京: 東京大學出版會, 1964 覆刻. 1933 원간), 「戶令」 26조, 244쪽에 따르면, 이것은 武德令과 開元7年令의 규정이다.

國時代를 거치면서 나타나 후대로 이어진 士人 역시 문헌과 시기에 따라 다양한 용례를 보인다. 그러므로 연구자의 시각이나 입장에 따라 이들의 성격을 달리 설명할 수 있는 가능성은 폭넓게 열려 있다.[9] 하지만 전근대 中國에서 士人의 객관적인 지위와 신분조차 애매하다면, 관료(bureaucrat)·지식인(intellectual)처럼 근대적인 직위나 역할로써 추론된 개념만으로 이들을 특징짓는 것은 분명히 한계를 갖는다.[10] 士人의 성격을 전면적으로 파악하기 위하여서는, 이들이 살았던 시대로 되돌아가 그 내면세계 자체의 이해 또한 필요한 것이다.

그러므로 본고는 前近代 士人의 성격을 당시 그들 자신의 主觀的인 의식으로부터 접근해 보고자 한다. 즉 이들이 스스로 士人이라고 주장할 수 있었던 근거가 무엇이었는지, 다시 말해서 이들에 의하여 士人의 內在的인 조건으로 인식된 것의 내용과 그 특성을 살펴보려는 것이다. 이것은 물론 극히 추상적이며 포괄적인 주제일 뿐더러 장기간에 걸친 士人의 존재 자체에 내포된 변화의 가능성도 간과할 수 없는 문제이므로, 한 편의 논문으로 명확한 결론을 얻기는 불가능하다. 따라서 본고는 검토의 대상을 漢代 이후 사회적 주류를 형성한 儒家的 士人으로 좁히고, 우선 이들의 '孔門四科'에 대한 인식을 집중적으로 고찰할 것이다. 그리고 그 대상 시기도 현재 본인의 능력상 魏晉南北朝로부터 宋代로까지 제한하지 않을 수 없다. 따라서 본고는 하나의 시론에 그치겠지만,

---

9) 士人과 관련된 中國의 대표적인 연구서로 余英時, 『士與中國文化』(上海人民出版社, 2004 신판)와 閻步克, 『士大夫政治演生史稿』(北京: 北京大學出版社, 1996)가 있는데, 이들은 春秋戰國時代 이후 나타나는 새로운 士人의 성격에서 각각 道統의 담당자 그리고 學士(儒生)와 文吏의 분화·융합 과정을 강조함으로써 상이하게 이해한다. 그리고 Christopher L. Connery, *The Empire of the Text* (Lanham, Rowman & Littlefield Publishers, 1998)의 '텍스트(text)'와 연관시킨 士의 설명처럼 색다른 해석도 불가능하지 않을 듯하다.

10) 宮崎市定의 「東洋的近世」 이래 日本學界를 중심으로 일반화된 "士" 혹은 "士大夫"를 學者-地主-官僚의 "三位一體"로 보는 견해를 단지 그 일면만 아는 "偏見"이라고 비판한 余英時의 주장은(『士與中國文化』의 「引言」, 8쪽) 이러한 측면에서 확실히 설득력이 있다.

이를 통해 전근대 中國 士人들의 집단적 自意識의 일면을 엿볼 수 있기를 기대해 본다.

1. 孔門四科와 士人의 要件

儒家的 士人의 성격과 관련하여서는 孔丘(기원전 552~479)가 그 開祖로서 누구보다 중요하고, 당연히 『論語』에 표현된 士人에 대한 인식을 살펴볼 필요가 있다.[11] 실제로 『論語』에는 "士人이 道에 뜻을 두고도 험한 옷과 험한 음식을 부끄러워한다면 더불어 의논하기에 족하지 않다."[12]는 孔丘의 말이 나오며, "道"와 士人의 이처럼 긴밀한 관계는 曾參(기원전 505~436), 孟軻(기원전 372~289경)를 거치면서 儒家的 사고의 한 특징으로 자리잡아 갔던 듯하다.[13] 그러나 주지하듯이 『論語』에는 "道"에 관한 구체적인 설명이 없어 단지 이 말만으로 孔丘의 眞意를 명확히 파악하기는 어렵다.

그런데 『論語注疏經解』는 위의 구절을 "士人이란 '士行'을 가진 자이다."[14]라고 注解하였고, 이 책에서 "士行"과 관련지어진 孔丘의 말은 아

---

11) 『孔子家語』(四部叢刊初編本) 卷1, 「五儀解」, 23뒤~24앞쪽에서 "孔子曰, 所謂士人者, 心有所定, 計有所守. 雖不能盡道術之本, 必有率也 ; 雖不能備百善之美, 必有處也. 是故知不務多, 必審其所知 ; 言不務多, 必審其所謂 ; 行不務多, 必審其所由. 智旣知之, 言旣道之, 行旣由之, 則若性命之形骸之不可易也. 富貴不足以益, 貧賤不足以損, 此則士人也."라고 하였고, 이와 유사한 내용이 『荀子』, 「哀公」과 『大戴禮記』, 「哀公問五義」에도 보인다. 그러나 『論語』에 비하여 사료적 신빙성이 떨어지는 이러한 문헌들에 실린 孔丘의 말이 사실 그대로인지 의문스러울 뿐더러, 후대의 士人들에게 미친 영향 또한 상대적으로 적었다고 생각된다. 그러므로 본고는 『論語』를 중심으로 논의를 진행할 터이지만, 후술할 내용이 『孔子家語』 등의 기록과 본질적으로 상충되지는 않는다.

12) 『論語注疏』 卷4, 「里仁」, 54쪽.

13) 余英時, 앞의 책, 24~34쪽 참조.

14) 『論語注疏』 卷4, 「里仁」, 54쪽.

래와 같다.

㉮ 子張이 "士人은 어떻게 하면 통달했다고 말할 수 있습니까?"라고 여쭈니 …… (선생님께서) "대저 통달했다는 것은 고지식하고 義를 좋아하며, (남의) 말[言]을 살피고 얼굴빛을 헤아리며, 남에게 겸손하려는 것이다. (그러므로) 나라[邦]에서 (일을 하여도) 반드시 통달하고 (제후의) 집안[家]에서 (일을 하여도) 통달하게 된다."(라고 하셨다.)[15]

㉯ 子貢이 "어떻게 하면 士人이라고 할 수 있습니까?"라고 여쭈자, 선생님께서 "자기 자신의 행동에 부끄러움(을 알아 부끄러운 일을 하지 않음)이 있고, 四方에 사신으로 가서 임금[君]이 준 사명을 욕되게 하지 않는다면 士人이라 할 수 있다."고 말씀하셨다. (子貢이) "감히 그 다음 가는 것을 여쭙겠습니다."고 하자 "宗族이 孝를 칭찬하고 鄕黨에서 공손함을 칭찬하는 것이다."고 말씀하셨다. (또 子貢이) "감히 그 다음 가는 것을 여쭙겠습니다."고 하자, "말[言]에는 반드시 신용이 있고 행동은 반드시 과감한 것은 완고한 小人이기는 하나 그래도 역시 그 다음은 될 수 있다."고 하셨다.[16]

㉰ 子路가 "어떻게 하면 士人이라고 할 수 있습니까?"라고 여쭈자, 선생님께서 "절실하고 자상하면서 和樂하면 士人이라고 할 수 있다. 벗들[朋友]과는 절실하고 자상하며 형제들과는 화락한 것이다."고 하셨다.[17]

위의 대화들은 孔丘와 제자들의 士人에 대한 큰 관심을 잘 보여주는데,[18] 여기에서 이들이 생각한 士人의 구체적인 모습도 어느 정도 알 수

15) 『論語注疏』 卷12, 「顔淵」, 188쪽.
16) 『論語注疏』 卷13, 「子路」, 201~202쪽.
17) 『論語注疏』 卷13, 「子路」, 205쪽.
18) 『論語』에는 이 밖에도 "士而懷居, 不足以爲士矣."(「憲問」), "志士仁人, 無求生以害仁, 有殺身以成仁."(「衛靈公」) 등 孔丘의 말은 물론 曾參의 "士不可以不弘毅, 任重而道遠. 仁以爲己任, 不亦重乎? 死而後已, 不亦遠乎?"(「泰伯」)나 顓孫師의 "士見

가 있다. 士人이란 존재가 무엇보다 개인적 才能과 德性에 기반하고 있으며, 이러한 才德은 실제적으로 主君을 비롯하여 宗族·鄕黨 혹은 벗들과의 인간관계를 통해 발현되는 것이다. 그리고 이와 같은 관계의 매개물로서 "말[言]"이 자주 거론되고 있다는 사실이 흥미롭다. 하지만 특정 제자와의 이러한 문답이 명쾌하기는 해도 혹 당사자 개인의 성격을 염두에 둔 것이라면,[19] 이 몇 마디 말을 곧 士人의 성격에 관한 일반론으로 확대시킬 수 있는지 의문스러워진다.

이와 같은 시각에서 볼 때, 『論語』, 「先進」에 나오는

> 德行은 顔淵·閔子騫·冉伯牛·仲弓(이 뛰어나고), 言語는 宰我·子貢(이 뛰어나며), 政事는 冉有·季路(가 뛰어나고), 文學은 子游·子夏(가 뛰어나다).[20]

라는 구절이 주목된다. 물론 이 이야기는 전후 맥락이 불분명하여 해석상 異論의 여지가 있으나, 대체로 특출한 제자들의 장점에 대한 孔丘의 평가라고 보아도 좋을 듯하다.[21] 그렇다면 여기에서 이들의 才德을 특

危致命, 見得思義, 祭思敬, 喪思哀, 其可已矣."(「子張」)와 같은 士人에 관한 제자들의 대화들이 다수 존재한다.

19) 朱熹는 바로 이러한 위험성을 강하게 의식하였던 듯하다. 앞의 인용문 ㉯에 "子貢能言, 故以使事告之. …… 程子日, '子貢之意, 蓋欲爲皎皎之行, 聞於人者. 夫子告之, 皆篤實自得之事.'" 또 ㉰에 胡氏의 말을 빌어 "皆子路所不足, 故告之."라고 附注하고 있기 때문이다. 『論語集注』(『四書章句集注』, 北京: 中華書局, 1983 所收) 卷7, 146~147쪽과 148쪽 참조.

20) 『論語注疏』 卷11, 「先進」, 160쪽.

21) 이 구절은 그 앞에 나오는 "子日, 從我於陳·蔡者, 皆不及門也."란 이야기와의 연속성 여부 그리고 "子日"이라고 명기되지 않은 이것이 누구의 말인지를 둘러싸고 일찍부터 논란이 있었다. 그러나 劉寶楠의 『論語正義』(北京: 中華書局, 1990) 卷14, 「先進」, 439~442쪽에서 잘 지적하고 있듯이, 이 구절은 『論語集注』의 설명(卷6, 123쪽)과 달리 위 陳·蔡에서의 일과 무관한 "夫子平時所論列"이라고 이해하여도 좋을 것이다. 程樹德도 『論語集釋』(北京: 中華書局, 1990) 卷22, 「先進上」, 744쪽과 745쪽의 按語에서 宋儒들의 "武斷"을 비판하며 위 劉寶楠의 견해를 그대로 따르고 있다.

징짓는 기준으로 지목된 "德行"·"言語"·"政事"·"文學"이란 네 항목은 儒家의 입장에서 매우 중요한 의미를 갖는다. 일찍이 後漢代 鄭玄(127~200)이 "仲尼의 門徒는 '四科'로써 평가[考]하였다."[22]고 한 것은 그 단적인 예이다.

뿐만 아니라 宋代 司馬光(1019~1086)은 "孔子의 門徒는 '四科'로써 士人을 논평하였다[論士]."[23]고 하였으며, 明代 何良俊(?~1573) 역시 "孔子의 門徒는 '四科'로써 士人을 분별하였다[裁士]."[24]고도 하였다. 이와 같은 말들은 孔門의 四科를 士人에 대한 평가의 척도로 明記하였다는 점에서 주의할 필요가 있는데, 당시 儒家的 士人들이 孔門의 탁월한 제자들이 갖추었다고 믿어진 德行·言語·政事·文學을 곧 자신들의 필수적인 요건으로 인식한 것은 일면 당연해 보인다. 후대에 이 네 가지 항목이 '孔門四科'[25]로 불리며 중시된 까닭은 바로 이 때문이다.

실제로 儒家의 영향력이 커지던 漢武帝(재위 기원전 141~87) 시기에 丞相府의 屬官을 뽑는 기준으로 이용된 것이 "四科"이었다. 물론 그 구체적인 내용은 "德行高妙, 志節清白"·"學通行修, 經中博士"·"明曉法令, 足以決疑, 能案章覆問, 文中御史"·"剛毅多略, 遭事不惑, 明足以照姦, 勇足以決斷, 才任三輔劇令"으로서[26] 『論語』의 그것과 완전히 일치하지는 않으나, 이것이 새로운 역사적 조건 아래에서의 그 變容이라고 해도 좋을 것이다.[27] 따라서 이 孔門四科가 이후 察擧의 표준, 나아가 官人 선

---

22) 『後漢書』 卷35, 「鄭玄」, 1211쪽. 여기에서 "四科"는 바로 『論語』의 德行·言語·政事·文學을 가리킨다고 附注되어 있다.

23) 司馬光 原撰, 『司馬光奏議』(太原: 山西人民出版社, 1986) 卷38, 「乞以十科擧士札子」, 421쪽.

24) 『何氏語林』(文淵閣四庫全書本) 卷1, 「德行上」, 1앞쪽.

25) 蕭穎士의 「江有歸舟三章」의 序, 『全唐詩』(北京: 中華書局, 1960) 卷154, 1594쪽이나 梁肅, 「祭獨孤常州文」, 『文苑英華』 卷982, 5167쪽 등 唐代의 문헌 이후 "孔門四科"란 표현이 빈출한다. 이것은 혹 "孔氏四科", "孔子四科", "仲尼四科" 등으로 달리 불리기도 하였으나, 그 가리키는 바는 분명히 동일하다.

26) 衛宏 原撰, 『漢舊儀』(『漢官六種』, 北京: 中華書局, 1990 所收) 卷上, 69쪽.

27) 方北辰, 「兩漢的"四行"與"四科"考」, 『文史』 23, 1984, 304~305쪽.

발의 총체적인 척도로 발전하였다고도 생각된다.[28] 이것은 孔門四科가 皇帝支配體制 아래에서 기본적으로 士人의 才德을 평가하여 官人으로 발탁하는 근거로서의 이념적 지위를 확보하였음을 뜻한다. 王莽(기원전 45~기원후 23)의 執權期에 "有德行 · 能言語 · 通政事 · 明文學의 士人을 뽑는" "四科"가 시행되었던 사실은[29] 이를 명언하고 있다.

그러므로 北魏 孝文帝(재위 471~499) 시기 家門만을 중시하여 유능한 이를 중용하지 않는 현실이 문제시되었을 때, "만약 폐하께서 門地만(을 중히) 생각하시고 魯의 三卿(과 같은 世族의 전횡 위험성)을 살피지 않으신다면, (官人으로서) 누가 四科(의 才德을 갖춘 인물)와 같겠습니까?"[30] 라고 한 李彪(444~501)의 말은 주목된다. 여기에서 "四科"는 "門地"와 대비되는 개인적 능력의 전형으로 간주되고 있으니, 門閥이 득세한 南北朝時代에도 孔門四科가 士人의 역량을 가늠하는 기준으로서 그들의 談論 안에 확실히 자리를 잡았던 것이다. 劉宋 시기의 『四科傳』[31]이나 隋代의 『八代四科志』[32] 등은 현존하지 않아 그 내용을 단언할 수는 없지만, "四科"를 앞세운 그 서명으로 보아 士人들의 이러한 풍조와 관련이 있으리라고 짐작된다.

물론 唐代 이후 科擧制度의 확립과 함께 官人의 선발은 經學이나 문학적 재능을 위주로 한 시험에 의거하게 되었고, 孔門의 四科 자체가 이 안에서 명확히 제도화되지는 않았다. 그러나 『四科傳讚』[33]과 같은 책이 나오던 당시 위 『論語』의 인용문에서 德行 · 言語 · 政事 · 文學의 대표자로 지목된 顔淵을 위시한 10명의 제자들이 제도적으로 극히 중시되

---

28) 閻步克, 『察擧制度變遷史稿』, 瀋陽: 遼寧大學出版社, 1991, 13~20쪽.

29) 『後漢書』 卷22, 「朱祐傳」, 772쪽의 "王莽時擧四科"와 그 注에 나오는 『東觀記』의 기록.

30) 『魏書』 卷60, 「韓麒麟傳」, 1343쪽.

31) 『宋書』 卷98, 「氐胡傳」, 2416쪽.

32) 『隋書』 卷77, 「崔賾傳」, 1758쪽.

33) 『舊唐書』 卷46, 「經籍上」, 2003쪽 ; 『新唐書』 卷58, 「藝文2」, 1482쪽.

었던 것 또한 사실이다. 이들은 唐代에 "十哲"이란 이름으로 國子監의 廟堂에 坐像으로 만들어져 孔丘에게 從祀되었는데,[34] 開元27年(739) 孔丘가 王으로 追贈될 때 이들 역시 公이나 侯로 봉해졌기[35] 때문이다. 그리고 이러한 十哲의 존숭을 "世俗"의 여론에 불과하다며 홀시하는 자가 혹 있었다고 하더라도,[36] 宋代에도 이들의 공식적 지위가 모두 公으로 격상되었던 것 또한 분명하다.[37] 이들을 이처럼 우대하는 儀禮, 특히 官學에서 이들에 대한 제사제도의 확립은 十哲로 표상되는 孔門四科가 조정에서 기대하는 학생들의 교육 지표, 곧 바람직한 士人像의 하나로 간주되었음을 시사한다고 하겠다.

이와 함께 흥미로운 것은 唐代 韓愈(768~824)의 策問이다. 그는 進士科에서 스승의 참된 의미에 대하여 물을 때, "德行(의 뛰어남)이 顔回와 같고, 言語(의 뛰어남)이 子貢과 같고, 政事(의 뛰어남)이 子路[季路]와 같고, 文學(의 뛰어남)이 子游와 같으면서도 도리어 (孔子라는) 스승이 있었"음을 師弟 관계의 전형적인 예로 삼고 있기 때문이다.[38] 당시 科擧를 매개로 한 士人들의 談論 안에서도 孔門四科는 여전히 중시되었던 것이다.

더욱이 權德輿(759~818)의 경우, 明經科에서

> 孔門에서 통달한 자는 四科에 열거되어 있다. (그런데 그중에) 顔子[顔淵]는 不幸(히 短命)하였고 (冉)伯牛는 惡疾에 걸렸으니, 運命이

---

34) 『唐會要』(臺北: 世界書局, 1982 4版) 卷35, 「褒崇先聖」, 639쪽 ; 『册府元龜』(北京: 中華書局, 1960) 卷50 帝王部, 「崇儒術 2」, 7앞쪽에 나오는 開元8年의 故事. 『唐六典』(北京: 中華書局, 1992) 卷21, 「國子監」, 557~558쪽과 仁井田陞, 『唐令拾遺』의 「祠令」 29조, 195~197쪽 ; 「學令」 1丙조, 266~271쪽 참조.

35) 『唐會要』 卷35, 「褒崇先聖」, 637~638쪽 ; 『册府元龜』 卷50 帝王部, 「崇儒術 2」, 7뒤~10앞쪽.

36) 『論語集注』 卷6, 「先進」, 123쪽에는 "十哲世俗論也"란 程子의 말이 나온다.

37) 『宋史』 卷105, 「文宣王廟」, 2548쪽.

38) 韓愈, 「進士策問」, 『韓昌黎文集校注』(上海古籍出版社, 1986) 卷2, 108쪽.

부여하는 바는 진실로 (德行이 뛰어났던 이들의 통달함과) 같지가 않다. (孔子는) 북을 울리며 冉求[冉有]를 聲討하(여도 좋다고 하)셨고 썩은 나무로 宰我를 비유하셨는데, 言語와 政事는 어찌 (이처럼 용렬한 이들이) 여기에 들어가는가? …… (四科에 통달한 제자들을 열거한) 聖人의 마음은 진실로 (뜻)하시는 바가 있음이 마땅하고, 비루하면 (四科에 들만큼) 통달할 수 없는데, 그대들은 (『論語』에 나오는 이 사실을) 辨證해 보시오.[39]

라고 하여 孔門四科 자체를 그 논제로 삼은 적도 있다. 儒家的 士人들이 "孔門"의 후예를 자부하였던 만큼, "四科"로 범주화된 士人들의 才德이 科擧에서 특별히 문제시되었던 것 역시 매우 자연스러운 일이라고 하겠다.

그러므로 孔門四科와 관련된 科擧의 設問은 그 뒤 계속 이어진다. 北宋末 唐庚(1071~1121)의 「策題」에서 上古 이래 德行·政事·言語로 士人을 선발하였으나 후세에 "質訥"을 존중하는 풍조로 인해 "孔子四科에서 오늘날 그 세 가지만 쓰고 그 하나 (言語)는 (쓰지) 않는다. 따라서 여러분들과 함께 이 (문제)를 의논하고자 한다."[40]고 한 것은 그 좋은 예이다. 그리고 南宋 시기 劉宰(1167~1240)도 子游·子夏와 賈誼·董仲舒 같은 인재를 구한다는 詔書가 나온 사실을 상기시킨 뒤 "孔門四科(의 文學)에서 먼저 언급한 子游·子夏" 등을 통해 응시자들이 스스로 기대하는 바와 황제가 그들에게 말하고자 하는 바를 살펴보라는 문제를 내었다.[41]

이처럼 孔門四科를 소재로 삼은 策問은 元代 陸文圭(1252~1336)의 글들에서도 발견되는데,[42] 위의 예들이 실제 科試이든 사적인 모의 시험

39) 權德輿, 「明經諸經策問七道」, 『權載之文集』(四部叢刊初編本) 卷40, 232쪽. 단 위 인용문의 두 번째 문장 "같지가 않다"는 원문에 "不可問"으로 되어 있으나 『文苑英華』 卷475, 2427쪽에 나오는 "不可同"에 따라 해석한 것이다.

40) 『眉山唐先生文集』(四部叢刊三編本) 卷29, 「策題 言語」, 9뒤~10앞쪽.

41) 『漫塘集』(文淵閣四庫全書本) 卷18, 「策問 七」, 520쪽.

이든 간에 그 시사하는 바가 작지 않다. 즉 士人들은 科擧制度 아래에서도 계속 孔門四科를 중시하며 여기에 포함된 德行·言語·政事·文學을 자신들의 仕宦과 무관하지 않다고 여겼던 듯한 것이다. 宋代 呂大鈞(1031~1082)은 "孔門四科"의 항목에 따라 公卿이나 地方官들이 "保任"한 자들을 중앙의 주요 官署에 分屬시키자고 주장하였는데,[43] 이것은 당시 孔門四科가 官人이 될 만한 士人의 충분한 조건으로 여겨졌음을 단적으로 보여준다.

뿐만 아니라, 이 시기에 孔門四科는 士人들끼리의 칭송에서 자주 사용되고 있다. 예를 들어, 唐代에 劉禹錫(772~842)이 "孔氏四科를 (모두) 갖추는 (자가) 드문데, 오로지 公이 특별히 빼어나서 거의 온전한 (四科의) 재능을 지녔도다[全器]."[44]라고 柳宗元(773~819)을 기렸고, 宋代 黃翰(생졸 미상)도 그를 "孔門四科(의 하나에 열거된 이들)은 통달한 자로서 (孔子의 가르침을) 어느 정도 깨쳤다[升堂]. (그러나) 公은 (孔門四科를) 두루 잇어서 唐朝에 빛났도나."[45]라고 극찬하였던 것이다. 물론 이것은 柳宗元에게만 국한된 표현이 아니다. 唐代 劉長卿(725~790경)의 "班氏九流와 孔門四科를 다 모아 품었으니 큰 바다의 높은 파도 같구나."[46]라는 閻敬受(생졸 미상)에 대한 추모 그리고 梁肅(753~793)의 "孔門四科와 洪範三德이 公의 몸에 다 있구나."[47]라는 獨孤及(725~777)에 대한 칭찬 등을 위시하여, 孔門四科는 士人에 대한 평가와 관련된 唐·宋 시기의 문장들에서 흔히 발견되는 것이다. 唐末의 평범한 墓誌銘에 보이는

42) 『牆東類稿』(叢書集成續編本)의 卷3, 「策問 科擧」, 517쪽과 卷4, 「策 選擧」, 521~522쪽.

43) 「論小臣宿衛奏」, 『歷代名臣奏議』(明 黃准 외 편, 文淵閣四庫全書本) 卷225, 439~440쪽.

44) 『劉禹錫集箋證』(上海古籍出版社, 1989) 外集 卷10, 「爲鄂州李大夫祭柳員外文」, 1535쪽.

45) 吳文治 편, 『柳宗元卷』, 北京: 中華書局, 1964, 140쪽 黃翰의 「祭柳侯文」.

46) 『劉長卿詩編年箋注』(北京: 中華書局), 「祭閻使君文」, 1996, 561쪽.

47) 梁肅, 「祭獨孤常州文」, 『文苑英華』 卷982, 5167쪽.

"士人으로서 四科의 □에 어울린다."[48]라는 말도 이러한 당시 현실의 반영이라고 하겠다.

이상과 같은 사실은 자신의 탁월한 제자들의 才德을 孔丘가 네 가지로 범주화하였다고 여겨진 孔門四科가 儒家理念의 사회적 정착과 더불어 士人의 자격 요건으로 통념화되는 과정을 잘 보여준다. 그 근거가 된 『論語』의 기록에 해석상 이론의 여지가 있었지만, 개인적 능력의 전형으로 간주된 이것은 皇帝支配體制나 科擧制度의 출현과 같은 사회적 변화 속에서도 朝廷은 물론 士人들의 의식에 깊이 자리를 잡았다. 漢代 이래 官人의 선발에서 중요한 기준으로 사용된 四科는 이를 구현했다고 여겨진 十哲의 이름으로 이후 공식 교육의 지표처럼도 이용되었던 것이다. 뿐만 아니라 士人들 역시 이것을 스스로의 美德으로 간주하여 타인에 대한 칭송에서 자주 孔門四科를 거론하였던 것 역시 사실이다. 그렇다면 士人들의 내면적 성격과 관련하여, 孔門四科로 지목된 德行 · 言語 · 政事 · 文學이란 구체적으로 무엇을 뜻하는가를 묻지 않을 수 없다.

2. 孔門四科에 대한 認識의 變化

德行 · 言語 · 政事 · 文學은 모두 우리들이 늘 사용하는 아주 친숙한 낱말들이다. 그러나 현재 상용되는 이 말들의 의미가 孔門四科의 각 항목 곧 『論語』에서 孔丘의 몇 제자들이 뛰어났다고 한 才德의 본래 뜻과 동일한지는 의문스럽다. 예를 들어, 오늘날 "사상이나 감정을 언어로 표현한 예술"로 이해되는[49] '문학'은 영어 "리터러쳐(literature)"의 역어로서 孔丘가 말한 '文學'과는 확실히 다른 것이다.[50] 사실 이러한 오해의 위험성

---

48) 『唐代墓誌彙編』(上海古籍出版社, 1992), 大中155 「□□□蓋府君墓誌銘并序」, 2372쪽.
49) 국립국어연구원, 앞의 책, '문학'조.
50) 鈴木修次, 「'文學'の譯語の誕生と日 · 中文學」, 古田敬一 편, 『中國文學の比較文學

은 비단 근대에 국한된 것만도 아니다. 康有爲(1858~1927)는 '言語'를 四科의 하나로 세운 원래의 의도를 後人들이 제대로 이해하지 못하였다고 개탄한 적이 있으니,[51] 孔門四科로 지목된 어휘들에 대한 해석은 시대에 따라 결코 같지 않은 듯하다.

그러므로 孔丘가 말한 '德行'·'言語'·'政事'·'文學'의 의미는 일단 『論語』 안에서 살펴보아야 할 터인데, 문제는 위의 네 낱말 어느 것도 앞서 인용한 「先進」편 이외에는 이 책 속에 나오지 않는다는 점이다. 따라서 孔丘 자신이 생각한 바 혹은 그가 살던 시기나 『論語』 편찬 당시의 孔門四科의 原義를 단언하기가 어렵다. 물론 위의 「先進」편에는 다음의 〈표1〉에서 보듯이 四科의 각 항목마다 몇몇 제자들의 이름을 열거해 두었으므로,[52] 이 十哲의 개인적 특징을 통해 四科를 설정한 孔丘의 의도를 추론해 볼 가능성은 있다. 예를 들어 德行과 政事의 대표자 顔回와 仲由가 각각 "不違仁"[53]과 "千乘之國, 可使治其賦"[54]라는 孔丘의 칭찬을 들었으며, 이로부터 德行과 "仁" 그리고 政事와 行政力의 관계를 짐작할 수가 있는 것이다.

的研究』, 東京: 汲古書院, 1986에서 잘 설명하고 있듯이, 'literature'의 역어로서 '문학'을 사용한 것은 19세기 말 日本에서 시작하여 20세기 초 中國으로 전해졌다. 이와 같은 분위기 속에서 李光洙 역시 '문학'이란 말을 'literature'의 번역어로 사용할 것을 주장하여, 知·情·意로 구분되는 사람의 마음 중 기본적으로 情에 근거를 둔다는 점에서 문학을 특징짓고자 하였다(한국민족문화대백과사전 편찬실, 『한국민족문화대백과사전』, 정신문화연구원, 1991~1995의 '문학'조 참조). 이후 우리나라에 큰 영향을 미친 이러한 견해는 소위 신문학운동을 거치면서 文學의 개념이 축소되는 경향의 단적인 표현이다. 이후부터는 이처럼 협의의 의미로 文學을 지칭할 경우 한글로 써서 전근대의 그것과 구분하고자 한다.

51) 『論語注』(北京: 中華書局, 1984. 1917 원간) 卷11, 「先進」, 160쪽.

52) 『論語』 원문에는 字로 호칭한 경우가 많으나, 여기에서는 『史記』 卷67, 「仲尼弟子列傳」에 따라 姓名으로 표기하고 괄호 안에 字를 적었으며, 혹 異稱이 있을 경우 부기하였다.

53) 『論語注疏』 卷6, 「雍也」, 80쪽.

54) 『論語注疏』 卷5, 「公冶長」, 63쪽.

〈표 1〉『論語』, 「先進」편의 四科에 분속된 인물들

德行	言語	政事	文學
顔回(淵) · 閔損(子騫) · 冉耕(伯牛) · 冉雍(仲弓)	宰予(子我, 宰我) · 端沐賜(子貢)	冉求(子有, 冉有) · 仲由(子路, 季路)	言偃(子游) · 卜商(子夏)

하지만 역시 德行이 뛰어났다는 冉雍의 경우, 孔丘가 "不知其仁"이라고 하여 德行과 仁의 상관성을 의문스럽게 함도 사실이다. 그리고 仲由를 겨우 신하의 수나 채우고 있는 "具臣"이라고 혹평한 적도 있으니,[55] 그의 행정력에 대한 孔丘의 신뢰가 의심되기조차 한다. 뿐만 아니라 政事에 같이 열거된 冉求와 仲由의 성격은 판이하였으며,[56] 言偃과 卜商은 비록 文學의 대표로 병칭되었음에도 불구하고 서로의 입장이 같지 않았음이[57] 『論語』에서 확인된다. 따라서 당시 四科로 분류된 인물들의 공통점을 발견한다거나, 특히 이를 통해 각 항목의 본래 의미를 밝히는 일은 분명히 한계가 있다.[58]

물론 德行 · 言語 · 政事 · 文學이란 어휘들의 訓詁가 목적이 아니라면 굳이 이 문제 자체에 얽매일 필요는 없다. 魏晉南北朝로부터 宋代까지 士人들의 孔門四科에 대한 인식을 살피고자 할 뿐인 본고에서는 그 의미의 다양한 해석의 가능성을 확인하는 것으로 족하다. 다시 말하면, 『論語』에서의 原義보다 이에 대한 후대의 이해가 여기에서 더욱 중요한

---

55) 『論語注疏』 卷11, 「先進」, 170쪽.

56) 『論語注疏』 卷11, 「先進」, 164쪽에는 "子路行行如也, 冉有子貢侃侃如也"라는 말이 나오는데, 그 주석에 따르면 "行行"이란 "剛强之貌"인 반면 "侃侃"은 "和樂之貌"로서 상반된 의미를 갖는다.

57) 『論語注疏』 卷19, 「子張」, 294~295쪽에는 言偃이 卜商의 제자들을 비난하자 이에 대하여 반론을 편 卜商의 이야기가 나온다.

58) 傅錫壬, 「世說四科對論語四科的因襲與嬗變」, 『淡江學報』 12, 1974는 『世說新語』와 비교하면서 『論語』의 四科가 갖는 의미를 해명하고자 하였다. 그러나 『論語』의 德行觀을 "仁"이라고 단정하거나 이를 다시 "禮" · "孝" 등의 "忠"과 "愛" · "恭" 등의 "恕"로 도식화한 것과(113쪽) 같은 결론은 분명히 논란의 여지가 많다.

의미를 갖는 것이다. 이런 시각에서 볼 때, 적지 않은 『論語』의 옛 주석서들이 지금까지 전해지고 있음은 다행스러운 일이다.

그런데 현존 最古의 주석서라는 曹魏末의 『論語集解』[59]는 문제가 되는 「先進」편의 구절에 전혀 주를 달지 않았다. 하지만 이를 부연한 南朝 梁代 皇侃(488~545)의 『論語(集解)義疏』에서는 范甯의 말을 빌어

> 德行은 온갖 행실의 아름다움[百行之美]을 말한다. …… 言語는 賓客과 주인이 서로 마주하는 대화[賓主相對之辭]를 말한다. …… 政事는 나라를 다스리는 직무[治國之政]를 말한다. …… 文學은 先王의 典章文獻에 익숙함[善先王典文]을 말한다.[60]

라고 四科의 의미를 낱낱이 설명하였다. 이러한 해석은 대체로 상식적인 내용인 듯해도, 德行과 言語를 각각 행실과 賓客·주인의 문제로 좁힌다거나 文學을 尙古의 典章과 관련시키고 있다는 사실이 흥미롭다.

이것은 후대의 설명과 비교할 때 더욱 그러하다. 北宋初 邢昺(932~1010)의 『論語注疏』[61]는 舊疏를 개정하여 『論語集解』를 새롭게 주석하면서, "만약 德行 (있는 이)를 임용하려면 顔淵·閔子騫·冉伯牛·仲弓 4인이 있다."[62]는 식으로 四科를 각 항목마다 열거된 인물을 官人으로 발탁할 수 있는 조건처럼 쓰고 있는 것이다.[63] 그리고 이때 言語에서는

---

59) 통상 何晏이 썼다고 하는 이 책의 편찬에는 何晏만이 아니라 鄭沖, 孫邕, 曹羲, 荀顗도 관계하였던 듯하다(『晉書』 卷33, 「鄭沖」, 993쪽 참조). 따라서 三國時代의 士人들에 의하여 만들어진 이 책에 당시의 분위기가 반영되어 있음이 분명하다.

60) 『論語集解義疏』(叢書集成初編本) 卷6, 「先進」, 146쪽.

61) 이 책은 『論語注疏解經』·『論語正義』 등 달리 불리기도 하지만, 여기에서는 十三經注疏本에 의거하여 『論語注疏』라고 하겠다.

62) 『論語注疏』 卷11, 「先進」, 160쪽.

63) 이와 같은 설명 방식은 일면 이 구절을 그 앞의 "子曰, 從我於陳·蔡者, 皆不及門也."라는 말과 직접 이어진다고 본 것과 관련이 있다. 즉 이 글은 孔丘가 자신과 함께 陳·蔡 지역에서 어려움을 겪고 仕宦하지 못한 제자들을 열거한 뒤 이들 모두 官人이 될 만한 각각의 才德이 있음을 강조한 내용이라고 이해한 것이다.

四方에 사신으로 가는 일, 政事에서는 "決斷不疑"한 태도를 摘示함과 동시에 文學을 "文章博學"으로 풀어서[64] 皇侃과 미묘한 차이를 보임도 중요하다. 더욱이 南宋代 朱熹(1130~1200)도 『四書或問』에서 아래와 같이 설명하고 있다.

> 德行이란 專心으로 道를 體得하여[潛心體道] 내면에 묵묵히 꼭 들어맞아[默契於中] 돈독한 뜻으로 힘써 행하여서 말하지 않아도 신뢰받는 것이다. …… 言語란 응대하는 言辭를 잘 하는 것[善爲辭令]이다. …… 政事란 나라를 위하여 백성을 다스리는 일[爲國治民之事]에 통달하는 것이다. …… 文學이란 『詩』·『書』·『禮』·『樂』의 글을 배워[學於詩書禮樂之文] 그 뜻을 능히 말할 수 있는 것이다.[65]

朱熹의 위와 같은 해석은 德行의 內面性을 특별히 강조한다거나 政事에서 백성의 문제를 명기하였다는 점이 주목된다. 뿐만 아니라 여기에 덧붙여진 "子游·子夏의 소위 '文學'은 정녕 붓을 잡고 '詞章'을 배우는 것이 아니다."[66]란 程子의 말 또한 홀시할 수 없다. 文學과 "詞章"의 차이에 대한 이러한 강조는 실상 아름다운 문장을 짓는 것을 곧 文學처럼 여기던 당시의 일반적 세태를 반증하고 있기 때문이다. 전술하였듯이 文學을 "文章博學"으로 풀이한 『論語注疏』의 설명 역시 혹 그 한 예일는지도 모르겠다.

『論語』의 주석서들이 이처럼 四科를 달리 설명하고 있는 것은 동일한 原文에도 불구하고 이에 대한 이해가 시기에 따라 바뀌었음을 뜻한다. 물론 단편적 설명에 그치기 쉬운 주석만으로 이러한 변화의 실상을 확인하기는 어렵다. 하지만 여기에서 四科와 仕宦의 연관성에 대한 인

---

64) 『論語注疏』 卷11, 「先進」, 160쪽.

65) 『論語或問』(『四書或問』, 上海: 上海古籍出版社·安徽教育出版社, 2001 所收) 卷11, 「先進」, 283쪽.

66) 『論語或問』 卷11, 「先進」, 283쪽.

식의 강약을 위시하여 각 항목에 대한 해석의 着重點에서 차이가 없지 않아 보인다. 사실 魏晉南北朝와 宋이라는 두 시기 士人의 상황이 변한 만큼, 이들의 조건처럼 여겨진 德行·言語·政事·文學의 의미 역시 같을 리가 없다. 바꾸어 말하면, 『論語』의 孔門四科에 대한 상이한 주석은 곧 당시 士人들 나름의 自意識이 표출된 것이라고 해도 무방하다.

이와 관련하여 간과할 수 없는 문제가 四科의 순서이다. 현존 『論語』는 이것을 德行-言語-政事-文學의 차례로 적고 있으나, 『史記』의 「仲尼弟子列傳」은 이와 동일한 내용을 德行-政事-言語-文學으로 기록한 뒤 이 차례대로 제자들을 立傳하여[67] 상이하기 때문이다. 言語를 政事의 뒤로 밀어낸 이러한 서술은 『鹽鐵論』에 나오는 "大夫"의 말에도 보이는데,[68] 이와 같은 순서의 도치가 단순한 誤記로만 생각되지 않는다. 康有爲가 『論語』에 주를 달면서 원문까지 이처럼 政事를 言語에 앞서도록 바꾸어버린[69] 까닭이 적극적인 정치 활동을 요구하는 淸末民國初의 시대상과 무관하지 않아 보인다면, 統一帝國의 성립 이후 士人들의 정치적 역할이 더욱 커지는 역사적 추세가 四科 안에서 言語와 政事의 자리바꿈으로 표현되었을 가능성도 배제하기 힘들다고 하겠다. 宋代에 天下의 治者를 자임하는 새로운 士風을 열었던 范仲淹(989~1052)의 글에서도 이처럼 政事를 앞세운 용례가 보이는 것도[70] 마찬가지 맥락에서 이해할 수 있다.

이러한 시각에서 볼 때, 皇侃의 『論語集解義疏』가 政事보다 言語가 먼저 거론된 이유를 장황하게 설명하고 있어 흥미롭다. 즉 德行이 최우선임을 당연시한 뒤, "君子樞機"로서의 言語는 "人事之別"인 政事에 비하여 德行과의 관계에서 緩急의 선후가 다르다는 것이다.[71] 그러나 『論

67) 『史記』 卷67, 「仲尼弟子列傳」, 3185쪽 및 그 아래 해당 제자들의 전기 참조.

68) 『鹽鐵論校注』(北京: 中華書局) 卷5, 「殊路」, 1992, 271쪽.

69) 『論語注』 卷11, 「先進」, 159쪽.

70) 『范文正公文集』(『范仲淹全集』, 成都: 四川大學出版社, 2002 所收) 卷7, 「推委臣下論」, 157쪽.

語』에서 言語가 뛰어났다고 지목된 宰我에 대한 孔丘의 비난은 격렬하고,[72] 子貢 또한 특별히 긍정적인 평가를 받았다고 여겨지지 않으므로,[73] 애당초 이러한 순차적 서열이 있었던지 의문이 남는다. 그럼에도 불구하고 이처럼 각 항목들 간의 차례를 논리화하려는 시도가 계속되니, 여기에는 四科의 의미를 자기 나름의 기준으로 판단하여 그 중요성을 차별화하려는 후대 士人들의 의도가 개재되어 있는 듯하다.

물론 孔門四科를 말하는 대다수 문헌은 『論語』의 원문처럼 德行－言語－政事－文學의 순서로 적고 있으며, 이 가운데 가장 먼저 나오는 德行의 중요성에 대하여서는 누구도 이견이 없다. 그러나 德行과 나머지 세 항목의 관계를 '體'와 '用'의 개념으로 설명한 朱熹의 주장에서[74] 드러나듯이, 동일한 결론이라고 하더라도 이를 뒷받침하는 논리가 다를 수도 있다. 이러한 시각에서 볼 때, 唐代에 나온 『論語筆解』[75]에서 韓愈(768~824)가 四科를 『易』 등 經書의 내용에 입각하여 차례로 서술한 뒤 "自下而上升" 곧 文學에서 德行에 이르는 逆順의 의미를 강조하였음이[76] 중요하다. "대저 聖人의 '道'를 배움은 '文'으로부터 시작한다."면서 "聖人之奧"인 德行에 도달하기 위한 과정에서 文學이 절차상 선행되어야 한다는 李翶(?~844경)의 잇따른 부연 설명에서[77] 더욱 잘 드러나듯이, 이것은 궁극적으로 文學이 四科의 마지막에 두어졌다고 해서 결코 그 중

71) 『論語集解義疏』 卷6, 「先進」, 146쪽.

72) 孔丘는 그를 "朽木"·"糞土之牆"(『論語注疏』 卷5, 「公冶長」, 65쪽)으로 비유하였을 뿐더러 "不仁"(『論語注疏』 卷17, 「陽貨」, 275쪽)이라고 극단적으로 폄하한 적조차 있다.

73) "君子不器"(『論語注疏』 卷2, 「爲政」, 21쪽)라고 했던 孔丘는 子貢을 비록 "瑚璉"이라고 해도 역시 "器"에 불과하다고 생각하였다(『論語注疏』 卷5, 「雍也」, 60쪽).

74) 黎靖德 편, 『朱子語類』(北京: 中華書局, 1986) 卷39, 「論語21」, 1010쪽.

75) 淸代 이래 이 책은 僞作이라고 의심되기도 하였으나, 근래에는 대체로 이것을 唐代의 저작이라고 본다. 田中利明, 「韓愈·李翶の『論語筆解』についての一考察」, 『日本中國學會報』 30, 1978 ; 王明蓀, 「論語筆解試探」, 『孔孟學報』 52, 1986 등 참조.

76) 『論語筆解』(叢書集成初編本) 卷下, 「先進」, 15쪽.

77) 『論語筆解』(叢書集成初編本) 卷下, 「先進」, 15쪽.

요성이 여타 항목보다 떨어지지 않음을 부각시키려는 의도에서 비롯한 것이다.

뿐만 아니라 역시 唐代 李賢(654 혹은 655~684) 등이 쓴 『後漢書』의 注에서 四科를 德行－政事－文學－言語의 차례로 적고 있는데,[78] 여기에서 각 항목의 순서가 뒤바뀌면서 文學이 그 끝자리를 면한 사실은 결코 예사롭지 않다. 이와 같이 四科 안에서 文學을 앞세운 사례는 宋代의 글에서도 보인다. 즉 周行己(생졸 미상)가 『論語』에 나오는 순서와 달리 德行－言語－文學－政事로 四科를 설명하였을 뿐더러,[79] 曾鞏(1019~1083)의 경우 德行－文學－政事－言語라고 하여 德行의 바로 다음 자리로까지 文學을 격상시키기도 했던 것이다.[80] 管見에 의하면 그 이전 시기의 문헌에서 발견되지 않는 이러한 현상이 唐·宋 시기의 기록에서 이처럼 되풀이됨은 결코 우연이라고 여겨지지 않는다.

그런데 이와 관련하여 南宋初 高宗 紹興7年(1137) 임시 禮部侍郞 吳表臣(1084~1150경)이 당시의 科擧에서 "詩賦"에 비해 "策論"이 홀시된다고 비판하면서 그 시정을 요구하여 생긴 논의가 주목된다. 高宗은

> 文學과 政事는 원래 별개의 과목이다. 詩賦는 단시 文詞일 뿐이고, 策論(을 시험하여) 곧 古今에 通하게 할 수 있다. 배우는 이에게 소중한 것은 修身·齊家·治國하여 天下를 다스리는 일인데, 오로지 文詞만을 취하다면 또한 무슨 소용이 있겠는가?"[81]

라고 개탄하였고, 張守(?~1145)가 "이것이 孔門四科에서 文學을 '下科'로 삼은 이유입니다."라고 동조하였던 것이다.[82] 文學의 가치를 貶下한 이

78) 『後漢書』 卷80, 「文苑傳」, 2648쪽.
79) 『浮沚集』(叢書集成初編本) 卷3, 「孔門四科兩漢孰可比」, 25쪽.
80) 『曾鞏集』(北京: 中華書局, 1984) 卷15, 「上范資政書」, 243쪽.
81) 李心傳, 『建炎以來繫年要錄』(北京: 中華書局, 1988) 卷113, 1832쪽.
82) 『建炎以來繫年要錄』 卷113, 1832쪽.

들의 대화는 전술한 예들과 일면 어긋나 보인다. 하지만 여기에서 詩賦 시험이 중시되는 科擧의 현실과 이를 곧 四科의 文學과 동일시하는 논리가 확연히 드러남 역시 사실이다. 앞서 지적하였듯이 程子·朱熹가 경계한 바 文學을 "詞章"으로 아는 당시 士人들의 분위기는 그 단적인 표현으로서, 이를 통하여 科擧의 정착과 함께 나타나는 四科의 의미 변화를 짐작할 수가 있다. 즉 詩·賦처럼 문학적 재능의 시험을 위주로 하는 進士科가 중요해짐에 따라 士人들의 의식 속에서 文學의 位相 또한 높아져 갔던 것이다.

위 宋 高宗의 말처럼 文學과 政事가 다른 과목임을 강조한 詔勅은 進士科가 주요한 入仕 수단으로 자리잡기 시작한 唐 玄宗 天寶年間(742~756)에 이미 보이는데,[83] 다른 한편으로 "文學·政事"를 연칭하는 士人들의 글 또한 이 시기에 다수 발견된다. 齊抗(740~804)을 "文學·政事의 君子"[84]라고 칭찬한 權德輿의 예에서 잘 드러나듯이, 文學과 政事의 겸비는 唐後期의 墓誌銘 등에서 자주 士人에 대한 찬사로 이용되었던 것이다.[85] 孔門四科가 士人에 대한 칭송으로 자주 사용되었음은 이미 지적하였는데, 그중에서도 특히 文學과 政事를 직접 거론한 예가 많은 것이다. 그런데 官人을 지향하는 士人에게 政事의 능력이 긴요함은 당연한 일이지만, 여기에 특히 文學을 덧붙인 까닭은 당시 科擧에서 문학적 소양이 중시되었다는 것과 무관하지 않을 듯하다. 이러한 맥락에서 볼 때, 宋代에 文彦博(1006~97)이 "用人之法"과 관련하여 孔門四科가 "政

83) 『唐會要』(臺北: 世界書局, 1982 4版) 卷75, 「雜處置」, 1361쪽 및 『冊府元龜』 卷630, 「銓選部 條制 2」, 7554쪽.

84) 『權載之文集』 卷14, 「唐故中書侍郎 … 齊成公神道碑銘并序」, 83쪽.

85) 權德輿는 위의 예 이외에도 "文學·政事로써 일컬어졌다."(『權載之文集』 卷24, 「唐故朝散大夫使持節都督容州諸軍事守容州刺史 …… 戴公墓誌銘并序」, 141쪽)거나 "文學·政事가 그대의 '家法'이다."(『權載之文集』 卷39, 「送邱潁應制擧序」, 224쪽)와 같이 유사한 표현을 즐겨 썼고, 獨孤及의 경우도 "文學·政事로써 '公器'를 취하였다."(『毘陵集』 卷11, 「唐故朝散大夫中書舍人秘書少監頓丘李公墓誌」, 70쪽)라고 李誠을 칭송한 적이 있다.

事·文學"으로 나눔을 특기한다거나,[86] 科擧 수험의 참고서로 사용된 『古今源流至論』에서 "孔門四科의 文學·政事 또한 어찌 서로 다른 취지의 것이겠는가?"[87]라고 한 것도 쉽게 이해된다고 하겠다.

이상에서 살펴본 바와 같이, 德行·言語·政事·文學의 정확한 뜻은 『論語』에 잘 드러나지 않고, 후대의 士人들도 孔門四科를 한결같이 중시하면서도 막상 이 낱말들 각각의 구체적 의미의 설명에서는 미묘한 차이를 보이고 있다. 그리고 이들이 나름대로 논리화하려 했던 四科의 순서가 기록에 따라 혹 도치되기도 하는데, 이것은 이 네 가지 才德의 가치를 보는 士人들의 인식 또한 시기마다 달랐기 때문이라고 여겨진다. 정치적 격변기에 政事가, 또 進士科의 정착과정에서 文學이 원래 『論語』에서의 차례보다 앞세워진 것이 그 단적인 예이다. 이와 같은 사실은 당시 士人들의 自意識 속에 자리잡은 四科의 歷史性을 시사하며, 이에 대한 해명은 매우 흥미로운 문제로 다가온다. 그러나 지금까지 검토한 『論語』의 주석서와 같은 자료들의 설명은 너무 추상적이고 단편적이어서 士人들의 내면세계를 구체적으로 탐색하기에 부족하다. 그러므로 논의를 좀 더 진전시키기 위해 孔門四科와 관련된 보다 풍부한 내용의 문헌을 찾을 필요가 있다.

3. 『世說新語』와 『續世說』의 孔門四科

劉宋代 劉義慶(403~444) 등이 쓴[88] 『世說新語』는 당시 세간에 떠돌던

---

86) 『潞公文集』(文淵閣四庫全書本) 卷27, 「奏尙書省六曹行遣汚滯事 答奏」, 736쪽. 앞서 살펴본 黃翰의 「祭柳侯文」에서 柳宗元이 "孔門四科"를 兼得하였다는 근거로 "文學辭章"과 "政事循良"을 들고 있음도 비슷한 맥락에서 이해할 수 있을 것이다.

87) 林駉, 『古今源流至論 前集』(文淵閣四庫全書本) 卷8, 「儒吏」, 112쪽.

88) 『世說新語』는 劉義慶 개인의 저작처럼 전해졌으나 실제로는 魯迅의 『中國小說史略』 등에서 지적하였듯이 그 수하 文人들의 작품일 가능성이 크다. 小南一郎, 「『世

後漢末부터 東晉까지 인물들의 일화를 36개의 편목으로 나누어 엮어[89] 魏晉南北朝史 연구에 긴요한 문헌이다. 그런데 이 책의 첫머리에 바로 「德行」·「言語」·「政事」·「文學」의 네 편이 자리잡고 있으니, 이것은 당시인들의 의식 속에서 차지하는 孔門四科의 중요성을 잘 드러낸다. 그리고 여느 서적들과 달리 士人들의 생생한 言動을 사실적으로 서술한 그 내용도 주목하지 않을 수 없다. 즉 위의 네 편목에 실린 무려 285조에 달하는[90] 고사의 주인공은 대부분 士人들이며, 여기에서 이들의 말과 행동이 어떻게 분류되었는지 살펴봄으로써 이 시기 四科의 구체적인 의미를 이해할 수가 있는 것이다.

뿐만 아니라 唐代 王方慶(?~702)의 『續世說新書』 이후 民國時代 易宗夔(1875~?)의 『新世說』에 이르기까지 형식이나 내용상 유사한 성격의 책들이 잇달아 출간된다는 사실[91] 또한 중요하다. 이러한 서적들은 『世說新語』에 대한 분석 방식을 후대로까지 연장시킬 수 있는 좋은 근거가 되는 것이다. 물론 이 世說類 문헌들은 明代 이후에 많이 간행되었으므로, 본고가 살펴보고자 하는 宋代까지의 경우에 검토 가능한 범위는 상당히 제한된다.[92] 그러나 士人의 일화를 孔門四科 각각의 항목으로 나

說新語』の美學－魏晉の才と情をめぐって」, 中國中世史硏究會 편, 『中國中世史硏究 續編』, 京都大學學術出版會, 1995, 468쪽의 주 참조.

89) 宇都宮淸吉, 「世說新語の時代」, 『漢代社會經濟史硏究』, 東京: 弘文堂, 1955. 1939 원간의 수정 ; 김진옥, 「『世說新語』에 대한 一考察」, 『歷史學報』 104, 1984와 앞의 小南一郞, 「『世說新語』の美學」 참조.

90) 본고는 김장환의 국역본 『세설신어』(살림, 1996~2000) 등 여러 『世說新語』의 注釋本을 참고하였으나, 따로 주기하지 않는 한 余嘉錫의 『世說新語箋疏(修訂本)』(上海古籍出版社, 1993)에 의거하여 서술한다. 그리고 이후에 이 책의 四科 부분을 인용할 경우 편의상 쪽수와 해당 편 안에서 그 일화의 一連番號를 적고, 도표화한 내용의 근거는 번잡함을 피하기 위해 단지 一連番號만으로 표시한다.

91) Nanxiu Qian, *Spirit and Self in Medieval China: The Shi-shuo hsin-yü and Its Legacy* (Honolulu: Univ. of Hawaii Press, 2001), pp.194~196의 표에 따르면, 中國에서 간행된 소위 世說類 문헌만도 28개나 된다. 이러한 책들의 성격 개관은 Qian의 이 책, 203~210쪽 참조.

92) 唐代의 世說類 서적으로는 이미 失傳된 위 王方慶의 책 이외에 『封氏聞見記』·『大唐新語』와 『(南北史)續世說』이 전한다. 그러나 앞의 둘은 형식상 유사해도 그

누어 수록한 이와 같은 책들의 존재는 시기에 따라 변화하는 四科의 실제적인 의미를 通時的으로 고찰할 수 있는 대상으로서 주목하여 마땅하다.

이와 같은 시각에서 볼 때 흥미로운 것이 北宋代 孔平仲(1046 혹은 1047~1103경)의 『續世說』이다. 그 명칭에서부터 분명히 드러나듯이, 이 책은 孔門四科로 시작되는 편목 등의 형식[93]이나 士人의 言行을 중심으로 한 내용 모두 『世說新語』를 직접 계승하고 있다. 孔平仲은 英宗 治平2年(1065)의 進士科 급제자로서 史學과 文詞에 뛰어난 당시의 名士였는데,[94] 劉宋 이후 五代 시기까지를 대상으로 삼은 그의 이 책은 宋代에 널리 보급되어 읽혔던 듯하다.[95] 그러므로 『續世說』이 德行·言語·政事·文學으로 분류한 총 168조의 이야기들에서[96] 四科로 분류된 다양

편목에 四科가 없으며, 나머지 하나도 永瑢 등, 『四庫全書總目』(北京: 中華書局, 1965) 卷143, 「小說家類存目」 '續世說'조, 1216쪽에서 잘 설명하고 있듯이 후대의 僞作이라고 생각된다. 따라서 여기에서 실제적으로 분석이 가능한 대상은 단지 宋代의 것뿐인데, 이 가운데 王讜의 『唐語林』은 비록 『世說新語』를 잘 계승하였고 사료적 가치도 크다고 하나 完整本이 아니라는 문제점이 있다. 특히 현존하는 이 책의 반 가까이가 『永樂大典』에서 輯佚한 것으로서 원래 배속되었던 편목을 알 수 없으므로(『唐語林校證』, 北京: 中華書局, 1987의 1~38쪽의 前言 참조) 후술할 내용처럼 각 편에 나오는 일화의 내용을 유형화하여 계량적으로 분석하고자 할 때 적절하지 못하다.

93) 『續世說』의 편목은 「豪爽」이 빠지고 「直諫」·「邪諂」·「姦佞」이 추가되면서 그 배열 순서가 일부 『世說新語』와 다르다. 그러나 이것이 두 책의 기본적인 형식의 차이를 의미하지는 않는다.

94) 『宋史』 卷344, 「孔平仲」, 10933~10934쪽 ; 『四庫全書總目』 卷120, 「雜家類」 '珩璜新論'조, 1037쪽 참조. 그는 孔文仲, 孔武仲 두 형과 함께 "淸江三孔"으로 불리며 다수의 저작을 남겼는데, 이들의 詩文集 간행과 후대의 流傳은 張劍, 「現存淸江三孔集版本源流略考」, 『文獻』 2003-4에 자세히 설명되어 있다.

95) 『續世說』은 陳振孫의 『直齋書錄解題』(叢書集成初編本) 卷11, 「小說家類」, 318쪽 ; 晁公武의 『郡齋讀書志』(國學基本叢書本) 卷5上, 「雜說類」, 595쪽 등 南宋 시기의 目錄類 문헌에 나옴은 물론 吳曾, 『能改齋漫錄』(上海古籍出版社, 1979 신1판) 卷5, 「八米八采」, 117쪽이나 王楙, 『野客叢書』(上海古籍出版社, 1991) 卷14, 「端午」, 209쪽 등의 筆記資料에서도 누차 인용되고 있다.

96) 『續世說』은 몇 가지 판본이 존재한다. 守山閣叢書에 의거한 叢書集成初編本은 활자본으로서 읽기 편하지만, 「德行」편에 몇 조가 결락되는 등 문제가 있다. 따라서

한 士人의 행태를 구체적으로 살펴볼 수 있는 것이다.

물론 이러한 분석은 위의 두 책이 '대상으로 삼은 시기' 士人들의 모습 그 자체를 파악하는 방법으로서는 적절하지 않다. 사실 後漢末－東晉과 劉宋－北周의 실상만을 알기 위해서라면 當代에 나온 보다 생생한 일차사료들도 없지 않을 것이다. 그러나 여기에서의 문제는 이 책들의 '씌어진 시기' 곧 南北朝와 宋代의 士人들이 어떻게 四科를 생각하였는지를 이해하는 데 있다. 다시 말해서, 『世說新語』와 『續世說』의 첫 네 편에 실린 일화들에서 당시 德行·言語·政事·文學의 전형으로 그려진 士人의 실례를 찾을 수 있고, 이것의 비교를 통해 士人의 조건으로 간주된 孔門四科에 대한 두 시기의 상이한 인식을 밝혀 보려는 것이다. 특히 『續世說』의 경우 서술 근거가 된 문헌이 대부분 현존하므로,[97] 양자의 대조를 통해 宋代의 찬자가 강조하려 했던 士人像이 이전 시기의 그것과 어떻게 달랐는지 드러날 수도 있다면, 이러한 고찰은 더욱 요긴하다.

그렇다고 해도 두 책에 실린 수백 개의 사례들을 낱낱이 검토하는 것은 불가능하므로, 이 이야기들의 등장인물이나 주제·소재를 유형화시키지 않을 수 없다. 이 과정에서 기준의 타당성과 분류의 객관성이 논란이 되겠지만, 『世說新語』와 『續世說』에 나오는 일화들을 몇 가지 범주로 나누어 계량적으로 분석할 때 그 대체적 윤곽은 밝혀지리라고 기대하는 것이다.[98] 『世說新語』와 『續世說』의 유사한 저작 동기와 편목의 동

본고는 기본적으로 宛委別藏傳寫宋刻本을 영인한 續修四庫全書本을 저본으로 삼았다. 이후에 이 책의 四科 부분을 인용할 경우 편의상 쪽수와 그 상하 구분만을 밝힌다. 그리고 도표화한 내용의 근거는 저본에 명기되어 있지 않더라도 해당 편 안에서 일화의 一連番號만 적어 그 번잡함을 덜고자 한다.

97) 『續世說』에 나오는 대부분의 일화는 『北史』·『南史』·『舊唐書』·『舊五代史』와 『資治通鑑』에서 유사한 내용이 발견되므로 이러한 선행 문헌들에 근거한 채록인 듯하다.

98) 이러한 計量的 분석을 통한 『世說新語』와 『續世說』의 내용 비교는 현재 고찰 가능한 이 두 책이 完整本일 때 더욱 설득력이 있다. 그런데 『世說新語』의 경우 일찍부터 이에 대한 의문이 있었고 주지하듯이 淸代 葉德輝 등에 의한 輯佚도 존재한다. 하지만 김장환, 「『世說新語』佚文 硏究」, 『中國小說論叢』 5, 1996에서 잘 지

일성은 南北朝時代와 宋代 士人의 성격을 직접 비교하여 이해할 수 있는 무엇보다 좋은 공통 기반이기 때문이다. 그리고 여기에 간간이 삽입된 당시 輿論의 평가나 특징적인 일화들을 아울러 살펴보면, 이러한 분석은 더욱 일반성을 확보할 수도 있을 것이다.

1) 「德行」篇의 일화

『世說新語』와 『續世說』에서 「德行」으로 분류된 일화들의 주제는 官人·親戚·社會 덕목으로 크게 나누어볼 수 있다. 즉 官人으로서의 公務나 君主와 관계된 이야기, 孝悌 등 親戚間의 화목과 연관된 言行 그리고 이 밖에 交友·상거래 등 보다 일반적인 사회 활동이 바로 그것이다.[99] 그런데 두 책에 나오는 이야기들을 이러한 기준에 따라 구분할 때, 다음의 〈표 2〉에서 드러나듯이 양자 사이에는 뚜렷한 차이가 존재한다.

적하였듯이, 기존에 輯錄된 일화들은 『世說新語』의 원문은 아니라고 생각된다. 실제로 지금 남아 있는 最古本인 소위 『唐寫本世說新書殘卷』이 현존본과 일부 소소한 차이는 있더라도 기본적으로 그 수록 내용은 물론 순서까지 동일함을 볼 때(『唐寫本世說新書注』, 臺北: 世界書局, 1957 참조), 『世說新語』는 지금까지 散逸된 부분이 거의 없는 듯하다. 특히 이 殘卷을 南朝 梁代의 것으로 앞당기는 최근 范子燁의 『世說新語硏究』에 따르면(寧稼雨, 「時代學風的印迹與思考」, 『社會科學』 2000-2, 79~80쪽에서 재인용), 본고에서 검토할 『世說新語』는 원래의 모습과 더 가까워지는 만큼 이와 같은 계량적 분석의 의의도 보다 커진다고 하겠다.

99) 「德行」편에는 王祥의 "德"을 막연히 칭송한 王戎의 말이나(『世說新語』, 22쪽 19조) 元德秀의 言行을 개괄한 이야기처럼(『續世說』, 14쪽하~15쪽상) 그 주제를 명확히 파악하기 어려운 일화들도 물론 적지 않다. 그리고 혹 두 가지 이상의 범주를 함께 포함하는 경우도 있는데, 陳寔과 荀淑의 交遊를 서술할 때 혼재하는 사회적·가정적 禮儀(『世說新語』, 7쪽 6조) 혹은 자기 아버지를 위해 본인에게 危害를 가한 죄인을 용서한 지방관의 너그러움(『續世說』, 13쪽상) 등이 그 좋은 예이다. 그러므로 여기에서는 그 주제가 위의 세 가지 범주 어느 하나에 분명히 속할 수 있는 일화만을 분석하고, 그렇지 않으면 '기타'로 분류하여 일단 논의에서 제외하였다. 이후 이처럼 유형화의 방법을 취하여 검토할 경우, 기본적으로 이러한 원칙에 따라 그 전형적인 사례만을 대상으로 논지를 전개할 것이다.

〈표 2〉「德行」편에 나오는 일화의 주제[100)]

	官人 덕목 (비율)	親戚 덕목 (비율)	社會 덕목 (비율)	기타 (비율)
『世說新語』(총 47조)	3조(6.4%)	17조(36.2%)	18조(38.3%)	9조(19.1%)
『續世說』(총 35조)	12조(34.3%)	4조(11.4%)	13조(37.1%)	6조(17.1%)

여기에서 일화의 수록 비율상 가장 큰 변화를 보이는 주제는 官人으로서의 덕목과 관련된 것이다. 사실 『世說新語』에서는 이야기 주인공의 관직을 명기한 예가 드물고, 이 가운데 그 직무와 연관된 내용의 고사는 더욱 제한되어 있다. 위에서 官人 덕목으로 분류한 것조차 단지 청렴한 생활상[101)]과 황제를 위한 服喪의 절실함[102)]에 관한 서술일 뿐이다. 반면 『續世說』에 나오는 이러한 일화들은 獄訟의 처리와 관련된 잇단 기록들처럼[103)] 관직과 직결된 내용이다. 그리고 上官이나 "搢紳"의 호평,[104)] 勢力家와의 타협 거부,[105)] 여타 官人의 感化,[106)] 전쟁 수행 중 將卒들의 감격[107)] 등 官界에서의 평판을 곁들인 모범적 官人像을 제시

100) 〈표 2의 해당 일화〉

	官人 덕목	親戚 덕목	社會 덕목	기타
『世說新語』	제27, 40, 46조	제7, 8, 10, 12, 14, 17, 20, 24, 26, 28, 29, 36, 38, 39, 42, 45, 47조	제1, 2, 3, 4, 5, 9, 11, 13, 15, 16, 21, 22, 25, 31, 32, 34, 41, 44조	제6, 18, 19, 23, 30, 33, 35, 37, 43조
『續世說』	제4, 12, 13, 14, 15, 16 17, 20, 21, 24, 25, 32조	제3, 8, 9, 26조	제2, 5, 6, 7, 10, 18, 19, 27, 28, 29, 30, 34, 35조	제1, 11, 22, 23, 31, 33조

101) 『世說新語』의 28쪽 27조와 42쪽 40조.

102) 『世說新語』, 51쪽 46조.

103) 『續世說』, 11쪽하~12쪽상에 나오는 崔仁師, 唐臨, 張文瓘, 徐有功의 네 일화.

104) 『續世說』의 11쪽상의 顧協, 11쪽하의 薛元敬, 15쪽상의 趙光逢 일화.

105) 『續世說』, 12쪽상~하의 陸象先 일화.

106) 『續世說』, 12쪽하~13쪽상의 楊綰 · 郭子儀 일화.

107) 『續世說』, 13쪽하~14쪽상의 李光顔 일화.

하거나, 叛亂軍의 유혹을 뿌리친 일[108]과 같은 구체적인 政務 수행과정을 설명하기도 하였다. 이와 같이 관직과 밀접하게 관련된 일화의 잦은 출현은 곧 '德行'의 평가에서 官人으로서의 지위가 더욱 중요해짐을 시사한다.

위의 표에서 이와 대조적인 현상은 '德行'으로 인식된 親戚間 言動의 현격한 감소이다. 孝를 주제로 한 이야기의 수가 확실히 줄고, 『世說新語』에 보이던 夫婦나 叔姪·舅甥의 관계는 『續世說』에서 아예 사라져 버리는 것이다.[109] 이것은 士人들의 의식 속에서 혼인이나 혈연 관계의 비중 축소를 의미한다는 점에서 홀시해서는 안 된다. 실제로 唐代의 『論語筆解』는 앞서 인용했던 "어떻게 하면 士人이라고 할 수 있습니까?"라는 子貢의 물음에 대한 孔丘의 대답에서 여타 기록과 달리 "宗族이 孝를 칭찬하고 鄕黨에서 공손함을 칭찬하는 것이다."란 말을 가장 먼저 적으면서, "孝悌는 百行의 근본으로서 그 위에 둘 것이 없다."는 이유를 들고 있다.[110] 이처럼 親戚 사이의 관계에 至高無上의 가치를 부여한 士人의 모습은 宋代 이후 거의 찾아보기 힘들다.

그러므로 '德行'에 대한 인식상 南北朝時代와 宋代의 士人들 사이에는 분명한 거리가 존재하는 듯하다. 社會 덕목과 관련된 일화들을 보더라도, 관직과 별개로 賢者에 대한 존중 사례가 두드러진[111] 前者와는

---

108) 『續世說』, 13쪽하 劉迺 일화.

109) 『世說新語』와 『續世說』의 親戚으로서의 덕목을 주제로 한 일화들에 나오는 혼인 혹은 혈연 관계는 각각 20개(일화의 수는 17조이나, 그중 3개는 두 가지의 관계를 함께 언급하여 따로 계산함)와 4개인데, 이를 도표화하면 다음과 같다.

	夫婦	父子·母子	兄弟	叔姪·舅甥
『世說新語』	2조 (제38, 39조)	14조(제7, 8, 10, 12, 14, 17, 20, 26, 29, 36, 38, 42, 45, 47조)	1조 (제10조)	3조 (제12, 24, 28조)
『續世說』	없음	3조(제3, 9, 26조)	1조(제8조)	없음

110) 『論語筆解』 권下, 「子路」, 18쪽.

111) 『世說新語』, 1~4쪽에 나오는 「德行」편의 처음 세 일화는 모두 賢士에 대한 禮遇

달리 後者에서는 官人들 간의 개인적 情誼,[112] 특히 자신을 발탁해 준 이에 대한 私的인 報恩까지[113] 「德行」편 안에 들어가 있다는 특징이 있다. 사실 『續世說』에 실린 일화의 주인공은 대부분 官人이라고 해도 과언이 아니다. 따라서 '德行'의 실천과 관직의 상관성이 이처럼 커지는 추세 속에서 孔門四科를 그 조건으로 삼는 士人과 官人 사이의 공유면 또한 넓어질 수밖에 없었다고 하겠다.

2) 「言語」篇의 일화

앞서 살펴본 「德行」편의 내용을 생각하면, 「言語」편에서도 官人으로서의 지위나 직무와 관련된 일화들을 무엇보다 주목하게 된다. 다음 〈표 3〉은 官人의 公務 수행과정이나 황제와의 대화를 소재로 삼은 사례들을 모은 것인데, 여기에서 우선 눈에 띄는 사실은 『世說新語』, 「言語」편의 총 108조 중에서 이러한 이야기가 겨우 38개에 불과하다는 점이다. 이것은 단지 두 조[114] 이외에는 모두 황제 혹은 官人의 일화로 엮어진 『續世說』과 퍽 대조적이다. 더욱이 『世說新語』에는 官人이 나온다고 해도 인물평 등 직무와 무관한 내용이[115] 그 가운데 상당 부분을 차지하는 반면, 『續世說』에서는 이러한 예가 극소수일 뿐이다. 그러므로 宋代 士人의 의식 속에서 '言語' 역시 관직과의 연관성이 확실히 커지고, 이것은 전술한 '德行'의 경우와 마찬가지이다.

와 관련된 내용이며, 유사한 예는 6쪽 5조, 23쪽 22조, 34쪽 34조 등으로 계속 이어진다.

112) 『續世說』, 12쪽하의 狄仁傑과 14쪽하의 王義方 일화.

113) 『續世說』, 14쪽상의 柳仲郢, 14쪽하의 徐晦 일화.

114) 『續世說』, 16쪽상에 나오는 信實함을 장담한 何遠과 道·佛에 대한 논평을 한 張融의 일화.

115) 簡文帝의 羊秉에 대한 탄식(『世說新語』, 124쪽 65조)이나 桓溫의 顧愷之의 글에 대한 포상(『世說新語』, 141쪽 85조) 등과 같은 것이 그 전형적인 예이다.

〈표 3〉「言語」편에서 皇帝·官人 등장 일화의 내용116)

	職務 유관					소계2 (총계 중 비율)	職務 무관 (同左)	총계 (「言語」편 전체 중 비율)
	皇帝·皇族 등장 일화			소계1 (소계2 중 비율)	官人만의 일화 (同左)			
	皇帝·皇族 중심 (소계1 중 비율)	官人 중심 (同左)	기타 (同左)					
『世說新語』 (「言語」편 총108조)	1조 (6.7%)	6조 (40.0%)	8조 (53.3%)	15조 (62.5%)	9조 (37.5%)	24조 (63.2%)	14조 (36.8%)	38조 (35.2%)
『續世說』 (「言語」편 총 46조)	7조 (20.0%)	25조 (71.4%)	3조 (8.6%)	35조 (85.4%)	6조 (14.6%)	41조 (93.2%)	3조 (6.8%)	44조 (95.7%)

그런데 위의 〈표 3〉에서 아울러 간과할 수 없는 것은 관인의 직무와 관련된 고사들 중 황제 혹은 皇族이117) 등장하는 일화가 많아진다는 사

116) 〈표 3의 해당 일화〉

	職務 유관				職務 무관
	皇帝·皇族 등장 일화			官人만의 일화	
	皇帝·皇族 중심	官人 중심	기타		
『世說新語』	제89조	제8, 18, 25, 53, 100, 107조	제10, 11, 13, 16, 19, 29, 59, 106조	제35, 36, 37, 38, 42, 55, 58, 80, 97조	제3, 17, 20, 21, 39, 48, 49, 56, 57, 60, 61, 65, 85, 98조
『續世說』	제2, 8, 9, 10, 11, 19, 23조	제1, 3, 12, 13, 14, 15, 16, 17, 25, 26, 27, 30, 32, 33, 35, 37, 38, 39, 40, 41, 42, 43, 44, 45, 46조	제7, 28, 31조	제18, 22, 24, 29, 34, 36조	제4, 20, 21조

117) 『世說新語』에는 晉代에 王으로서 실제적인 정치력을 가졌던 司馬氏들이 자주 등장하며(『世說新語』의 87쪽 25조, 150쪽의 98조 등), 이후 황제가 된 司馬昱처럼 즉위 이전의 고사에서 이미 "帝"라고 적힌 이까지 있다(『世說新語』, 116쪽 56조). 그리고 曹操·司馬師 등과 같이 막강한 권력을 장악하여 후손의 王朝 개창을 가능하게 만든 황제의 선조들도 더러 보이는데(『世說新語』, 64쪽 8조와 77쪽 16조 등), 이와 같은 인물들은 여느 관료와 달라 여기에서 황제와 동일한 범주로 취급하였다. 이러한 일화들은 모두 魏晉南北朝時代의 것으로서 대부분 『世說新語』에 나오지만, 『續世說』의 16쪽상에 보이는 北周의 宇文護 역시 유력 皇族으로서 위와 마찬가지 예로 간주하여도 좋을 것이다. 아울러 皇位 簒奪時의 桓玄(『世

실이다.[118)]『世說新語』의 경우도 이러한 예가 62.5%로서 적지 않지만, 『續世說』에서는 이것이 무려 85.4%로나 늘어나는 것이다. 당시 士人들의 言說에서 황제·황족의 비중이 이처럼 커지는 배경에는 南北朝時代와 달라진 宋代의 상황 곧 皇權의 제도적 강화가 있는 듯하다. 그런데 이 황제·황족이 등장하는 일화에는 항상 官人으로서의 士人도 함께 나오고, 양자 사이의 이견과 그 해소과정이 줄거리를 이루기도 한다. 따라서 당시 황제와 士人의 관계를 좀 더 명확히 하기 위하여, 이러한 일화의 내용 또한 분석하여야만 한다.[119)]

물론 여기에는 단순한 문답처럼 확실히 대립되는 논점을 찾기 힘든 경우도 있고, '기타'로 분류된 이러한 항목이 『世說新語』에서 반 이상을 차지한다. 그러나 이와 같은 사례가 거의 사라진[120)] 『續世說』에서는 황

說新語』, 157쪽 106조)이나 可汗(『世說新語』, 19쪽상)의 경우 또한 황제에 준하는 것으로 보았다.

118) 이 범주에는 기본적으로 황제나 皇族이 원문에 명기된 일화만을 포함시켰으나, 혹 그 표현이나 정황상 황제와 연관된 내용임이 분명할 경우도 여기에 넣었다. 예를 들어, 『續世說』, 19쪽하에서 단지 "曰"로만 기록된 崔羣의 이야기는 이 기록의 근거로 여겨지는 『舊唐書』 卷159, 本傳, 4189쪽을 볼 때 황제에게 한 말이 확실하므로 황제와 관련된 것으로 간주하였다.

119) 여기에서 단순한 문답처럼 확실히 대립되는 논점을 찾기 힘든 경우 '기타'로 분류하여 제외하고, 그 나머지를 황제·皇族과 官人 가운데 누구의 뜻대로 이야기의 줄거리가 진행되는가를 기준으로 고사들을 구분하였다. 이때 황제의 納諫과 같이 분명한 결말이 명기되지 않은 경우, 이야기의 중심은 문맥상 수록된 고사의 끝에 실린 주장을 편 인물에게 있는 것으로 보았다.

120) 『續世說』의 이러한 예는 北周의 何若敦이 당시 유력 皇族 宇文護을 원망했던 탓으로 죽임을 당하면서 자신의 아들에게 말을 조심하도록 한 경계(16쪽상~하) 그리고 唐代에 郭子儀가 황제의 총애를 받던 환관 魚朝恩의 비행을 너그럽게 덮어준 아량(19쪽상~하), 安祿山의 난이 李林甫와 같은 "姦臣"을 중용한 데서 비롯하였다는 崔羣의 논평(19쪽하)이다. 그런데 이들 중 唐代의 두 고사는 각각 代宗과 玄宗의 잘못된 用人에 대한 비난의 의미를 함축하고 있으니, 특히 崔羣의 경우 명확히 皇甫鎛을 중용하려는 당시 황제 憲宗을 비판한 것으로서 결국 황제와의 불화를 낳아 스스로 좌천당하는 원인이 되었다. 한편 『世說新語』에서 이와 같은 범주로 구분한 예들은 혹 이처럼 君主와의 대립을 배경으로 한 듯한 경우도 있으나(70쪽 10조, 77쪽 16조), 그보다 더 많은 것이 君主에 대한 共感과 위로의 표명이다(81쪽 19조, 91~92쪽 29조, 118~119쪽 59조, 157쪽 106조). 따라서 '기타'로

제 · 황족과 官人 사이의 대립적인 敍事구조가 두드러지니, 이것은 宋代 士人들의 내면적 의식의 발로로 보인다. 이들이 강화된 君主權에 순순히 굴복하기보다는 이와 부딪히면서 南北朝 시기의 士人들에 비하여 오히려 황제와의 관계에서 상대적 독자성을 자각해 갔을 수도 있는 것이다. 본고의 관심이 제도로 규정된 외재적인 조건이 아니라 士人들의 自意識에 있다면, 이것은 이와 관련하여 매우 중요한 문제이다.

실제로 두 책을 비교해 볼 때, 官人 중심의 일화, 곧 황제 · 황족과 官人 사이에 이견이 존재하다가 결국 후자의 주장이 받아들여지거나 혹은 문맥상 그 논리가 강하게 부각된 고사의 비율이 『續世說』에서 현격히 커진다. 『世說新語』에 단지 40.0%에 불과했던 이러한 官人 중심의 이야기가 『續世說』에서 71.4%에 달하여 그 차이는 무려 30%를 넘기 때문이다. 물론 황제 · 황족을 중심으로 하는 일화의 비율 역시 6.7%에서 20.0%로 늘어났지만,[121] 그 증가량은 官人을 중심으로 하는 고사에 비하여 반도 되지 않는다. 그러므로 皇權이 강화된 宋代에 士人들의 言說에서 황제의 출현이 잦아진다고 해서, 곧바로 군주가 당시 士人들의 내면세계에서도 그 중심을 차지하게 되었다고 보기는 어렵다. 더욱이 이러한 사실로부터 이들의 황제에 대한 의식의 종속성을 섣불리 예단할 수는 없다.

이와 같은 맥락에서 생각하면, 『續世說』에 나오는 官人의 '言語'는 황제의 私藏[122]부터 對外政策[123]까지 거의 모든 國事에 두루 미치고 있다는 사실이 흥미롭다. 뿐만 아니라 이들은 황제와 추상적인 통치 원리에

분류된 일화의 성격도 두 책은 조금 달라 보이고, 이 점에서 후술할 바와 같은 양자의 차이는 실제로 앞의 〈표 3〉에서 드러나는 것보다 더 클 수도 있다.

121) 이러한 일화들 중에도 『續世說』의 경우 황제가 단지 官人들의 이견을 조정한 것에 불과한 예도 있다. 즉 18쪽상의 禁苑의 말똥 판매와 18쪽하의 集賢院에 대한 우대를 둘러싼 논란은 결국 황제가 결정하였으나, 실상 이것은 각각 劉仁軌와 張說의 주장에 따른 것일 뿐이다.

122) 『續世說』, 19쪽상의 楊炎 일화.

123) 『續世說』, 21쪽상의 後晉 桑維翰의 上疏.

관하여 의논하고,[124] 혹 논란 끝에 황제로 하여금 눈물을 흘리며 승복하게도 만든다.[125] 따라서 여기에서 중시된 官人의 '言語'는 결코 황권에 대한 追遂가 아니라, 도리어 황제의 착오나 비리를 지적하고 바로잡는 것이었다. 『續世說』에서 諫官의 중요성을 역설한 李絳을 특기하거나,[126] 『世說新語』에 없었던 「直諫」을 최대의 편목으로 추가한 것은[127] 그 단적인 예이다. 官人에 대한 杖刑의 시행은 "天下士君子"를 위해서 不可하다는 말을[128] 채록한 宋代의 士人들은 官人과 士人을 동일시하면서 제도화된 君主權과는 별개로 자신들에 대한 특별한 존중을 요구하고 있는 것이다.

3) 「政事」篇의 일화

전근대 中國에서 황제와 그 아래 官人들이 정치 활동의 주역이었음은 두말할 필요가 없다. 그런데 『世說新語』나 『續世說』의 「政事」편에 나오는 일화들에서 이야기를 실제로 이끌어 가는 주인공은 대부분 황제가 아니라 官人이다.[129] 이것은 두 책에 실린 士人들의 의식 속에서 '政

---

124) "理道"에 관한 唐 文宗 · 趙宗儒(『續世說』, 20쪽상), "理國"에 대한 唐 睿宗 · 司馬承禎(『續世說』, 20쪽하)의 대화는 그 좋은 예이다.

125) 『續世說』, 17쪽상의 唐 肅宗 · 李泌의 일화.

126) 『續世說』, 21쪽상.

127) 『續世說』의 제10권은 「直諫」으로 분류된 일화만을 담고 있는데, 이것은 이 책의 어느 항목보다 많은 분량을 차지한다.

128) 『續世說』, 18쪽하에 나오는 張說의 주장.

129) 『世說新語』의 「政事」편에서 황제가 나오는 일화는 총 26조 중 174~175쪽 11조, 183쪽 20조, 184쪽 21조의 셋이다. 하지만 이 가운데 20조는 簡文帝가 즉위하기 이전 "相"일 때의 일이고, 21조도 王濛의 求職을 설명하면서 황제를 거론한 데 불과하다. 따라서 황제를 주인공으로 삼은 것은 단지 11조뿐인데, 蘇峻 · 祖約의 반란을 배경으로 한 이 이야기의 전개에서도 조정 "諸公"들이 중요한 역할을 하고 있다. 그리고 『續世說』을 보면, 「政事」편 총 52조 중 22쪽상의 謝方明, 23쪽상의 許惇, 23쪽하의 趙軌, 23쪽하~24쪽상의 柳儉 등, 24쪽상의 顔游(遊)秦, 24쪽상의 王方慶, 27쪽상의 嚴安之, 27쪽상의 劉知遠을 주인공으로 한 8조의 고사들에

事'가 황제보다 오히려 官人의 몫이었음을 시사하는 듯하여 흥미롭다. 이른바 '貴族의 시대'로 불리는 南北朝와 '君主獨裁體制'로 특징지어지기도 하는 宋代라는 상이한 역사적 상황에도 불구하고, 政事의 주체로서 중시된 官人의 역할은 별다른 차이가 없어 보이는 것이다. 따라서 『世說新語』와 『續世說』의 「政事」편의 내용 비교는 좀 더 정치한 분석을 요하는데, 문제는 여기에 실린 일화들에서 治績에 대한 애매한 서술이 많다는 점이다.[130] 그 근거 문헌과의 대조가 가능한 『續世說』에서 분명히 확인되듯이,[131] 官人의 구체적인 업적을 소홀히 다룬 찬자에게 애당초 '政事'의 세세한 내용 그 자체는 큰 관심거리가 아니었는지도 모른다.

그러므로 『世說新語』와 『續世說』의 異同을 밝히기 위해 개별 官人의 구체적인 직무보다[132] 좀 더 포괄적인 범주의 설정을 필요로 한다. 아

황제가 등장한다. 그러나 이 이야기들의 내용상 황제는 단지 任命者나 褒賞者 등으로서 조연에 그치고, 그 줄거리는 官人들을 중심으로 이루어져 있다. 그러므로 『續世說』 또한 『世說新語』와 같이 政事의 주체를 官人으로 상정하였다고 해도 좋을 것이다.

130) 『續世說』 23쪽상~하의 庫(厙)狄士文과 대비되는 長史(성명 미상), 23쪽하의 豆盧勣, 26쪽상의 賈敦의 경우 단지 "惠政"을 베풀었다고만 적어 治績의 구체적 내용을 알 수 없음은 그 좋은 예이다. 『世說新語』, 167쪽 5조에서 山濤를 쉴 수 없는 소로 비유한 극히 추상적인 이야기도 세밀한 분석이 불가능하다는 점에서 마찬가지이다.

131) 『續世說』의 「政事」편에는 원래 이것이 의거한 듯한 正史 열전의 구체적인 治績 부분을 생략해 버린 일화가 많은데, 그 대표적인 예를 몇 가지 들어보면 다음과 같다. 22쪽하의 蕭憺 일화는 『南史』 卷52, 本傳, 1301쪽에 나오는 屯田 개발과 旱災·水災 극복 기록을 생략한 채 단지 백성들의 "善政"에 대한 칭송만을 전한다. 또 23쪽상은 許惇이 平陽太守로서 "政爲天下第一" 하였다고 적으면서 『北史』 卷26, 本傳, 946쪽에서 그 원인으로 지적된 무원칙한 "賦斂"을 막은 일은 설명하지 않는다. 그리고 24쪽상의 王方慶에 대한 이야기도 『舊唐書』 卷89, 本傳, 2897쪽에 나오는 廣州都督으로서 부패를 없앤 조처들의 언급 없이 단지 "(嚴)境內肅清"으로 요약할 뿐이다. 27쪽상 劉審交의 일화 역시 『舊五代史』 卷106, 本傳, 1393쪽의 "盡去煩弊, 無擾於民"한 사실이 아니라 그 결과에 대한 호평을 위주로 서술되어 있다. 이와 같은 『續世說』의 채록 형태는 기본적으로 治績 그 자체보다 오히려 이에 대한 당시의 평가에 초점을 맞추고 있는 것처럼 보인다.

132) 『世說新語』에 없던 財政(24쪽상 郭元振, 25쪽상 李巽의 일화 등)·軍事(25쪽상의 高崇文과 郝廷玉의 두 일화 등) 등 다양한 직무와 관련된 일화를 담은 『續世說』

래의 〈표 4〉에서 두 책의 「政事」편에 나오는 관직을 일단 中央官과 地方官으로 대분한 것[133]은 바로 이 때문인데, 여기에 나타나는 대체적인 경향 곧 地方官 비율의 상대적인 증가 추세는 결코 홀시할 수 없다. 더욱이 『世說新語』에서 中央官으로 분류된 일화의 주인공들이 대부분 侍中·僕射·丞相 등 朝廷의 최고위 政策 결정자들인 반면, 『續世說』의 경우 이러한 예가 단지 하나뿐이고[134] 丹陽尹 같은 수도 지역의 民政官이 3명이나 포함되어 있음을[135] 생각할 때, 양자의 차이는 더욱 분명해진다. 이와 같은 사실은 南北朝와 宋代 士人들의 인식상 두 가지 변화를 뜻한다. 정치 행위가 보다 폭넓은 官人層의 所任으로 확대되어 가고, 또 그 임무의 내용도 一般民과의 직접적인 관계가 더욱 중요해지는 것이 바로 그것이다.

〈표 4〉「政事」편 일화 주인공의 官職[136]

	中央官(비율)	地方官(비율)	기타(비율)
『世說新語』(총 26조)	10조(38.5%)	13조(50.0%)	3조(11.5%)
『續世說』(총 52조)	9조(17.3%)	40조(76.9%)	3조(5.8%)

이와 관련하여 흥미로운 점은 「政事」편의 일화에 간혹 덧붙여진 주

은 政事에 대한 士人들의 인식 확대를 뜻하는 것처럼 생각된다. 그러나 전술하였듯이 막연한 설명 사례가 많은 상황에서 섣부른 단정은 위험하다고 하겠다.

133) 여기에서 中央官과 地方官은 기본적으로 그 職任의 소재지에 의한 구분이다. 따라서 宰相을 위시한 中央官府 소속 官人은 물론 京兆尹처럼 京師의 지역 행정장관도 中央官으로, 지방으로 파견된 使職이나 討伐에 참가한 軍將은 刺史·縣令 등과 같이 地方官으로 분류하였다. 그리고 혹 『世說新語』나 『續世說』에 官職名이 명기되어 있지 않더라도, 황제와의 대화 같은 정황이나 해당 인물의 당시 관직이 여타 문헌에서 밝혀질 경우, 이에 따라 일화를 구분하였음을 부기해 둔다. 하지만 中央官과 地方官이 함께 나오거나 주인공의 官職 소재지에 대한 확실한 추론이 불가능할 때 '기타'로 분류하여 논란의 소지를 줄였다.

134) 『續世說』, 22쪽하의 徐勉.

135) 『續世說』의 22쪽상의 謝方明은 丹陽尹, 22쪽상의 顧憲之는 建康令, 24쪽하의 李峴은 京兆尹이다.

위의 평가이다. 물론 여기에 실린 고사들은 훌륭한 官人의 美談을 전하려는 찬자의 의도 아래 씌어진 것으로서, 대부분 문맥상 칭송의 뜻을 내포한다.137) 그런데 일부 일화들은 주인공에 대한 타인의 말이나 생각을 인용함으로써 그 취지를 더욱 직접적으로 드러내기도 한다. 『世說新語』에 거의 보이지 않다가138) 『續世說』에서 갑자기 많아지는 이러한 서술 형태에서 두 책의 상이한 성격이 훨씬 분명해지는 것이다. 따라서 일면 새로워 보이는 이 평가의 주체와 그 내용을 통하여 南北朝와 다른 宋代의 특징을 보다 잘 살펴볼 수가 있다.

『續世說』에는 "人" 혹은 "時"란 표현 등으로 당시 여론의 동향을 부기한 일화가 다수 나온다.139) 게다가 이러한 여론의 주체를 "吏民(人)"140)

---

136) 〈표 4의 해당 일화〉

	中央官	地方官	기타
『世說新語』	제5, 6, 7, 8, 11, 13, 15, 20, 23, 24조	제1, 2, 3, 4, 9, 10, 14, 16, 17, 19, 22, 25, 26조	제12, 18, 21조
『續世說』	제2, 4, 7, 27, 29, 30, 36, 50, 52조	제1, 3, 5, 6, 8, 9, 10, 11, 12, 15, 16, 17, 18, 19, 21, 22, 23, 24, 25, 26, 28, 31, 32, 33, 34, 35, 37, 38, 39, 40, 41, 42, 43, 44, 45, 46, 47, 48, 49, 51조	제13, 14, 20조

137) 이러한 측면에서 보면, 『續世說』, 27쪽상에 나오는 嚴安之의 일화는 특이한 것일 수도 있다. 여기에서 "爲理嚴, 爲人所畏"라고 표현된 그는 『舊唐書』에서 酷吏로 立傳된 인물이기 때문이다. 그러나 황제의 연회에 몰려든 구경꾼들의 무질서를 막은 일을 적은 『續世說』의 내용이나 이 서술의 근거인 듯한 『資治通鑑』 卷214, 開元23年條, 6810쪽의 기록에서 그에 대한 명확한 비난의 뜻을 찾기가 어려우므로, 찬자가 이 이야기를 채록한 의도를 단언하기는 힘들다. 물론 이 밖에도 官人의 惡行을 언급한 예가 더러 존재하지만, 이것들은 모두 일화 주인공의 善業을 강조하기 위한 수단으로 사용된 것에 불과하므로 위 嚴安之의 경우와는 다르다.

138) 『世說新語』에도 이러한 예가 없지는 않으니, 182쪽 18조의 고사 말미에 부기된 "諸人以爲佳"라는 何充에 대한 평가가 그것이다. 그리고 陳紀와 袁紹의 대화 중에 나오는 "遠近稱之"란 말도(『世說新語』, 165쪽 3조) 輿論의 반영이란 점에서는 이와 유사하다고 해도 좋을지 모르겠다.

139) 『續世說』에는 "人歌曰"(22쪽상~하의 陸襄, 22쪽하의 蕭憺 일화)·"人謠曰"(23쪽하의 豆盧勣 일화) 혹은 "(時)人號"(22쪽상의 顧憲之, 23쪽상의 許惇 일화) 云云하여 세간의 평판을 부기하거나, "時云"(22쪽하의 傅炎(琰) 등의 일화)·"時語"(23쪽상~

나아가 "百姓"[141]으로 특기한 이야기 또한 많으며, 실제로 시골의 노파・노인들[142]을 비롯하여 "市人"[143]・"行卒"[144]・"夷獠"[145]의 官人에 대한 태도를 상술하기도 하였다. 그러므로 『續世說』의 찬자는 정치 행위의 대상이던 民間의 평판을 중시하였다고 여겨지니, 주인공이 地方官으로 있던 지역의 民心을 거론한 고사들[146]은 그 좋은 예이다. 특히 被治者들이 官人들의 優劣을 비교하여 논함[147]은 물론 碑石 등을 세우거나[148] 물리적인 示威까지 행하여[149] 자신들의 의사를 명확히 밝힌 사례의 채록은 더욱 주목된다. 『世說新語』에 전혀 없던 이와 같은 이야기들은 南北

하의 "長史" 등의 일화)・"時稱"(24쪽하의 裴遵慶 일화)・"時謂"(24쪽하의 韋元甫 일화)라고 해서 당시의 여론을 밝힌 고사들이 많다. 이 밖에도 "議者"(24쪽상의 王方慶 일화)・"識者"(24쪽하~25쪽상의 路嗣恭 일화) 등 불특정인의 평가를 이야기 안에 삽입한 예들도 더러 있는데, 이러한 것들 또한 마찬가지 맥락에서 이해할 수 있다.

140) 『續世說』의 22쪽상 杜慧度, 23쪽하 李仲擧(超), 24쪽상~하 尹思貞 등의 일화.

141) 『續世說』의 22쪽하~23쪽상 邱(丘)仲孚, 24쪽하 李峴, 26쪽상 薛大鼎, 26쪽상 田仁會의 일화는 "百姓"의 "謠"와 "歌"를 인용하고 있다.

142) 『續世說』, 23쪽상의 樂預와 宋世良의 두 일화. 그리고 『續世說』 23쪽하의 趙軌나 25쪽상의 李勉 일화에도 "父老"・"耆老"가 등장하여 일면 이와 유사한 예이다.

143) 『續世說』, 23쪽상의 樂預 일화.

144) 『續世說』, 25쪽하의 柳公爵 일화.

145) 『續世說』, 25쪽하의 馬總(摠) 일화.

146) 『續世說』에는 建康令 顧憲之를 좋은 술로 비유한 "都下(人)"(22쪽상), 武康・山陽(陰) 縣令을 지낸 傅炎(琰)에 대한 "二縣"에서의 칭송(22쪽하), 廉州刺史 顧游(遊)秦을 기리는 "邑里歌"(24쪽상), 滄州刺史 薛大鼎 등에 대한 "河北"에서의 칭찬(26쪽상), 汝州防禦使 劉審交가 임지에서 죽자 그를 현지에 묻으려 했던 "郡人"의 이야기 등이 나온다. 그리고 『續世說』, 23쪽하에 인용된 于仲文에 대한 "蜀中語"도 그가 益州 근처 安固의 지방관일 때의 일로서(『北史』 卷23, 本傳, 851~852쪽 참조) 지역 주민의 여론이라고 해도 좋을 것이다.

147) 『續世說』, 22쪽하~23쪽상의 "百姓謠"는 山陰令으로 유명했던 이들에 대한 논평이고, 23쪽상~하에도 貝州의 여러 官人들을 褒貶한 "時語"가 나온다. 그리고 『續世說』, 25쪽상 또한 離任하는 官人을 전임 名官들과 비교한 "耆老"들의 이야기를 전한다.

148) 『續世說』의 25쪽하 馬總(摠), 26쪽상 賈敦頤 형제, 27쪽상 劉審交의 일화.

149) 『續世說』은 "磚瓦"를 품고 나쁜 地方官을 혼내려 하거나(24쪽하), 新任 地方官의 부임 길을 막고 前任者의 善政을 이어갈 것을 약속받는(26쪽하) "百姓"들의 이야기를 상술하고 있다.

朝時代와 달라진 宋代의 상황, 곧 一般民들이 '政事'의 평가자로서 등장하고 또 이러한 현상을 적극적으로 수용하는 士人의 모습을 잘 보여주기 때문이다. 이것은 백성의 호평을 근거로 내세워 官人으로서의 지위를 스스로 정당화하는 士人의 출현을 시사하는 것이라고 해도 좋을 것이다.

4) 「文學」篇의 일화

士人은 물론 官人과 엄연히 구분되며, 앞서 인용하였듯이 일찍부터 "學習道藝者"나 "學而居位"로 설명되어 왔던 이들은 "學"이라는 士人 특유의 존재기반을 갖는다. 이런 측면에서 볼 때 중요한 것이 孔門四科의 마지막 항목인 '文學'이다. 전술하였듯이 시대에 따라 그 뜻이 변한다고 해도, 이것은 분명히 오늘날의 '문학'보다는 훨씬 더 폭넓은 "學"의 의미를 담고 있기 때문이다. 『世說新語』와 『續世說』도 예외가 아니니, 華北과 江南의 "學問" 풍조 비교[150]나 "抄書"하며 공부하는 "習"·"性"의 이야기[151]를 「文學」편에 수록해 두었다. 그러므로 이 두 책에서 '文學'으로 분류된 일화들을 통하여 '政事'와는 일정한 거리를 둔[152] 士人의 또 다른 모습을 살펴볼 수가 있다.

실제로 여기에 실린 일화들의 내용은 매우 다양한데, 中國의 전통적인 目錄學을 원용하여 이를 분석해봄 직하다. 經·史·子·集이란 도서의 분류법은 각각 儒家의 經典을 위주로 한 經學, 역사·지리·법제 등과 관련된 史學, 諸子百家 이래 다양한 사상·術數를 두루 포괄하는 子學과 詩·文 등의 문학이란 학문 분야와 깊이 연관되어 있기 때문이

150) 『世說新語』, 216쪽 25조.

151) 『續世說』, 27쪽하의 王筠의 일화.

152) 『續世說』, 29쪽상에는 "丈夫擁書萬卷, 何假南面百城"이라는 北魏의 處士 李謐의 말이 나오는데, 이것은 '文學'과 '政事'의 명확한 대비라는 점에서 흥미롭다.

다.[153] 물론 南北朝時代까지 이러한 四部의 구분이 확립되지 않았으며, 그 이후 시기에도 세부 내용에 변화가 적지 않다.[154] 佛教의 경우 그 대표적인 예로서, 이를 四部에서 독립시킨 『隋書』, 「經籍志」로부터 子部 안에 釋家라는 類目을 넣은 『四庫全書總目』에 이르기까지 숱한 우여곡절이 있었던 것이다.[155] 그리고 魏晉 이래 유행한 玄學 · 清談과 같이 이러한 분류가 애매한 경우 또한 확실히 존재한다.[156] 따라서 이 둘은 별

---

153) 高路明, 『古籍目錄與中國古代學術研究』, 南京: 江蘇古籍出版社, 1997, 229~304쪽은 이에 관하여 잘 개관하고 있다.

154) 四部의 기원은 魏의 鄭黙과 晉의 荀勗이 도서를 甲 · 乙 · 丙 · 丁으로 나눈 데서 찾을 수 있으나, 梁代 阮孝緒의 『七錄』 등에서 보듯이 漢代의 『七略』을 계승한 상이한 방식의 目錄도 그 이후까지 여전히 유행하였다. 따라서 經 · 史 · 子 · 集이란 도서 · 학술의 분류가 확립된 것은 唐初에 나온 『隋書』, 「經籍志」부터이고, 清代 『四庫全書總目』까지 기본적으로 이와 유사한 형태의 目錄書가 계속 이어진다. 하지만 천 년이 넘는 그 사이에 학술의 전개 · 발전과 더불어 새로운 類目이 생겨나는 등 세세한 면에서는 많은 변화가 발견된다. 余嘉錫, 『目錄學發微』(『余嘉錫說文獻學』, 上海古籍出版社, 2001 所收), 79~124쪽 ; 程千帆 등, 『校讎廣義 目錄編』, 濟南: 齊魯書社, 1998 2판, 125~156쪽 참조.

155) 『四庫全書總目』 卷145, 釋家類의 序, 1236쪽중.

156) 老莊思想을 기반으로 하여 "自然"과 "名教"의 會通을 도모한 玄學은 "本末", "有無" 등의 철학적 문제에 대한 토론을 위주로 하는 魏晉 시기 특유의 학문으로서(湯一介, 『郭象與魏晉玄學』(增訂本), 北京大學出版社, 2000, 13쪽 전후) 漢末의 清談思想을 맹아로 한 이른바 "正始之音"으로부터 『列子』에 주를 단 東晉의 張湛에 이르기까지 다기롭게 발전한다(許杭生 외, 『魏晉玄學史』, 西安: 陝西師範大學出版社, 1989). 그러므로 玄學은 대체로 子學의 하나로 취급하여도 좋을 듯하지만, 이를 획일적으로 단언하기는 어렵다. 주지하듯이 三玄에는 『老子』 · 『莊子』만이 아니라 『易』도 들어가며, 玄學은 기본적으로 儒 · 道의 調和를 꾀하는 경향이 있기 때문이다. 실제로 "玄"이란 명칭이 든 책을 子部만이 아니라 經部에도 넣었던 『隋書』, 「經籍志」의 경우 『周易玄品』(卷32, 911쪽과 卷34, 1084쪽) · 『遊玄桂林』(卷32, 938쪽과 卷34, 1003쪽)을 두 部에 중복하여 서술하는 착오를 범하였으니, 이것은 바로 이러한 구분의 난점을 단적으로 보여주는 사실이다. 그리고 『世說新語』에서 "玄論에 정통" 하였다고 전하며 자주 清談의 주체로도 등장하는(卷4, 「文學」, 240쪽의 60조와 243쪽의 65조 등) 殷仲堪의 저작을 보면, 子部 雜家類에 들어간 『論集』(『隋書』 卷24, 「經籍3」, 1009쪽) 이외에도 經部의 『毛詩雜義』(『隋書』 卷32, 917쪽) · 『常用字訓』(『隋書』 卷32, 943쪽), 子部의 『殷荊州要方』(『隋書』 卷34, 1042쪽)과 集部의 『晉荊州刺史殷仲堪集』(『隋書』 卷35, 1069쪽) · 『雜集』(『隋書』 卷35, 1089쪽) · 『策集』(『隋書』 卷35, 1089쪽) 등 여러 분야에 걸치고 있다. 사실 清談으로 유명했던 名士들의 文集은 당연히 『隋書』, 「經籍志」의 集部, 別集類

개의 항목으로 처리하더라도,[157] 士人들이 인식한 '文學'의 의미를 밝히기 위한 방법으로 이처럼 전근대 학술의 특성을 고려한 범주의 설정은 유용해 보인다.

〈표 5〉「文學」편 일화의 내용[158]

	經學 유관 (비율)	史學 유관 (비율)	子學 유관 (비율)	玄學·淸談類 (비율)	佛教 (비율)	문학[集] 유관 (비율)	기타 (비율)
『世說新語』 (총 104조)	8조 (7.7%)	1조 (1.0%)	13조 (12.5%)	29조 (27.9%)	12조 (11.5%)	35조 (33.7%)	6조 (5.8%)
『續世說』 (총 35조)	4조 (11.4%)	없음	없음	없음	없음	26조 (74.3%)	5조 (14.3%)

위의 〈표 5〉는 바로 이와 같은 방식으로 『世說新語』와 『續世說』의 「文學」편에 실린 일화들을 구분한 것이다.[159] 여기에서 우선 주목되는 사실은 양자의 실질적인 분류 항목 수의 확연한 차이이다. 예를 들어 전자에서 상당한 비중을 차지하던 玄學이나 淸談과 관련된 고사가 후자에서는 전혀 없는 것이다. 이것은 물론 玄學과 淸談이 魏晉南北朝 특유의 학문이기 때문이라고도 할 수 있다. 그러나 『續世說』의 「文學」편에 실린 고사 중 반 가까이가 南北朝 시대의 것이라면,[160] 이러한 항목에 해당하는 일화의 부재는 이에 대한 宋代人의 홀시와 무관하지 않아 보인다. 즉 당시 士人들의 의식 속에서 玄學·淸談은 '文學'의 범주에서 제외되었다고도 생각되는 것이다.

에서 다수 발견되는데, 그렇다고 해서 이들의 言動을 集部 곧 문학과 관련된 것으로 분류할 수는 없는 것이다. 〈표 5〉에서 玄學·淸談 관련 내용을 四部와 점선으로 구분한 까닭은 바로 이 때문이다.

157) 玄學·淸談의 성격을 가진 일화라도 분명히 『易』, 『老子』·『莊子』, 佛經·佛教의 내용을 위주로 할 경우 각각 經學, 子學과 佛教로 분류하였다. 이와 같은 구분은 솔직히 애매한 부분이 있으나, 이로 인해 본고의 결론이 심각한 영향을 받을 정도는 아닐 듯하다.

이러한 입장에서 볼 때, 『世說新語』에 반영된 '文學'의 개념은 淸談·玄學을 비롯하여 史學·子學·佛敎까지 두루 포괄하는 것이었음에 반해, 『續世說』의 경우 그 범위가 현격히 축소되었다고 해도 좋을 듯하다. 실제로 『續世說』의 찬자는 柳璨의 열전을 채록하면서 "牋奏"에 뛰어났다는 이야기만 옮기고 역사에 관한 지식과 저작에 관한 기록은 무시해 버렸는데,[161] 이것은 그의 '文學'觀에서 史學이 간과되고 있음을 잘 보여준다. 이로 인해 〈표 5〉에서 보듯이 『續世說』에서의 '文學'은 사실상 經學과 문학 관련 내용으로 양분되며, 특히 이 중에서도 74%를 넘는 후

---

158) 〈표 5의 해당 일화〉

	經	史	子	淸談·玄學類	佛敎	集	기타
『世說新語』(총 104조)	제1, 2, 3, 4, 29, 52, 56, 61조	제80조	제7, 10, 11, 13, 15, 16, 17, 24, 32, 36, 55, 62, 63조	제5, 6, 9, 12, 14, 19, 20, 21, 22, 26, 28, 31, 33, 34, 38, 39, 41, 42, 46, 47, 48, 49, 51, 53, 57, 58, 60, 65, 74조	제23, 30, 35, 37, 40, 43, 44, 45, 50, 54, 59, 64조	제66, 67, 68, 69, 71, 72, 75, 76, 77, 78, 79, 81, 82, 83, 84, 85, 86, 87, 88, 89, 90, 91, 92, 93, 94, 95, 96, 97, 98, 99, 100, 101, 102, 103, 104조	제8, 18, 25, 27, 70, 73조
『續世說』(총 35조)	제7, 11, 14, 15조	없음	없음	없음	없음	제1, 2, 3, 4, 6, 8, 9, 10, 13, 16, 17, 18, 20, 21, 22, 23, 24, 25, 27, 29, 30, 31, 32, 33, 34, 35조	제5, 12, 19, 26, 28조

159) 두 책에는 학문이나 학자에 대한 일반론 혹은 四部의 두 가지 이상의 분야를 함께 언급한 일화가 있고, 이것들은 '기타'로 분류하였다.

160) 『續世說』, 「文學」편의 제1조부터 제15조까지는 劉宋부터 北魏까지의 고사이며, 이것은 총 35조의 일화 중 42.9%에 해당한다.

161) 『續世說』, 30쪽상에서 柳璨이 "爲左拾遺, 公卿朝野, 託爲牋奏, 時譽日洽, 以其博奧, 目爲'柳篋子'"라고 하였는데, 이것이 근거한 듯한 『舊唐書』 卷179의 柳璨傳에는 이 이야기 바로 앞에 "(柳璨)尤精『漢史』, 魯國顔蕘深重之. 蕘爲中書舍人, 判史館, 引爲直學士. 璨以劉子玄所撰『史通』譏駁經史過當, 璨紀子玄之失, 別爲十卷, 號『柳氏釋史』, 學者伏其優贍."(4669~4670쪽)하였다는 말이 있다.

자의 비중은 가히 압도적이다. 이것은 문학에 집중된 士人의 관심이 經學에 대한 기록마저 은연중에 누락시킨 결과이기도 하다.[162] 일찍이 『論語或問』에서 보았던 바 "詞章"과 文學을 동일시하는 당시의 세태를 경계한 程子의 말은 바로 이러한 宋代의 분위기에 대한 개탄이라고 하겠다.

물론 『世說新語』 역시 「文學」편에서 가장 다수를 차지하고 있는 것은 문학과 연관된 일화이므로 이러한 '文學'觀은 일면 南北朝의 士人에게도 공통되는 것처럼 여겨진다. 그러나 이 책에서 이러한 고사의 수록 비율은 『續世說』의 반도 되지 않는 34%에 불과하므로 결코 양자를 동일시할 수가 없다. 뿐만 아니라 두 책의 문학 관련 일화에서 그 중심이 된 문학 작품의 형식을 보면,[163] 다음의 〈표 6〉과 같이 상이하다.

〈표 6〉 「文學」편 '集(문학)' 관련 일화에서 중심 작품의 형식[164]

	詩 (비율)	賦 (비율)	公文 (비율)	誄 (비율)	論 (비율)	傳 (비율)	(碑)頌 (비율)	贊 (비율)	韻書 (비율)	기타
『世說新語』 (총 35조)	7조 (20.0%)	10조 (28.6%)	6조 (17.1%)	3조 (8.6%)	2조 (5.7%)	1조 (2.9%)	1조 (2.9%)	1조 (2.9%)	없음	4조 (11.4%)
『續世說』 (총 26조)	8조 (30.8%)	1조 (3.8%)	8조 (30.8%)	없음	없음	없음	2조 (7.7%)	없음	1조 (3.8%)	6조 (23.1%)

즉 賦를 위시하여 9가지 형식을 거론하고 있는 『世說新語』에 비하여, 『續世說』의 경우 새로 추가된 韻書를 포함하고서도 단지 다섯 가지에

162) 王方慶의 徐堅에 대한 칭송은 『舊唐書』 卷102, 本傳, 3175쪽에서 『三禮』와 "文章" 두 분야에 걸쳐 있는데, 『續世說』, 29쪽하에 채록된 것은 단지 "文章" 관련 내용뿐이고 禮學문제는 배제되었다.

163) 여기에서 '기타'로 분류한 것은 "文(章)" 등과 같이 특별한 형식을 파악하기 힘들거나 단지 "文才"만을 칭송한 일화이다. 그러나 이러한 일반론과 함께 특정 형식의 작품이 거론된 경우, 일화의 중심은 이 작품에 있는 것으로 보았다.

그쳐 그 다양성이 현저히 축소되는 것이다. 唐代까지 융성했던 賦를 중심으로 한 일화 수가 두드러지게 감소한 사실에서 잘 드러나듯이, 이것은 당시 시대상의 반영이라고 생각된다. 다시 말하면, 『續世說』의 문학 관련 일화에서 詩와 公文이 거의 대부분을 차지하는 까닭은 宋代 士人의 學問的 관심이 文詞 위주의 문학, 그것도 科擧에서 시험한 作詩와 官人으로서의 실무와 연관된 公文書 작성 능력으로 집중되어 갔기 때문이라고 여겨지는 것이다.

지금까지 『世說新語』와 『續世說』에서 孔門四科의 각 항목으로 분류된 일화들을 유형화시켜 분석해 본 결과, 앞서 살펴본 바와 같이 『論語』의 주석서 등에 표현된 士人들의 인식 변화 추이를 확인할 수가 있었다. 『世說新語』에 비해 『續世說』의 '德行'에서 현격히 높아지는 官人 덕목의 비율이 四科를 仕宦의 조건처럼 설명한 邢昺의 『論語注疏』와 상통함은 그 좋은 예이다. 그러나 士人과 官人의 연관성이 이처럼 커진다고 해서, 이것을 곧바로 官人이라는 지위를 매개로 士人이 皇權에 예속되는 과정으로 해석할 수는 없다. 直諫을 중시한 『續世說』에 실린 士人들의 '言語'는 『世說新語』와 달리 황제와 대립한 경우가 많고, 그 안에서

164) 〈표 6의 해당 일화〉

	詩	賦	公文	誄	論	傳	(碑)頌	贊	韻書	기타
『世說新語』	제66, 71, 72, 76, 85, 88, 101조	제68, 75, 77, 79, 81, 86, 90 92, 97, 98조	제67, 87, 95, 96, 102, 104조	제 78, 82, 102조	제83, 91조	제 94조	제69조	제 100조	없음	제84, 87, 93, 99조
『續世說』	제1, 2, 4, 6, 10, 16, 33, 35조	제3조	제17, 18, 20, 21, 22, 29, 30, 34조	없음	없음	없음	제31, 32조	없음	제 8조	제9, 13, 23, 24, 25, 27조

군주에 대한 士人의 상대적인 독자성이 뚜렷이 부각되어 있기 때문이다. 실제로 『續世說』의 '政事'에 나오는 이야기에서도 황제가 아니라 官人이 주도권을 쥐고 있으며, 더욱이 이러한 官人의 활동이 民間의 輿論 나아가 百姓들의 물리적 示威로까지 옹호된 사실이 특기되고 있다. 이것은 官人의 존재가 군주에게만 의존하지 않음을 자각한 士人 의식의 발로라고 하겠다. 그리고 士人 고유의 學問的 기반으로서의 '文學'도 설령 科擧에서 중시된 문학적 소양으로 좁혀진다고 해도, 이것 역시 개인의 문학적 능력이란 점에서 확실히 皇權과는 일정한 거리를 두고 있다. 이상과 같이 南北朝時代로부터 宋代에 이르기까지 士人들은 외면적으로 官人과의 공유면을 넓혀 갔지만, 내면적으로는 자신들 나름의 독자적 기반을 오히려 강화해 가고 있었던 것이다.

맺음말

본고는 전근대 中國의 士人을 사회적 지위나 신분과 같은 외재적인 조건만으로 설명하는 데 한계를 느끼고, 그 내면세계로 들어가 이들 스스로 士人으로 주장할 수 있었던 근거가 무엇이었는지를 알아보려 하였다. 이를 위하여 『論語』에서 孔丘의 뛰어난 제자들의 才德, 곧 孔門四科로 지목된 德行·言語·政事·文學이 儒家的 士人들에게 중시된 사실에 착목하고, 南北朝時代부터 宋代까지의 여러 문헌들에 나오는 이 네 항목에 대한 인식을 다각도로 검토하였다. 그 결과 얻어진 결론은 다음과 같다.

孔門四科는 漢代 이래 官人 선발의 기준이나 공식 교육의 지표로 이용되었고, 士人들 역시 이것을 자신들의 중요한 美德으로 간주하였다. 德行·言語·政事·文學은 皇帝支配體制나 科擧制度의 출현과 같은 사회적 변화 속에서도 士人의 중요한 조건처럼 사회적으로 인식되어 갔던 것이다. 그러나 이 네 가지 才德의 의미와 그 중요성에 대한 士人들의 인식은 개인이나 시기에 따라 차이가 드러난다. 정치적 격변기에 政事가 또 進士科의 정착과정에서 文學이 원래 『論語』에서의 차례보다 앞세워진 것이 그 단적인 예로서, 士人들의 自意識 속에 자리잡은 四科는 시대에 따라 변화하면서 분명한 歷史性을 갖는다고 생각된다.

劉宋代의 『世說新語』와 北宋代의 『續世說』은 德行·言語·政事·文學으로 분류된 士人들의 풍부한 일화를 싣고 있고, 이것의 분석은 두 시기 士人들의 孔門四科에 대한 인식의 異同을 잘 보여준다. 즉 德行에서 官人의 비중이 커지고, 言語 역시 官人의 직무와 연관된 내용이 많아지는 변화를 보이는 것이다. 그리고 政事의 경우 官人의 활동이 자주 거론됨은 당연하겠지만, 文學과 관련하여 公文에 대한 언급이 늘어나는 추세도 마찬가지 맥락에서 생각해도 좋을 듯하다. 이러한 현상은 宋代의 士人들이 南北朝時代에 비하여 官人으로서의 성격이 강해졌기 때문이라고 여겨진다.

그러나 이와 같은 士人의 外在的 조건을 곧바로 '황제에게 예속된 官人'으로서의 士人으로 확대 해석하는 것은 신중을 요한다. 『續世說』의 「政事」에 수록된 士人들은 주로 地方官으로서 황제보다 오히려 백성들에게 가까이 존재한다. 따라서 이들에게 民心의 향배는 물론 백성들의 물리적인 시위까지 중시되기도 하였다. 이들의 '言語' 또한 황제와 자주 대립하며 특히 칭송된 것은 황제의 잘못을 깨닫게 하는 直諫이었다. 이것은 宋代 士人들의 내면세계 안에서 民間의 여론이나 논리·명분에 입각하여 자신들의 존재를 정당화할 수 있는 독자적 근거가 의식되고 있음을 시사한다. 이러한 측면에서 볼 때, 士人 특유의 존재기반으로서의 學問, 곧 孔門四科의 文學을 점차 문학 위주로 바꾸는 데 일조한 進士科도 皇權 주도의 官人 선발제도로만 단순화하기 어려울지 모르겠다. 사실 문학적 소양이란 황제와는 본질적으로 무관한 士人의 개인적 능력이고, 이를 시험한 科擧制度 또한 이들에게 단지 그 公認 장치에 불과할 수도 있기 때문이다. 따라서 士人과 官人의 넓어진 공유면이 일방적으로 士人의 皇權에 대한 종속성을 뜻한다고 단언하기는 어려우니, 적어도 이들의 自意識과 관련하여서는 더욱 그러하다.

머리말에서 밝혔듯이, 본고는 士人의 성격에 대한 결론을 서두르지 않는다. 이것은 어디까지나 孔門四科에 대한 인식이라는 주제를, 그것도 한정된 시점에서 고찰한 것일 뿐이다. 하지만 魏晉南北朝時代에 비하여 宋代의 士人들이 官人과의 상관성이 커졌다고 해도, 이것이 곧 이들이 그만큼 의식적으로 皇權에 종속되었던 때문이 아니었다는 사실만은 분명히 해두고 싶다. 물론 이러한 잠정적인 결론 역시 좀 더 폭넓은 범위에서의 검토를 요하겠지만, 적어도 士人들의 인식 속에서 황제에 대한 상대적인 자율성이 약화되기는커녕 오히려 강화되었을 가능성도 부정하기 어려운 것이다. 그러므로 필자는 앞으로 이와 같은 시각에서 中國의 前近代 士人의 성격에 대한 연구를 계속해보고자 한다.

(『東洋史學硏究』 88, 2004에 실린 글을 일부 수정게재)

대도금령(帶刀禁令)과 근세 신분질서의 특질

具兌勳

구태훈

성균관대학교 사학과 교수

저서로 『일본역사탐구』(태학사, 2002), 『遊藝文化と傳統』(공저, 吉川弘文館, 2003), 『새로운 질서를 향한 제국질서의 해체』(공저, 청어람미디어, 2004), 『일본 무사도』(태학사, 2005), 『전통사회의 사회질서와 경제발전－17~19세기 일본과 중국』(공저, 선인, 2007), 『일본고대, 중세사－역사의 여명에서 성숙한 전통사회로』(재팬리서치21, 2008), 『일본근세, 근현대사－전통사회에서 세계 속의 일본으로』(재팬리서치21, 2008) 등이 있으며 논문으로는 「帶刀禁令と近世身分秩序の特質」(1989), 「德川幕府의 '가부키 風俗' 規制」(1992), 「德川時代 초기의 天道思想과 道理觀念」(1999), 「'士'와 '農工商' 사이의 인간존재－직역의 관점에서 살펴본 신분의 주변」(2004) 등이 있다.

대도금령(帶刀禁令)과 근세 신분질서의 특질

머리말

근년 일본 근세사 연구 동향은 문제를 보는 관점에 따라 둘로 나뉜다.

하나는 소위 사회사의 시각이다. 지금까지 주목되지 않았던 역사의 그림자 부분에 조명을 맞추려고 하는 경향이 최근 주목되고 있다. 1986년에는 지배·피지배 관계에서의 의례·습속·질서 등을 소재로 근세사회의 특질을 구체적으로 밝히려고 하는 동향이 나타났다.[1)] 그리고 이 점은 1987년 이후의 근세사 연구, 특히 일련의 사회사 연구에 의해 보다 구체화되었다고 할 수 있겠다.[2)] 1987년 사회사 연구의 성과로서 주목되

---

1) 예를 들어 渡邊浩, 「『御威光』と象徵」, 『思想』 740 ; 久留島浩, 「盛砂·蒔砂飾り手桶·箒」, 『史學雜誌』 95-8 등이다.

2) 예를 들어 吉田伸之, 「近世の身分意識と職分観念」, 『社會觀と世界像－日本の社會史 第7巻』, 東京: 岩波書店, 1987 ; 高埜利彦, 「幕藩體制における家職と權威」, 『權威と支配－日本の社會史 第3巻』, 東京: 岩波書店, 1987 등이다. 吉田는 江戸의 髮結과 鳶을 소재로 신분과 직분의 특질을 고찰하고 있다. 高埜는 '士農工商'이라는 주류와는 다른 그룹에 속하는 집단의 '家職'과 그것을 지탱하는 권위의 문

는 것은 인간의 일상생활과 밀접한 관련을 갖는 의식주 문제에 연구의 초점을 맞추어, 그것과 신분질서의 상호관련이라는 문제를 종합적으로 다루려고 한 점이다.[3] 특히 주거의 사회적 측면을 고찰하려는 연구의 등장은[4] 근세사 연구에 새로운 시각을 제시한 것으로 중요한 의미를 갖는 것이라고 할 수 있겠다.

또 하나는 오늘날까지 통설로서 인식되지만 반드시 실증된 사실이라고 할 수 없는 부분에 초점을 맞춘 업적이다. 근년 후지키 히사시(藤木久志)의 『豊臣平和令と戰國社會』는 이러한 동향을 대표하는 것으로 '구상'에서 '추상'을 비추려고 하는 것이었다.

그런데 의복 및 주택과 함께 일상의 장에서 근세 시대 사람들의 몸 가장 가까이 있던 '물건' 중 하나가 도검일 것이다. 특히 무사는 일상적으로 대도(帶刀)하고 있었다. 대도는 무사의 특권이었고, 그 때문에 신분질서의 상징으로 기능하고 있었다. 근세사회에서 대도가 무엇이었는가는 메이지2년의 폐도론(廢刀論)을 둘러싼 논쟁에 잘 나타난다. 폐도불가론의 현실적 이유 중 하나로 "대도를 폐지하면 사상(士商)을 식별하기 어렵다."라는 의견이[5] 제시되고 있는 점은 주목할 만하다.

사회사의 시각을 염두에 두면서 근세사회 대도 질서에 초점을 맞추면, 그것은 무엇보다도 중요한 근세사 연구 과제임이 명백해진다. 피지배층의 대도가 법령에 의해 금지된 것은 근세가 되어 점차 성립한 현상이었다. 그 때문에 대도를 둘러싼 정치가 근세사회의 특질론에서 차지하는 비중은 크다고 할 수 있겠다.

그러나 지금까지 근세사 연구는 조닌(町人) · 햐쿠쇼(百姓=농민)에

제에 초점을 맞추어, 근세사회의 특질을 밝히려고 하였다. 어느 쪽도 종래 그다지 관심을 끌지 않았던 요소를 소재로 하고 있다.

3) 朝尾直弘也, 『生活感覺と社會－日本の社會史 第8卷』, 東京: 岩波書店, 1987.

4) 玉井哲雄, 「近世における住居と社會」, 『生活感覺と社會－日本の社會史 第8卷』, 東京: 岩波書店, 1987.

5) 松下芳男, 『徵兵令制定史』, 東京: 五月書房, 1981, 335쪽.

대한 대도 금지의 의도나 역사적 의의를 논하면서도, 그 성립 과정에 대하여 본격적으로 다룬 연구는 없다. 근년 후지키 히사시가 도요토미 히데요시(豊臣秀吉)의 도수령(刀狩令)을 고찰하면서, 이러한 관점에서 근세사회에서의 대도금령에 대하여 검토하고 있는[6] 것이 유일한 성과라고 할 수 있겠다. 그러나 후지키의 연구는 그 시각의 참신함은 평가할 수 있어도, 도요토미 정권에서 도쿠가와(德川) 정권 초기까지의 시기에 한정되어 근세 전반에 걸치는 대도금령의 연구라고는 할 수 없다.

사회사의 문제 관심과 후지키의 실증적 연구 방법에 의거하여, 근세 조닌 · 햐쿠쇼 대도금령의 전개과정을 고찰함과 동시에 대도 금지는 어떠한 기조에 따라 시행되었는가, 대도금령을 지탱하는 논리는 무엇이었는가를 실증적으로 밝히는 것을 본고의 과제로 삼고자 한다.

1. 대도금령의 성립

교호(享保)5년(1720) 6월, 로주(老中)인 도다(戸田) 야마시로노카미(山城守: 이하 야마시로)로부터 마치부교(町奉行) 나카야마(中山) 이즈모노카미(出雲守), 오오카(大岡) 에치젠노카미(越前守) 두 명에게 조닌의 대도 건에 관한 다음의 자문이 이루어졌다. 같은 달 20일부로,

> 조닌들이 와키자시(脇差: 짧은 칼)를 차는데, 어떤 모양의 것을 차는지 정해진 규정이 있는 것인가? 아니면 아무런 차별도 없이 마음대로 차게 되었는가? 오늘 밤 중으로 보고할 수 있으면 오늘 밤, 알기 어렵다면 내일까지 에도(江戸) 성으로 지참할 것, 이상.[7]

---

6) 藤木久志, 『豊臣平和令と戰國社會』, 東京大學出版會, 1985.
7) 『日本財政經濟史料』 第7卷, 749쪽.

이라는 공문이 하달되었다. 가능하면 오늘 밤 늦어도 내일까지 보고하도록 명령하였음은 그 자문의 긴급성을 엿보게 하는 것으로서 주목된다. 이 에도 막부(江戶幕府)의 자문은 다시 에도 마치부교를 경유하여 마치토시요리(町年寄) 다루야 후지에몬(樽屋藤右衛門)에게 전해졌는데, 그는 "옛 기록을 고찰하고 옛 격식을 참고하여" 답신서를 제출하였다. 그 내용은 다음과 같다.

조닌이 와키자시를 차는 것은, 어떤 모양의 것을 차는지 정해진 규정은 없습니다. 예부터 어떤 차별도 없이 마음대로 찼습니다. 그렇지만 신분이 낮은 자는 낮 동안에는 일반적으로 차지 않았고, 밤에 외출할 때 차는 경우가 있었던 것입니다.

一 짧은 칼의 길이는 76년 이전 쇼호(正保) 2년 7월에 1척(尺) 8촌(寸)보다 긴 것은 차지 말라는 명령이 있었습니다. 하지만 그렇게 전해내려 왔을 뿐 문서는 남아있지 않습니다. 길이에 대해서는 조닌들도 지금 그대로 알고 있습니다.

一 오래 전부터 일반 조닌은 가타나(刀)를 차지 않았습니다. 하지만 여행 · 화재 · 혼례 · 장례 시에는 가타나를 찼다고 전해지고 있습니다. 53년 이전 간분(寬文) 8년 3월에 조닌이 가타나를 차는 것이 금지됨에 따라서, 그 이후는 차지 않았습니다. 그렇지만 여행이나 화재는 각별한 사유에 해당하므로, 가타나를 차는 것이 허용되었습니다.

一 위와 같은 해 같은 달에 봉록을 받는 조닌은 가타나를 차는 것이 허용되었습니다. 단 승려 복장을 한 자는 찰 수 없었고, 봉공인(奉公人)으로 채용한 와카토(若黨) 역시 칼을 찰 수 없도록 하라는 명령이 있었습니다.

一 마치토시요리들과 도시 지도자[總町人]는 가타나 금지령 이후에도 계속 찼는데, 와카토는 다시 그렇게 하지 말라는 명령이 있었습니다.

一 마치토시요리와 도시 지도자는 가타나 금지령 이후에도 가타나를 찼고, 또 와카토도 항시 차게 하였는데, 38년 이전 덴나(天和)

3년 2월, 봉록을 받는 조닌과 마치토시요리도 가타나를 차는 것이 금지되었습니다. 지금도 그대로입니다. 이상 교호 5년 6월 24일

나카야마 이즈모노카미

오오카 에치젠노카미[8)]

이것에 따르면, 조닌이 가타나(刀)를 차는 것을 최초로 금지한 것은 간분(寛文)8년(1668)에 발령된 것이다. 같은 해 3월 15일부의 '覺'에,[9)]

조닌이 가타나를 차고 에도 시내를 배회하는 것, 이윽고 엄하게 금지한다. 단 면허가 있는 자는 예외로 한다.

라고 한 것이 그것인데, 앞의 답신서에 따르면 '면허가 있는 자'란 주로 봉록을 받는 후치닌(扶持人)을 가리킨다. 후치닌이란 어용상인이다.[10)]

그런데 이 마치부레(町觸)의 내용에서도 엿볼 수 있듯이, 간분8년의 조닌 대도금령은 에도의 일상적 질서와 치안 확립을 목적으로 발령된

8) 『日本財政經濟史料』 第7卷, 750쪽.

9) 『正寶事錄』 第1卷 435號, 日本學術振興會.

10) 막부는 "가타나가 허용되는 조닌"을 구체적으로 다음과 같이 지정하고 있다(『德川禁令考』 第3202號).

〈刀御免被成候町人共之事〉

吳服所七人, 金銀座七人, 本阿彌七人, 狩野九人, 大久保主水 · 伊勢屋作兵衛 · 岩井與右衛門 · 丸田喜右衛門 · 辻彌兵衛 · 伊阿彌角之丞 · 土屋右衛門 · 台屋九郎左衛門 · 大佛師左京 · 木屋孫助.

이것을 보면 '免許之輩'란 쇼군가(將軍家)의 어용상인임을 알 수 있다. 여기에서 말하는 吳服所七人이란 吳服師이고, 茶屋 · 龜屋 · 三嶋 · 上柳 · 後藤의 여러 상인을 가리키고 있는 것이다. 金銀座七人이란 金座의 後藤, 銀座의 大黑屋 등의 여러 직인을 가리키고 있다. 本阿彌家 · 狩野家에 대해서는 부연할 필요도 없을 것이다. 그 밖에 菓子師(大久保主水) · 酒屋(伊勢屋作兵衛) · 具足師(岩井與左衛門—『德川禁令考』에는 '與右衛門'이라고 하는데, '左衛門'의 오식이라고 생각된다) · 鞢師(丸田喜右衛門) · 鞍打目利(辻彌兵衛) · 疊大工(伊阿彌角之丞) · 紺屋頭(土屋右衛門) · 台屋(台屋九郎左衛門) · 大佛師(大佛師左京) · 硎師(木屋孫助)의 여러 직인이다. 이들 扶持人은 쇼군의 주종 질서에 편성되어 쇼군이 하사한 저택을 보유하고 있었다(다만 大佛師만은 불분명).

것으로 비일상의 장에서의 대도 관행까지 통제하려고 한 것은 아니었다. 같은 달 22일부의 '覺'에,11)

> 조닌이 여행을 떠날 때 또는 화재가 났을 때는 각별한 경우에 해당하므로, 그때는 가타나를 차는 것을 허용한다.

라고 한 사실에서도 분명하다. 즉 조닌의 '여행' 또는 '화재' 때는 '각별'히 대도가 인정되고 있다. '여행'은 일상의 장에서의 이탈, 즉 비일상의 장으로의 '외출'을 의미하였다. '화재'도 일상적 질서가 파괴되는 비일상의 장이라고 할 수 있다. 앞의 답신서에 "오래 전부터 일반 조닌은 가타나(刀)를 차지 않았습니다. 하지만 여행·화재·혼례·장례 시에는 가타나를 찼다고 전해지고 있습니다."라고 하는 것을 보면, 근세사회 초기에는 이미 일반 조닌의 일상의 장에서 대도 관행이 사라졌음에도 불구하고, 역시 비일상의 장에서는 대도 관행이 끈질기게 지켜지고 있었음을 알 수 있다. 대도의 필요성은 혼례 등 공동체 내부 의례의 장에서보다도 여행 등의 비상시에 더욱 절실하였다. 그때에는 자위를 위한 무장이 필요하였기 때문이다. 막부가 의례의 장에서 조닌의 대도 관행은 부정하면서도 '여행'·'화재' 때의 대도는 '각별'히 인정하지 않으면 안 되었던 배경에는, 비일상의 장에서는 자위의 수단인 대도를 불가결한 것으로서 중시하는 사회관념이 있었을 것이다. 무기로서의 도검의 사회적 의미를 잘 엿볼 수 있다.12)

---

11) 『正寶事錄』 第1卷, 440號.

12) 자위의 수단=무기로서의 帶刀라는 의미를 강조하는 필자의 견해는 藤木久志의 견해와 서로 대립한다. 藤木는 "'江戸市中' 밖으로의 '여행' 때 帶刀라는 것도, 밤중의 외출·화재·혼례·장례 때에 帶刀한다는 관행도 단순히 몸을 지키기 위한 의례적 장식이라고만 해석해서는 안 될 것이다."라고 하고, "본래적인 帶刀의 사회적인 의미"는 신분표식이라고 한다. 물론 근세 중기 이후에는 帶刀가 주로 신분표식으로서 기능하였음은 말할 것도 없다. 그러나 신분표식으로서의 帶刀의 기능을 '본래적'이라고 해도 좋을까? 그것은 근세사회의 전개과정에서 점차 형성된

같은 해 5월 4일에는 "사루가쿠(猿樂) 등·고취수(鼓吹手)·교겐시(狂言師)까지 칼을 차는 일이 금지되었다."[13] 그러나 봉록을 받는 사루가쿠·교겐시 등의 대도는 계속 허락되었다.

간분 8년의 대도 금지는 도요토미 히데요시의 칼사냥[刀狩り]과는 달리 지속성을 가지고 시행되었다. 같은 해 7월 16일부의 '覺'에,[14]

> 오는 21일부터 가타나 단속에 나설 것이니, 면허를 받은 자 이외의 자는 위반하지 않도록 서로 전파하도록 해야 할 것이다.

라고 하고, 다음 해 12월 3일부의 '覺' 5개조의 제1조에,[15]

> 조닌 등 면허를 받지 못한 자는 가타나를 차서는 안 된다. 근일 단속하여 위반한 자가 있으면 체포할 것이다.

라고 하였다. 도검의 단속은 처음에는 지속성을 가지고 추진되면서도 단속 기간을 정하는 등 그 시행은 극히 온화하였다. 그러나 단속은 점차 강화되었다. 간분11년(1671) 4월 14일부의 '覺'에,[16]

> 면허가 없는 조닌이 가타나를 찬다면, 단속하는 무사들의 눈에 보이는 즉시 체포할 것이니, 반드시 전파해야 함.

이라고 하였다. 단속 강화는 대도금령의 시행이 얼마나 곤란하였던가를 엿보게 한다. 그 배경에는 대도 관행이 있었다. 대도 관행이 끈질기게

현상이고, "본래적인 帶刀의 사회적 의미"는 자위의 수단=무기성에서 구하지 않으면 안 될 것이다.

13) 『德川實紀』 第5篇, 16쪽.

14) 『正寶事錄』 第1卷, 442號.

15) 『正寶事錄』 第1卷, 459號.

16) 『正寶事錄』 第1卷, 482號.

남아있을수록 규제는 더욱 강화되는 것이다.

이상에서는 대도금령이 간분8년 성립한 이래, 지속적이고 철저하게 시행되었음을 검토하였다. 대도금령은 덴나3년(1683)에 이르러 확립된다.

덴나3년 2월 17일에 '覺'[17] 5개조가 하달되었는데 그 제2조에,

> 조닌, 마이마이(舞舞), 사루가쿠는 설령 봉록을 받는 자라고 하여도 향후에는 가타나를 차지 말 것.

이라고 하였다. 간분8년의 법령에서는 조닌 · 사루가쿠 · 교겐시 등 무사 내지 무가 봉공인이 아닌 존재의 대도는 부정되면서도 쇼군(將軍)이나 다이묘로부터 봉록을 받는 후치닌은 신분을 뛰어넘어 대도가 허락되고 있었다. 그러나 덴나3년에 이르러 후치닌도 대도가 금지되게 되었다. 또 이어서 같은 달 20일의 마치부레에,[18]

> 화재 시에 또는 여행을 떠날 때, 조닌이 가타나를 차던 것을 일체 금지할 것.

이라고 한 것도 주목할 만하다. 앞서 막부가 조닌의 '화재' · '여행' 때의 대도 관행을 부정할 수 없었던 배경에는 자위 수단으로서의 대도라는 사회관념이 있었음을 서술하였는데, 그러한 사회관념에 의해 지탱되고 있었던 비일상의 장에서의 조닌 대도 관행은 이때에 이르러 '일체 금지할 것'이 된 것이다. 즉 덴나3년의 법령이 하달됨으로써 체제의 논리인 신분정책으로서의 대도금령이 자위의 논리인 전통적인 조닌의 대도 관행을 완전히 부정하였음을 의미한다. 덴나3년은 근세사회에서 도검의 역할이 전환된 획기적인 해였다.

---

17) 『正寶事錄』 第1卷, 655號.
18) 『正寶事錄』 第1卷, 658號.

또 덴나3년의 대도금령은 에도시를 뛰어넘어 다이묘령(大名領)에까지 전해졌다. 특히 에도 막부 최대 다이묘인 가가(加賀)의 마에다가(前田家)가 앞의 2월 17일의 에도 마치부레를 자신의 영지에 송달하고 있음은 주목할 만하다.[19] 신분법령으로서 대도금령이 여러 다이묘령에 관철되었음은 『德川實紀』 같은 해 12월 30일조에,[20]

> 이 달에 영(令)이 내려진 것은 여러 다이묘의 가신에게도 (중략) 서민은 고토(後藤), 혼아미(本阿彌) 등이라고 하더라도 칼을 차는 일이 허용되지 않으니, 다른 지역[邊鄙]까지도 엄히 금지해야 한다. 불이 났을 때라 하더라도 서민의 무리는 칼을 차지 말 것이다. 사루가쿠 등이 칼을 갖고 싸운다는 말이 곧잘 들리는데 조심해야 할 것이다. (후략)

라고 한 사실에서도 엿볼 수 있다. 이 금령은 분명히 여러 다이묘 가문을 대상으로 하고 있다. 특히 서민은 유력한 상인인 고토(後藤) 가문, 쇼군의 측근 예능인인 혼아미(本阿彌) 등이라고 하더라도 칼을 차는 일이 허용되지 않으니 다른 지역까지도 엄히 금지해야 한다고 하는 부분은, 에도의 서민은 물론이고 다이묘령 서민의 대도도 있을 수 없는 일임을 알 수 있다. 즉 막부의 법은 당연히 각 다이묘령에 관철되어야 하는 쇼군의 법이라는 논리로 해석해도 좋을 것이다.[21]

이상 조닌의 대도금령의 확립과정에 대해서 고찰해 보았다. 다음은 햐쿠쇼에 대한 대도 통제는 어떠하였던가를 검토하면서 근세 대도금령의 성립배경을 고찰해 보고자 한다.

---

19) 藤木久志, 앞의 책, 207쪽.

20) 『德川實紀』 第5篇, 503쪽.

21) 여기에서 '邊鄙'를 '지방'이라고 해석해서는 안 될 것이다. 江戶에 대한 대립개념으로 大名領을 가리키고 있다고 해석해야 할 것이다. 내용이 전부 '서민의 무리'에 한정되어 있는 것도 주목할 필요가 있을 것이다.

이미 후지키 히사시는 근세 조닌·햐쿠쇼 대도 금지에 대한 통설에 의문을 제기하고, 그것을 실증적으로 밝히려고 시도한 적이 있다.[22] 그 의의는 평가해야 할 것이지만, 간분8년 대도금령의 성격에 대한 그의 견해에는 곧바로 승복할 수 없다.

후지키는 엔포(延寶)5년(1677) 10월, 기슈(紀州) 도쿠가와가가 낸 35개조의 농촌법 중 "신분이 높은 쇼야(庄屋) 이외에는 농민이 가타나를 차는 것은 금지한다. 단, 무사의 혈통을 잇는 자로 이제까지 찼던 자는 상관이 없다. 한마디로 농민에 걸맞지 않은 모양을 하지 말 것"이라고 하는 조항을 예로, 그 내용이 신분법령의 성격을 가지고 있고 발령의 시기가 간분8년의 조닌 대도금령부터 9년 후에 해당하므로 간분8년의 조닌 대도금령이 농촌에도 동시에 시행되었다고 서술하고 있다.[23] 그럴 가능성이 있었음은 부정할 수 없지만, 그것이 바로 햐쿠쇼 대도금령의 성립 근거라고는 할 수 없을 것이다.

앞에서 서술했듯이 간분8년의 대도금령은 "조닌이 가타나를 차고 에도 시내를 배회하는 것, 이윽고 엄하게 금지한다."는 내용에서도 엿볼 수 있듯이 그것은 에도의 조닌을 대상으로 한 금령이었다. 그것은 적어도 덴나3년까지는 일관된 방침이었음은 앞서 거론한 『德川實紀』 같은 해 12월 30일조의 내용에서도 분명하다.[24]

에도는 다양하고 방대한 사람들과 그것을 지탱하는 사회집단이 하나의 도시공간을 공유하고 있었고, 그 때문에 온갖 문제가 발생하였다. 그것은 17세기 중기인 메이레키(明曆)·간분기에 일제히 드러나는데, 그 중에서 도시 '대도인(帶刀人)'의 증가문제는[25] 도시 치안의 문제와 직접

22) 藤木久志, 앞의 책, 208쪽 이하.

23) 위의 책, 210쪽.

24) 주 21 참고.

25) 1630년대 이후 무가 봉공인의 존재 형태는 후다이(譜代)에서 年期 奉公人으로 대체되어 간다. 年期 奉公人은 봉공 계약이 끝나면 다음 계약이 성립하기까지 무사 실업자인 로닌(牢人)과 함께 방대한 실업자층을 형성하고, 帶刀하면서 도시에 거주

관계되는 문제이기 때문에 막부는 적극적으로 대응하지 않을 수 없었던 것이다. 요컨대 간분8년의 대도금령은 근세 도시의 여러 문제에 대한 막부의 대응이라는 성격을 가지는 법령이었다. 이러한 시각에서 간분8년의 대도금령은 '햐쿠쇼 · 조닌의 구별 없이' 적용되어야 할 법령이라는 해석은 역시 신중하지 않으면 안 될 것이다. 결국 지금의 단계에서는 햐쿠쇼 대도금령의 성립은 미상이라고 할 수밖에 없다.[26)]

2. 대도금령의 전개

대도금령은 간분8년 발령 이래 막부의 일관된 정책으로 지속적이고 철저하게 그 시행이 강화되었다. 18세기에 들어서면서 대도금령이 관철되었는데, 그 실대는 법에 반하는 것이 있었다. 겐로쿠(元祿)15년(1702) 4월, 교토(京都) 마치부레(町觸)에는,[27)]

> 구치부레(口觸)
>
> 조닌 · 농민 등이 가타나(刀)를 차는 것의 금지에 대하여 먼저 부교(奉行)가 철저하게 단속하고, 서면으로 여러 번 주지시켰지만, 요즈음 잘 지켜지지 않는다고 한다. 더구나 시정의 일을 같이 맡아보

하고 있었던 것이다. 寬文期가 되면 무가 봉공인의 年期 奉公人化 현상이 일반화하는데, 이 단계가 되어 牢人을 포함하는 '帶刀人'의 점검 필요성이 점차 요구되었을 것이다.

26) 그러나 햐쿠쇼의 帶刀 현상이 사회문제로 나타나면, 幕藩 권력은 町人 帶刀 금령의 기조에 따라서 대응하였을 것이다. 元錄5年 2월의 京都 町觸에 鄕士 이외 햐쿠쇼의 帶刀 금지에 관한 내용이 확인된다(『京都町觸集成』 第1卷, 5號). 이 법령은 町奉行가 낸 '町觸'이라는 법령의 성격에서 보면, 여기에서 대상이 되는 '百姓'이란 京都 町奉行 지배지역의 존재임은 분명하다. 때문에 이것을 '지방'에서의 帶刀 금령 관철의 근거라고 할 수는 없다. 그러나 帶刀 금령의 시야에 햐쿠쇼가 들어가게 되었음은 확실할 것이다.

27) 『京都町觸集成』 第1卷, 319號.

> 는 신분이 낮은 봉공인과 신사의 일을 담당하는 자가 잘못 알고 멋대로 가타나를 차는 경우도 있는 듯이 여겨지는 바, 이윽고 엄히 단속하여 세들어 사는 자들까지 빠짐없이 구역별로 조사하여, 이전에 명령했던 바와 같이 반드시 지키도록 할 것이다. 특히 수상한 자가 있다면 보고하여 지시를 받도록 할 것이며, 만약에 위반한 자가 있다면 그곳의 도시요리(年寄) · 고닌구미(五人組)까지 위법이 되는 바, 교토 전 지역에 확실히 알려야 할 것이다.

라고 기록되어 있다. 대도 질서가 막부의 의도대로 확립되지 않았음을 알 수 있다. 대도 질서의 이완 현상은 도시만이 아니라 농촌에서도 같았다.『公事方御定書』에 기록되어 있는 교호6년(1721) 윤7월의 '覺'에는,[28)]

> 농민의 자식과 친척 중에 신분이 낮은 무가 봉공인으로 일하고, 후에 살던 곳으로 돌아와서도 그대로 가타나를 차는 자들이 있다는 말이 들린다. 지금 이후로 이와 같은 무리들이 마을로 돌아와 산다면, 전에 주인으로부터 얼마간의 도움을 받는다고 해도 가타나를 차는 것을 금지하도록 해야 할 것이다. 만약 이와 같은 일을 게을리 할 경우에는 마을의 책임자도 법을 어긴 것이 되는 것이다.

라고 기록되어 있다. 일본 근세의 무가 봉공인이 주로 농촌에서 보충되었음은 주지하는 대로인데, 무가의 구성원으로 일하는 기간에만 대도가 허락되었던 '농민의 아들들'이 농촌으로 돌아가서도 '그대로 가타나(刀)를 차는 자들'이 적지 않았다. 대도문제는 도시뿐만 아니라 농촌에서도 현실문제가 되었던 것이고, 막부는 이러한 현상에 대응하지 않을 수 없었다. 앞에 서술한 교호5년 6월 로주(老中)인 도다(戸田) 야마시로노카미(山城守)의 조닌 대도 연혁에 대한 긴급 자문도 이러한 맥락에서 이해할 수 있는 것은 아닐까? 이 점을 더욱 분명히 하기 위해서 다음은 교호

28)『德川禁令考』別卷, 35號.

개혁과의 관련을 염두에 두면서 교호 개혁기 대도 통제의 실태를 구체적으로 검토해 보기로 하겠다.

막부가 대도 질서를 확립하고, 도시와 농촌에 있는 도검 내지 '대도인'을 파악하려고 하였음은 교호2년(1717) 2월 3일의 교토 마치부레에 "조사 기간에 가타나·와키자시를 도시의 기록장에 각 집마다 조사하여"[29]라고 기록한 사실에서도 엿볼 수 있다. 본격적인 정책은 다음의 교호6년(1721) 10월의 '대도 조사(帶刀御改)'를 출발점으로 하고 있다. 교토 마치부레에,[30]

> 귀족 가문, 무가 가문의 가신, 또 향사(鄕侍－농촌에 거주하는 무사)로서 가타나를 차는 자나 평시에는 농민인데 그곳의 신사(神社)의 일을 담당하거나 또는 공무를 볼 때 가타나를 차는 자 등은 이번에 단속하여 각 마을별로 서면으로 작성하여 그 마을의 쇼야(庄屋)가 혼자 자침하여 보고할 것.
>
> 덧붙임. 위 대도자(帶刀者)가 향후 증감이 있으면 반드시 보고할 것.
>
> 一 사원·신사에 속하여 대도하는 가신, 전부터 서면으로 보고하였다고 하더라도 다시 또 이번에 증감을 조사하여 서면으로 보고할 것.
>
> 위와 같이 서면으로 확인하여 오는 11월 15일까지 히고노카미(肥後守) 관청에 지참하도록 야마시로쿠니(山城國)의 각 지역, 교토 전역의 사원·신사에 전달해야 할 것이다.
>
> 10월

라고 하였듯이 대도 조사는 '대도인'의 파악에 그 목적이 있었다. 그러나 앞에 서술하였듯이 교호의 대도 조사를 교호 개혁의 과제 중 하나였다는 점에 착목하여 그 내용을 구체적으로 검토하면, 그것은 농촌의 대도

29) 『京都町觸集成』 第1卷, 846號.
30) 『京都町觸集成』 第1卷, 1196號.

존재 형태를 크게 바꾼 획기적인 조사였음을 알 수 있다.

겐분(元文)3년(1737)에 작성된 야마시로 젠조지무라(禪定寺村)의 시모시 코에몬(下司幸右衛門)을 간닌(願人)으로 하는 쇼야·도시요리 연서의 부교 앞 '口上書'에는[31] "교호6년 11월, 대도를 단속할 때 마을의 향사(鄕士) 신분인 자들은 신사(神事)를 담당할 때만 대도가 허용되었다." 고 한다. "대도를 단속할 때"란 같은 해 10월에 나온 대도 조사에 다름 아닐 것이다. 시행 시기가 '11월'이라고 되어 있는 것은 같은 해 10월에 나온 대도 조사가 이 마을에서는 11월에 시행되었음을 전하는 것이다. 여기에서 주목해야 하는 것은 대도 조사에 따라 '향사 신분인 자들'의 대도 권리가 더욱 제한되고, '신사의 일을 담당할 때만' 대도가 허용되었다는 사실이다.

교호6년의 대도 조사 이전에는 향사의 대도 권리가 제한되었던 적이 없었다. 겐로쿠5년(1692) 2월의 교토 마치부레 '覺'[32] 10개조의 제3조에,

> 향사(鄕士)로서 전부터 가타나를 차던 자, 그 유서가 확실하다면 그 이유를 보고하고 가타나를 차도록 할 것. 농민은 멋대로 가타나를 차서는 안 된다.

라고 하였고, 또 같은 시기에 하달된 다른 마치부레에도,[33]

> 향사로서 선조 때부터 가타나를 차던 자는 그 유서를 제출하고, 허락을 받아서 가타나를 차도록 할 것.

이라고 한 사실에서도 분명하듯이 향사의 대도에 대해서는 '대도인'의 파악 때문에 '그 이유를 보고하는 것'을 전제로 하고 있었지만, 향사는

---

31) 藤木久志, 앞의 책, 213쪽.
32) 『京都町觸集成』 第1卷, 4號.
33) 『京都町觸集成』 第1卷, 6號.

대도 금지 대상에서 제외되었던 존재였다. 그러나 교호6년의 '대도 조사'는 사정이 달랐다. '神事' 이외 향사의 대도는 전면적으로 부인되었던 것이다. 교호 대도 조사의 목적이 단순히 '대도인'의 파악에만 그 목적이 있었던 것이 아니었음은 이것으로 분명해졌다. 이렇게 되면 막부는 무엇 때문에 향사의 '神事' 때의 대도 관행을 부정할 수 없었는지가 문제가 되지만, 여기에서는 교호 대도 조사의 또 하나의 목표에 대해서 검토를 진행하자.

교호16년 6월, 교토 인근 지역을 대상으로 다음과 같은 금령이 하달되었다.

> 城刕葛野郡 관내 촌락의 향사 야기 요이치자에몬(八木與一左衛門)이 부교쇼(奉行所)에 청원하여 대도를 하였던 바, 요이치자에몬의 아들 모토에몬(元右衛門)이 무단으로 대도를 하였다. 대체로 향사는 부교쇼에 청원하여 그 한 사람이 대도를 하는 것이 허용되고, 상속한 아들은 다시 청원하여 대도를 하는 것이 허용되는 것이다. 그런데 위의 모토에몬의 경우는 무단으로 대도를 한 바 괘씸한 고로 가타나를 거두도록 한다. 그 밖에도 향사 신분인 자가 잘못 생각하여 아들에게 대도를 하게 한 자도 있다고 한다. 만약 이러한 자들이 있다면 그곳에 위와 같은 뜻을 널리 알려야 할 것이다.
>
> 6월[34]

향사의 대도에 대해서는 이미 교호6년의 대도 조사 때 '神事' 이외에는 부인되었으므로, 여기에서 문제가 되었던 것은 '神事' 때의 대도라는 것은 말할 것도 없을 것인데, 여기에서 필자가 주목하고자 하는 것은 이 금령이 하달된 배경이다. 이 금령은 야기 모토에몬의 가타나를 거둔 이유를 향사들에게 주지시킬 목적으로 하달된 것이고, 그 배경에는 대도 권리의 해석을 둘러싼 전통과 체제의 논리에 대립이 있었던 것이다.

---

34) 『京都町觸集成』 第2卷, 444號.

봉건사회의 논리에서 보면 신분은 개인 차원의 문제가 아니라 가문 차원의 문제였다. 즉 신분은 가문의 사회적 지위이다. 그 때문에 가문의 구성원은 그 신분을 공유할 수 있는 것이고, 또 신분은 특권으로서 상속할 수 있는 것이었다. 근세사회에서 대도는 신분적 특권이었다. 그렇다면 향사 등 대도가 허락되었던 가문의 구성원은 대도권의 공유가 가능하고, 특히 가문의 상속자인 아들에게 대도를 하게 하는 것은 당연한 일일 것이다. 실제 교호의 대도 조사 이전에는 '由緒' 있는 향사의 경우 관행에 따라 "이전부터 가타나를 차 왔던" 것이다.[35] 앞의 모토에몬도 향사 가문 출신이고, 그 때문에 관행대로 대도하였을 것이다. 그러나 에도 막부는 그것을 '무단으로 대도를 한 것이 괘씸한 고로' 칼을 차는 권리를 박탈한 것이다. 체제의 논리에서 보면 "대체로 향사는 부교쇼에 청원하여 그 한 사람이 대도를 하는 것이 허용"되어야 할 것이었기 때문이다. 이 논리라면 신분은 공유 · 상속되더라도 대도의 권리는 공유 · 상속되지 않는 것이 된다. 만약 가문의 구성원이 대도의 권리를 확보하려고 한다면, 관청에 청원하여 대도의 권리를 허가받지 않으면 안 되었다. 요컨대 대도는 신분의 논리에 따라 공유 · 상속되는 것이 아니라 체제가 면허하는 것이었던 것이다.

대도권의 장악이 막부의 일관된 정책이었음은 다음의 간엔(寬延)3년(1750) 11월에 교토 인근 지역에 하달된 금령에서도[36] 엿볼 수 있다.

> 모든 로닌(牢人) 및 의원으로 대도하고 세들어 사는 자는 여러 사원 및 사장(師匠) · 동학(同學)으로 하여금 부교쇼에 청원하여 면허를 받고 있다. 그런데 동거하는 친척 또는 농촌에서 올라온 지인들에게도 멋대로 대도를 하게 한다고 들었는데, 이 또한 괘씸한 일이다. 본인 이외에는 엄히 대도를 하지 말 것이다. 동거하는 친척은 물론 아

---

35) 『京都町觸集成』 第1卷, 4號.

36) 『京都町觸集成』 第3卷, 993號.

들 등에게 대도를 하게 하고 싶다면, 그 뜻을 청원하도록 할 것이다. 향후도 위와 같은 사례가 있으면 주인 · 도시요리(年寄) · 고닌구미(五人組)가 정성껏 단속하여 대도를 하지 말도록 할 것이다. 이후 문란하게 된다면 앞의 예와 같이 반드시 위법으로 다스릴 것이다.

대도를 '한 사람에 한하여' 면허한다는 원칙은 도시에 거주하는 '대도인'이었던 로닌(牢人) · 유의(儒醫) 등에도 적용되었다. 도시에서 대도 통제는 무사 실업자인 로닌 대책 때문에 '대도인'의 파악에 정책의 중점이 두어져 있었지만, 그것은 권력의 대도권 장악을 전제로 하고 있었던 것이다.

3. 대도금령을 지탱하는 논리

鄕士 · 牢人 · 儒醫 · 神人 · 武家 奉公人 등은 신분적으로는 서민에 속하면서도 특별히 대도가 허락된 계층이었다. 즉 서민 '대도인'이었던 것이다. 그러나 '대도인'도 경우에 따라서는 대도가 허락되지 않게 되었다. 어떠한 경우에 그렇게 되었던 것일까? 이 문제는 '대도인'에 대한 대도 금지가 어떠한 기조 내지 논리에 따라 지탱되고 있었던 것인가를 검토함으로써 밝혀지게 될 것이다. 이때 사료는 주로 겐로쿠5년(1692) 2월의 교토(京都) 마치부레(町觸) '覺' 10개조[37](이하 마치부레라고 한다)와 거의 같은 시기에 나온 별개의 교토 마치부레 10개조[38](이하 별개의 마치부레라고 한다)이다.

마치부레의 제5조, 제6조에,

---

37) 『京都町觸集成』 第1卷, 4號.
38) 『京都町觸集成』 第1卷, 6號.

一 사인(社人)·신인(神人)으로 평소에는 조닌(町人)으로서 장사를 하는 자가 있다. 그들은 신사(神社)의 공무를 수행할 때 이외에는 가타나를 차서는 안 된다.
一 유자(儒者)·의원 중에도 조닌으로 장사를 하는 자가 있다. 가타나를 차서는 안 된다.

라고 하였다. 사인·신인·유의는 로닌·향사와는 성격이 다른 존재였으나 본래 대도가 허락된 계층이었다. 그러나 그들이 '조닌으로서 장사를 하게' 되면 대도는 금지되었던 것이다. 이 원칙은 무가 봉공인에게도 적용되었다. 마치부레의 제7조에,

봉공인이라고 하는 자들 중에도 장사를 하는 자가 있다. 이 또한 가타나를 차서는 안 된다.

라고 하였고, 또 별개의 마치부레에,

주인이 보고한 자들 중에 장사를 하는 자가 있다. 이 또한 가타나를 차서는 안 된다.

라고 한 사실에서도 분명하다. 요컨대 대도가 허락되었던 존재라도 장사를 하면 대도 금지라는 원칙이 일관된 기조였음을 알 수 있다.

그런데 '장사를 한다'는 것은 순수한 매매행위를 의미하였던 것일까? 이 점을 밝히기 위해서는 다음 마치부레의 '추가'를 살펴보지 않으면 안 된다.

섭가(攝家)·친왕(親王)·문적(門跡)이 있는 사원의 비구니·교토 궁궐·공가(公家)들의 봉공인이라고 하며, 조닌의 생업(町職)에 종사하는 자가 있다. 가타나를 차서는 안 된다.

이것은 사사(寺社) 쪽, 공가(公家) 쪽의 봉공인에 대한 대도 금지의 원칙에 대한 것인데, 여기에서 '町職'이라는 단어에 주목할 필요가 있을 것이다. 앞서 서술에서는 '조닌으로 장사를 하는' 자의 대도를 금지한다고 하였고, 여기에서는 '조닌의 생업에 종사하는' 자는 '가타나를 차서는 안 된다'고 되어 있다. 이상의 두 가지 표기는 금령의 대상 · 성격 등으로 보아 동일한 의미라고 해석해도 좋을 것이다. 즉 '장사를 하는' 일은 순수한 의미의 매매행위를 하는 일만을 가리켰던 것이 아니라 상행위를 포함하여 조닌의 직분에 종사하는 일, 결국 '조닌의 생업에 종사하는' 일을 의미하였던 것이다.

막부의 대도 금지 원칙을 명확히 보여주고 있는 것은 에도 막부 제5대 쇼군 도쿠가와 쓰나요시(德川綱吉)의 사고방식이다. 즉, 『德川實紀』 덴나(天和)3년 12월 30일조에,[39]

> 이 달에 令이 내려진 것은 (중략) 사루가쿠(猿樂)의 **기예(技藝)를 직업**으로 하는 자는 칼을 차서는 안 된다. 다이묘에 속한 화공(畵工)은 설령 무사 신분이라고 하여도 그 재주로써 봉공한다면 이 또한 같아야 할 것이다. (강조는 필자)

라고 기록된 사실이 그것이다. 덴나3년이라고 하면 신분법령으로서 대도금령이 확립되었던 시점으로서 주목한 적이 있는데, 이 시점에서 막부는 이미 기 · 예의 '職'에 종사하는 자는 비록 신분이 무사라고 하여도 대도를 금지한다는 원칙을 정하고 있었던 것이다. 그것은 기 · 예의 '職'은 '町職'과 함께 무사가 종사할 만한 '職'이 아니라는 사고방식에 기초하는 것임은 말할 것도 없을 것이다.

요컨대 대도가 허락되었던 존재도 기 · 예의 '職', '町職' 등 '대도인'이 종사해서는 마땅하지 않은 '職'—그것은 조닌 등이 마땅히 종사해야 하

---

39) 『德川實紀』 第5篇, 503쪽.

는 '職'에 다름 아닌 것이지만—에 종사한다면 대도는 금지되었던 것이다.

이상 주로 도시의 '대도인'의 경우를 검토하였는데, 다음으로 농촌의 '대도인', 즉 향사의 경우를 검토해 보겠다. 앞 절에서 교호 대도 조사의 의의에 대해서 서술하였는데, 여기에서 문제 삼고자 하는 것은 18세기 전기에 향사는 무엇 때문에, 어떠한 기조에 따라 대도가 금지되게 되었는가라는 것이다.

교호6년 11월의 '山科鄕村村御家人鄕士名前帳'의[40] 내용 중에는,

> 이번에 향사의 대도를 단속하여 올립니다. 특히 신사(神事)·축의(祝義) 등에 이런 이름을 가진 자가 대도를 하고 있었습니다. **항상 대도를 하였으나, 농민인 바 그럴 수 없습니다.** (강조는 필자)

라고 하는 대목이 있는데, 강조한 부분에 주목해 보자. 교호 대도 조사의 결과 향사는 '神事·祝義' 등 이외에는 대도 금지가 되었는데, 그 이유는 농민이었기 때문이다. 즉 향사의 대도 금지 배경에는 향사는 대도가 허락되었던 존재이기는 하지만, 일상적으로 햐쿠쇼의 '職'에 종사하는 존재인 이상 일상적 대도는 부인되어야 한다는 인식이 있었던 것이다.

주지하듯이 '由緖' 있는 향사는 그 출자를 보면 일반적으로는 병농분리정책에 의해 소영주의 입장에서, 즉 무사 신분이 될 수 있는 가능성을 가진 지위에서 강제로 농민 신분으로 고정되어 가는 과정에서 촌락의 지도자가 된 경우가 많다. 막번(幕藩) 권력은 그들 향사층을 주종의 질서 속에 편성하고 의제적이기는 하지만 무사 신분으로 대우하였다. 따라서 촌락의 지도자인 향사는, 특히 막번제(幕藩制) 초기에, 자신들이 무사의 직무를 수행하고 있다고 인식하고 있었던 것이다. 즉 신분적으로 농민이라는 의식보다 무사=지배자라는 의식이 강했던 것이다. 그러

---

40) 藤木久志, 앞의 책, 214쪽.

나 소농 자립의 동향 속에서 촌락 지배자에 의한 가부장적 지배 질서가 해체되자, 향사는 지배자로서의 권위를 포기하지 않을 수 없었다. 그들은 그 대신에 권위의 원천을 무사적 출자와 가계보에서 구함으로써 촌락사회에서 지위의 우위성을 주장하게 되었다. 이때 향사층의 권위를 현실적으로 지탱하고 있었던 것은 대도의 특권이었고, 향사의 존립을 이론적으로 지탱하고 있었던 것은 17세기 후기에 대두하기 시작했던 무사토착론이었다. 그러나 무사토착론은 결국 부정되었다. 무사토착론은 자주적이고 자립적인 '士'를 이상적 모델로 하는 것이었다. 이것은 주군에 대한 절대적인 복종을 덕으로 하는 일본의 전통적 주종 질서와 상반되는 것이었을 뿐만 아니라, 도시와 농촌에 존재하는 무기의 통제를 강화하던 막부의 정책과도 대립하는 것이었다. 무사토착론은 제5대 쇼군 쓰나요시의 화승총 단속에 따라 최종적으로 부인되었지만,[41] 이 시점에서 어느 '職'에 종사하는 가를 신분질서의 기준으로 하는 신분질서정책의 기조가 성립된 것은 상징적이다. 이러한 신분질서정책의 기조는 교호의 대도 조사 시기에 일관된 원칙으로 향사에게 적용되었다고 해야 할 것이다. 요컨대 덴나의 대도금령 확립 이후 조닌의 '職', 햐쿠쇼의 '職'에 종사하면 대도는 금지라는 대원칙이 성립하고, 전국적으로 관철되었다고 보아도 좋을 것이다.

이상 소위 '대도인'에 대한 대도 금지의 원칙과 논리에 대해서 검토해 보았다. 다음은 신분적으로 대도가 허락되지 않았던 존재, 즉 조닌 · 햐쿠쇼는 어떠한 원칙과 논리로 경우에 따라서 대도가 허락되게 되었는가에 대해 검토하도록 하겠다.

마치부레의 추가에,[42]

당상가(堂上家)의 지방 소역인(小役人), 공무가 있을 때만 하행미

---

41) 塚本學,『生類をめぐる政治』(平凡社選書 80), 1983, 54쪽.
42)『京都町觸集成』第1卷, 4號.

(下行米)를 주어 근무하게 하는 자 중에, 평소에 생업에 종사하는 조닌으로 생활하는 자가 있다. 이들은 이전과 같이 공무를 수행할 때만 가타나를 차고, 평소에는 엄히 금지할 것.

이라고 하였다. 이것은 공가 봉공인(公家 奉公人)을 대상으로 하여 하달된 것인데, 여기에서 특히 주목되는 것은 '공무를 수행할 때만' '役'에 종사하는 봉공인은 평상시 대도는 '엄히 금지'되고, '공무를 수행할 때만 가타나를 차는' 일이 허락되고 있는 점이다. 이것은 봉공인의 대도라는 원칙이 어떠한 논리에 의해 지탱되고 있었는가를 강하게 시사하고 있다.

'공무가 있을 때만' 대도를 허락한다는 원칙은 무가의 경우에도 일관되게 적용되고 있었다. 마치부레의 제8조에,[43]

대체로 일용직인 자, 그날만 가타나를 차게 하는 것은 무방하다.

라고 하였는데, 일본 근세 중기 이후 무가의 '威光'을 과시하기 위하여 참근교대(參勤交代)의 행군에 동원시키는 등 일이 있을 때에만 고용되었던 일용직 봉공인도 '그날만'은 대도가 허락되었다. 현실적으로 무위를 장식하기 위해서 도검이 불가결한 '장식'이었으므로, 일용직 봉공인에게도 대도를 허락하지 않으면 안 되었다. 그러나 논리적으로는 무가의 '役'에 종사했기 때문에 그 기간만은 대도가 허락되었다고 해석해야 할 것이다.

지토(地頭)가 관리로 임명하였던 자도 '役'에 종사할 때에 한하여 대도가 허락되었다. 별개의 마치부레 제6조에,[44]

지토가 일을 분부하여, 그 영지의 농민이 가타나를 차는 것은 보

---

43) 『京都町觸集成』 第1卷, 4號.
44) 『京都町觸集成』 第1卷, 6號.

고하지 않아도 무방하다. 하지만 사사로이 가타나를 차는 것은 금지할 것.

덧붙임, 위 농민 중에 년초, 팔삭(八朔), 5절구(節句), 축일 등에 가타나를 차는 것은 사사로운 일이므로 금지할 것.

라고 하였다. '지토가 일을 분부하였을' 때, 즉 '役'에 종사할 때에는 '보고하지 않아도' 대도가 허락되었지만, '役'에 종사할 때 이외의 대도는 '사사로운 일'로 금지되고 있었던 것이다.

조닌 · 햐쿠쇼의 대도 허가 기준이 무엇인가를 시사하고 있는 것은 다음의 내용이다. 즉 같은 마치부레 제10조에,[45]

지토가 쇼야(庄屋) 등으로 임명한 농민, 주인이 있다고 하여 평소에 가타나를 차는 자가 있다. 향후에는 금지할 것.

이라고 하였다. '주인이 있다'는 이유만으로는 대도가 허락되지 않았음을 알 수 있다. 이것은 조닌 · 햐쿠쇼의 대도 허가 기준은 '主人'이 있는가가 아니라 '役'에 종사하는가였음을 시사하고 있다고 이해해야 할 것이다.

여기에서 무가나 공가의 '役'에 종사하는 일을 '公役'이라고 부르기로 하자. '公役' 외에도 '神役'이 있었다. 별개의 마치부레 제4조 · 제5조에,[46]

一 농민으로 그 마을의 신사(神事)가 있을 때, 전례에 따라서 가타나를 차는 자는 무방하다. 그렇다고 해도 멋대로 가타나를 차서는 안 된다.

一 위 시미즈(淸水)의 신인(神人) 중에 평소에 장사를 하거나 농민 신분인 자도 있다. 그들은 신역(神役)을 담당할 때만 가타나를 차고,

---

45) 『京都町觸集成』 第1卷, 6號.

46) 『京都町觸集成』 第1卷, 6號.

> 사사로이 가타나를 차서는 안 된다. 당연히 다른 신사(神社)도 동격이어야 함.

이라고 하였고, 또 마치부레의 제10조에,[47)]

> 법회나 제례 때, 이전부터 출근하는 자 이외에는 가타나를 차고 멋대로 외출해서는 안 된다.

라고 하였듯이, 조닌 · 햐쿠쇼도 '신사(神事)가 있을 때' · '법회나 제례 때'에 '이전부터 출근하는 자'에게는 대도가 허락되었음을 알 수 있다. 그것은 신사 · 법사 · 제례는 '神役', 즉 사사(寺社)의 '役'으로 그 때문에 그 '役'에 종사하는 자에 대해서는 그때에 한하여 대도가 허락되었던 것이다.

요컨대 신분적으로 대도가 금지되었던 조닌 · 햐쿠쇼도 무가, 공가, 신사의 '役'에 종사하면 대도가 허락되었던 것이다.

맺음말

이상 근세사회의 대도금령의 성립과 그 전개 과정을 밝히면서 대도질서정책의 기조와 그것을 지탱하는 논리에 대하여 검토해 보았는데, 이를 정리하면 다음과 같다.

대도금령이 서민 신분 규제의 일환으로서 처음 하달된 것은 간분8년(1668)이다. 그러나 이 금령은 서민도 비상시에는 관행대로 대도가 인정되는 등 예외 규정이 많은 법령이었다. 그 의미에서 보면 이 단계에서는 대도가 무사의 신분 표식이었다고는 할 수 없다.

대도를 신분질서의 기준으로 삼으려는 정책 의도를 분명히 한 것은 덴

---

47) 『京都町觸集成』 第1卷, 4號.

나3년(1683)의 대도금령이었다. '서민은 고토(後藤) · 혼아미(本阿彌)라고 하더라도 가타나(刀)를 차는 일을 허락하지 않는'다는 쓰나요시(綱吉)의 사고방식에서도 분명하듯이 모든 예외 규정이 배제되었다. 특히 주목해야 하는 것은 비상시 서민의 대도 관행이 부정되었던 사실이다. 그것은 대도가 무기에서 신분 표식으로 의미가 전환된 것으로, 그 역사적 의의가 크다.

대도금령은 17세기 후기 겐로쿠 시대에 더욱 정비되고, 그 시행도 강화되었다. 그러나 금령의 강화가 관철을 의미하는 것은 아니다. 도리어 그 시행이 얼마나 곤란하였는가를 의미하는 것이다. 실제 대도금령을 둘러싼 막번(幕藩) 권력과 서민, 특히 서민 중 '대도인'의 대립은 긴장관계를 형성하면서 전개되었다. '대도인' 중에서도 향사(鄕士)는 대도 권리의 해석을 둘러싸고 막번 권력과 근본부터 대립하고 있었다. 그 대립이 뿌리깊으면 깊을수록 위로부터의 강력한 시책이 불가피하였고, 교호의 대도 조사는 이러한 긴장관계의 필연적 결과였다. 막번 권력은 그 과정에서 대도권을 장악함과 동시에 향사의 일상적 대도를 부정하였다. 그것은 농촌의 대도 존재 형태를 크게 바꾸는 획기적인 것이었다.

'대도인'이라는 단어가 근세적 대도 질서가 확립된 후 법령 용어로 정착된 것도 주목하지 않으면 안 된다. 그것은 대도가 신분 표식의 기준이 되었음을 보여주는 것이다. 이 '대도인'도 경우에 따라서 대도가 금지되었다. 즉 기(技) · 예(藝)의 '職', 조닌의 '職', 농민의 '職' 등 '대도인'이 종사하기에 바람직하지 않은 '職'에 종사하면 '대도인'이라고 하더라도 대도가 금지되었다. 이에 비해서 신분적으로는 대도가 허락되지 않았던 조닌 · 햐쿠쇼도 경우에 따라서는 대도가 허락되었다. 즉 공가(公家), 무가, 사사(寺社)의 '役'에 종사하면 대도가 허락되었다.

요컨대 근세 일본에서 무사 신분과 조닌 · 햐쿠쇼 신분은 겉으로는 신분의 논리에 의해 명확히 한정되면서도, 다른 한편으로 '職'과 '役'의 논리에 의해 서로 개방되어 있었던 것이다. 극히 기능적이라고 할 수 있겠다. 제도의 운용에서 기능성을 중시하는 사고방식은 교호 개혁 시기에 확립되었던 역고제(役高制)의 발상과도 상통하는 것이라고 할 수 있는데, 이러한 기능적 측면은 일본 근대화 문제를 생각할 때 중요한 개념의 하나가 될 것이다.

(『史境』 19, 1989)
(번역 : 정동준)

동아시아 전통사회의 해체

황제권 중심 국민국가체제의 수립과 좌절(1895~1904)

都冕會

도면회

대전대학교 역사문화학과 교수

저서로 『국사의 신화를 넘어서』(공저, 휴머니스트, 2004), 『한국 근대사회와 문화』 Ⅱ(공저, 서울대 출판부, 2005), 『화폐와 경제활동의 이중주』(공저, 두산동아, 2006), 『한국의 식민지근대성』(역서, 삼인, 2006) 등이 있으며 논문으로는 「을사조약은 어떻게 기억되어왔는가?」(2007), 「한국 근대역사학의 창출과 통사체계의 확립」(2008) 등이 있다.

황제권 중심 국민국가체제의 수립과 좌절(1895~1904)

머리말

그간의 한국근대사 연구는 주로 조선 후기 이래 내재적 발전의 성과를 바탕으로 한 '자주적 근대화'의 성공 여부를 논증하는 방법을 취하여 왔다. 이러한 연구 경향은 외세의 침략 의도를 고정변수로 두고 국내 정치권력의 변동을 설명함으로써 국내 사회·정치 세력 간의 갈등 대립 관계를 모두 '사악한 제국주의 침략'과의 관련성 유무로 환원시키는 문제점을 갖는다. 그리하여 외세 의존적 정치세력은 도덕적으로 폄하되고, 반외세적 정치세력은 민족적 인물로 재현되었다. 이러한 연구 상황은 한국사 연구가 여전히 '포폄을 위한 역사'로부터 자유롭지 못하다는 것을 의미한다.

본고는 이러한 연구 상황으로부터 벗어나 당대의 정치사를 국가권력을 장악하기 위한 정치·사회 세력 간의 투쟁과정으로 서술하고자 한다. 이 과정에서 가장 중요한 것은 국가권력의 정점에 있었던 국왕(황제)의 향배라고 할 수 있다. 서유럽과 달리 한국은 장기간 중앙집권적 왕조국가의 지배하에 놓여 있었을 뿐 아니라, 왕권이 위축되었던 세도정치기에도 국왕이 여전히 최고의 국가 권력 기관으로 기능하였기 때문에 국왕을 중심으로 한 정치운영은 강고한 정치문화로 인식되어 왔다.

자본주의 열강의 침략과 국내 인민의 저항이 고양되면서 근대국가의 수립이 절대적인 필요성으로 다가왔을 때, 국가 최고 권력기관인 왕권의 향배는 극히 중요한 문제였다. 기존의 연구에서는 대체로 개화파 계열의 근대국가 수립론이 근대화 과정의 주류였다는 전제하에 국왕을 근대화에 저해되는 존재 또는 근대화 과정에서 부정되어야 할 존재로 치부하여 왔다.[1] 그에 반하여 국왕 주도하의 근대국가 수립이 가능하며, 그것이 현실적으로 유일한 길이었다는 성과도 산출되었다.[2]

이러한 관점의 대립은 국민국가 형성과정에서 국민통합의 상징이나 이데올로기를 필요로 한다고 할 때 왕권을 어떻게 바라볼 것인가의 문제를 둘러싸고 발생한 것이다. 이는 통상 근대 국민국가의 모델로 설정되는 프랑스의 경우에도 나타난다. 혁명이 발발한 1789년부터 제3공화정이 수립되는 1871년까지 100여 년 동안 왕정과 황제정이 반복되었고 또 공화정이 수립된 시점에도 여전히 왕정복고 가능성에 시달렸던 사례에서 보듯이 왕권의 존재는 결코 가볍게 처리될 수 없는 것이었음을 알 수 있다.[3]

---

1) 이러한 경향은 1960년대 중반 이후의 개화파에 대한 연구성과들에서 일반적으로 나타나는데, 이 점은 일본·남한·북한이 대체로 공통적이라고 할 수 있다. 姜在彦, 『朝鮮近代史硏究』, 日本評論社, 1970 ; 신용하, 『독립협회연구』, 일조각, 1975 ; 사회과학원 력사연구소, 『김옥균』, 1964 참조. 이후의 연구들은 대체로 이러한 경향을 따르고 있다고 할 수 있다.

2) 이러한 경향은 출발점은 다르지만, 동일한 민족주의적 입장을 지닌 다음 연구들에서 나타나고 있다. 한국역사연구회 토지제도사연구반, 『대한제국기의 토지조사사업』, 민음사, 1995 ; 이태진, 『고종시대의 재조명』, 태학사, 2000 등.

3) 西川長夫, 「序 日本型國民國家の形成－比較史的觀點から－」, 西川長夫·松宮秀治 編, 『國民國家形成と文化變容』, 新曜社, 1995, 16쪽.

국왕의 존재를 중심으로 한 근대국가 구상은 한국의 경우 1884년 갑신정변기부터 일제강점 직전까지, 더 나아가서 1919년의 3·1운동에 의해 공화정부로서 상해임시정부가 수립되기 직전까지 끊임없이 나타나고 있었다. 어떠한 정치세력도 국왕의 존재를 상정하지 않고 근대 국민국가를 구상할 수 없었으며, 그 구상들 간의 차이는 왕권을 어느 정도까지 설정할 것인가를 둘러싼 것이었다고 할 수 있다.[4]

1. 국민국가체제의 도입과 왕권의 위축

동학농민전쟁과 청일전쟁의 와중에서 실시된 갑오개혁의 주체는 국제정세와 국내 정치세력, 그리고 시기에 따라 변동하고 있었다. 이처럼 개혁주제가 변화하고 있었음에도 불구하고, 이 시기에 주진된 정책은 전체적으로는 '국민국가' 수립이라는 목표를 향한 것으로 정리할 수 있다.

이러한 목표는 1894년 9월 28일 조선주재 일본공사로 부임한 이노우에 카오루(井上馨)가 국왕 고종에게 제의한 20개조 내정개혁안,[5] 이를 정리하여 고종이 12월 12일 종묘에 고한 「홍범 14조」에 집약되어 나타나고 있다. 종래 「홍범 14조」는 일제의 한국보호국화정책을 구체화하려는 입장에서 실시된 것으로 간주되어 왔지만, 이는 일본의 한국보호국화정책뿐만 아니라 개화파의 국민국가 구상을 설명해주는 기본 청사진과 같은 의미를 갖는다. 즉, 「홍범 14조」는 이노우에의 「내정개혁안」과 대동소이하며,[6] 이후 제정 반포된 각종 개혁법령은 모두 이 14개조를 구체

4) 공화제 구상이 부분적으로 제기되었다고는 하나, 헤이그밀사사건으로 고종이 강제 퇴위하고 일본의 한국 지배정책이 노골화된 1907년 후반기 이후 그것도 미주 지역 계몽운동의 영향하에서 본격적으로 논의되었을 뿐, 대체로 전제군주제 또는 입헌군주제 논의가 대부분이었다.

5) 『日本外交文書』 第27卷 2冊 문서번호 482, 「謁見ノ模樣報告ノ件」(一)(二).

6) 양자를 비교해 보면 이노우에의 개혁안 중 여덟 가지가 제외되어 있다. 이들 여

화한 것으로 볼 수 있다. 즉 「홍범 14조」는 일본 메이지유신의 성과를 '모듈'로 하여 한국의 개혁 강령으로 변용시킨 것으로 볼 수 있다.[7)]

「홍범 14조」를 기초로 하여 이루어진 국민국가체제의 구조는 어떠한 것이었던가? 첫째, 대외적 국가주권을 수립하는 것으로, 첫 번째 조항 "청국에 의존하는 관념을 끊고 자주독립의 기초를 확실히 건설한다."는 것이 바로 그것이다. 이러한 방향은 군국기무처 의안 "지금 이후 국내외 공사 문건에는 모두 개국기년을 쓸 것"에서 보듯이 중국의 연호를 사용하지 않고 조선왕조 개국 기년을 사용하겠다는 것으로도 나타났다.[8)] 1895년 1월 초에는 송파에 있는 청제(淸帝) 공덕비를 묻어버리고 서대문 밖에 있는 영은문을 헐고, 모화관의 명칭을 바꾸어 그 용도를 달리 할 것을 의논하였다.[9)] 5월 10일에는 개국기원절 기념식을 만들었으며, 8월 27일에는 국호를 '대조선제국'으로, 왕의 호칭을 '황제'로 칭할 것을 청하는 주본이 결재를 받았다.[10)]

둘째, 국왕의 칭호를 격상시키면서도 왕권의 남용을 방지하는 방향의 개혁이 이루어졌다. 「홍범 14조」의 왕실 전범(典範) 제정, 왕실의 정치 간여 불허, 왕실사무와 국정사무의 분리 조항이 그것이다. 이에 따라 궁내부를 설치하여 왕실과 의정부 사무를 분리하고 국왕의 인사권 · 재정

덟 가지는 「홍범 14조」 반포 전후에 이미 실시되고 있었거나 굳이 '홍범'이란 명칭으로 발표할 필요가 없는 조항들이었다. 예를 들어 대원군의 정권 간여 금지, 경찰권 일원화, 관리 복무규율 제정, 공무아문 폐지, 군국기무처 폐지, 고문관 초빙 임용 등 이미 실시되고 있었거나 곧 실시될 성격의 것이었다.

7) '모듈'이란 말은 건축 용어나 우주 로켓트 용어에 근접한 말로서, 국가장치와 그것이 만들어내는 이데올로기에 대하여 사용된다. 이는 유기체적인 국가관과는 대조적인 국가 이해 방식인데, 국민국가의 人工性에 눈을 뜨고 국민국가 이식의 문제나 국가 간 시스템 형성문제에 새로운 관점을 부여한다. 이 관점에 따르면, 예컨대 일본의 경우 육군은 프랑스, 해군은 영국, 교육은 미국, 황실은 영국, 헌법은 독일로부터 이입한 방식이 결코 이상한 것이 아니며 후발국의 국민국가 형성에 정상적인 방식으로 해석된다(西川長夫, 앞의 글, 10쪽).

8) 『議案』(奎 20066), 「草記 甲午 六月二十八日」.

9) 柳永益, 『甲午更張硏究』, 일조각, 1990, 204~205쪽.

10) 『議奏』(奎 17705) 第27册, 開國 504年 8月 27日.

권 · 군사권 · 재판권 등을 박탈 내지 축소하여 국왕은 '군림하되 통치하지 않는' 군주로 지위 · 권한이 약화되었다.[11] 그 대신, 종래 유명무실했던 의정부를 중앙통치의 중추기구로 만들었으며 육조를 폐지하고 내무 · 외무 · 탁지 · 법무 · 학무 · 공무 · 군무 · 농상아문 등 8개 아문을 설치하여 이들 의정부와 8개 아문에 권력을 집중시켰다.[12] 1895년 4월 19일에는 「내각관제」를 반포하여 내각제를 실시하였다.[13] 이로써 모든 안건 및 관리의 임면 진퇴에 국왕의 의사가 반영되었다 하더라도 결행하기 전 반드시 내각에 제출하여 의결을 거친 다음에 실행하도록 함으로써 국왕권을 극도로 위축시켰다. 이러한 개혁은 조선왕조의 전제군주제로부터 일본의 입헌군주제와 같은 형태로 나아가고자 하는 구상에서 나온 것이었다.

셋째, '국민 만들기' 작업이 이루어졌다. '국민 만들기'란 구래(舊來)의 신분제 질서체계에 의해 분절화 · 위계화되어 있던 주민집단을 균질적인 권리, 의무를 갖는 '국민'이라는 주체로 만들고 국가에 충성심을 발휘하게 하려는 구상이다. 이 구상은 크게 보면, ① 신분제의 폐지 ② 과거제의 폐지와 신식관료제도의 도입 ③ 관립소학교 등 각급 학교를 통한 국민 교육 ④ 공문서에서의 국한문 혼용과 정부기관지로서의 신문 발간 구상 등으로 나누어 볼 수 있다.

신분제 폐지는 주지하다시피 1894년 6월 "문벌 · 반상의 등급을 벽파(劈破)하고 귀천(貴賤)에 불구하고 인재를 선용(選用)할 것", "문무 · 존비의 구별을 폐지하고 단지 품계에 따르되 별도로 상견의례를 만들 것", "공사노비의 법규는 일체 혁파하고 인신 판매를 엄금할 것" 등 세 가지

11) 이노우에는 이 시기에 일본 궁내부관제의 번역서를 제출하였다. 이를 기초로 하여 「왕실전범」 · 「귀족령」 · 「궁내부관제」 · 「王室歲出豫算概額」 등이 작성되었는데, 이 중 「궁내부관제」만 실제로 반포되었던 것으로 보인다(서영희, 「1894~1904년의 정치체제 변동과 궁내부」, 『한국사론』 23, 1990, 359쪽).

12) 왕현종, 「갑오개혁연구」, 연세대 박사학위논문, 1999, 190~200쪽.

13) 勅令 38號 「內閣官制」, 국회도서관 편, 『한말근대법령자료집』 I, 198~200쪽.

의안으로 공포되었다.[14] 이 법령은 8월 10일 현존하고 있는 노비제도 자체는 인정한다는 것으로 후퇴하였지만, 공식적으로 신분제 폐지를 다시금 완전히 부정하는 후속 법령이 나오지 않았으며, 신규 형사법규들에도 반영되고 있어 법령의 기본 정신은 계속 유지되었다.[15]

이러한 정신은 과거제 폐지와 관료 선출 제도에도 그대로 구현되었다. 이는 「홍범 14조」 공포 이전인 군국기무처 단계에서 시행되기 시작하였다. 7월 12일 제정된 「선거조례(選擧條例)」에서는 각 부, 각 아문의 대신이 자기 관할하 관리 중에서 주임관, 판임관을 직접 뽑아 쓰도록 하고 관리가 될 수 있는 대상은 양반이나 귀천을 불문하고 재능과 시무를 아는 자로 규정함으로써[16] 출신 성분에 관계없이 누구나 관료로 등용될 수 있는 장치를 만들었다. 뿐만 아니라, 법관양성소 · 훈련대사관양성소 · 무관학교 등의 관제를 제정하여 근대법 교육이나 근대 군사훈련을 받은 인재들을 각급 정부기관 관료와 사관으로 채용하는 조치까지 이루어졌다.[17]

신식교육은 관리가 되고자 하는 자들에게 신분 귀천을 따지지 않고 출세할 수 있는 중요한 통로가 되었을 뿐만 아니라, 갑오개혁 주체들이 구상하고 있는 근대 국민국가를 구성하는 데 필요한 '국민' 창출을 위해서도 매우 중요한 제도가 되었다. 즉, 국민 창출을 위한 보편교육으로서의 초등교육기관 설치 구상이 일정에 올랐다. 소학교 교과서 편찬이 시급하다는 의안이 공포되고,[18] 1895년 2월 2일 교육에 관한 조칙이 발표되면서 소학교가 설립되기 시작하였다.

---

14) 『議定存案』(奎 17236), 甲午 6月 28日.

15) 도면회, 「갑오개혁기 형사법규의 개혁」, 『奎章閣』 21, 1998.

16) 「選擧條例」, 『議案』(奎 20066), 開國 503年 7月 12日.

17) 「법관양성소규정」, 開國 504年 3月 25日 ; 「훈련대사관양성소관제」, 開國 504年 5月 20日(국회도서관 편, 『한말근대법령자료집』 I) ; 「무관학교관제」, 開國 506年 1月 11日, 『議奏』 第40冊.

18) 『議案』(奎 20066), 開國 503年 7月 28日.

이 조칙에서 강조된 점은 왕실의 안전도 신민 교육에 있으며, 국가의 부강도 신민의 교육에 있다는 것이었다. 이에 의해 3월 이후 교원 양성을 위한 사범학교 설립, 신민 교육을 위한 소학교 설립이 이루어졌다. 중요한 점은, 군주를 높이고 나라를 사랑하는 마음을 중점적으로 가르쳐서 학생들로 하여금 평소에 충효의 대의를 갖추게 하고 국민의 지조를 진작시킬 것을 교육의 목표로 삼았다는 점이다. 즉, 보편적인 국민교육을 표방하되 국왕에 대한 신민으로서의 충성을 강조함으로써, 권리의 주체로서보다는 의무 주체로서의 국민을 강조하고 있었다.[19]

'국민 만들기' 작업은 언어와 문화정책을 통해서도 이루어졌다. 1894년 11월 "법률 칙령은 모두 국문을 기본으로 하고 한문으로 번역하여 붙인다. 혹은 국한문을 혼용한다."[20]라고 하여 정부와 인민 간의 의사소통 수단을, 익히고 사용하기 편리한 국문으로 통일하였다. 이어서 1895년 3월 내무아문훈시를 통해 "인민에게 먼저 본국사(本國史)와 본국문(本國文)을 가르칠 것"[21]이라고 하여 국문뿐만 아니라 국사 교육도 시급함을 강조하였다. 1896년 1월 말경에는 인민 계몽 수단으로 정부가 신문을 발행한다는 방침을 결정하고 미국에 있던 서재필을 귀국시켜 이를 추진시키고자 하였다.[22] 한국 역사상 최초의 근대적 신문인 『독립신문』은 이처럼 개화파 정부의 '국민 만들기' 구상의 일환으로 구상된 것이었다.

그런데 개화파 정부는 이렇게 만들어가는 '국민'을 어떻게 확인하려고 했던가? 우선 갑오개혁 초기에 제정된 의안 「토지 · 산림 · 광산을 본국 입적인(入籍人)이 아니면 점유 매매를 불허하는 건」에서 볼 수 있듯이,[23]

---

19) 왕현종, 앞의 글, 260~264쪽.

20) 勅令 第1號 「公文式」, 『舊韓國官報』, 開國 503年 11月 21日.

21) 「내무아문훈시: 아국의 고유한 독립기초를 세우고 百度革新을 위하여 百弊를 芟除하는 件」, 『舊韓國官報』, 開國 504年 3月 1日.

22) 신용하, 앞의 책, 6~11쪽.

23) 이에 대해서는 왕현종, 앞의 글, 304~305쪽에서 언급되고 있다. 그러나 왕현종은 이 법령이 외국인의 토지 · 가옥 소유가 확대되는 것을 방지하려고 했을 뿐, 새로운 형식의 가계(家契)를 제정하는 데까지 관철되지 못하였다는 점에 대해서만 언

본국인에게만 토지 · 산림 · 광산을 소유할 수 있는 자격을 부여한 점이 주목된다. 그리고 본국인임을 확인하는 수단은 호구 조사로 구체화되었다.

1896년 9월 「호구조사규칙」에 의해 실시된 호구 조사의 목적은 개혁된 조세제도하의 호세를 빠짐없이 징수하기 위한 것이었지만, 그 시행 과정은 주민들을 근대국가의 동등한 '국민'으로 등록하는 과정이기도 하였다. 제1조에서 "전국 내 호수와 인구를 상세히 편적하야 인민으로 하야금 **국가에 보호하는 이익**을 균점케 함"(강조는 필자)이라고 하고 있듯이,[24] 호수와 인구를 장부에 편제하여 국가가 인민을 보호해 주겠다는 표현은, 근대국가적인 국민 파악 원리라고 할 수 있다. 또 같은 해 9월 3일 반포된 「호구조사세칙」에 규정된 호적 양식의 항목 작성 요령이나 그에 의해 이루어진 호세 부과 방식을 보면, 앞서 언급한 신분제 폐지가 그대로 관철되어 균질적인 국민을 창출하려 했음을 볼 수 있다.[25]

2. 입헌군주제와 전제군주제 구상 간의 갈등

1) 갑오개혁의 제한적 계승과 독립협회의 '국민 만들기'

갑오개혁기 동안 극심하게 제한되었던 국왕권은 아관파천 이후 회복되기 시작하였다. 그러나 아관파천을 주도한 세력은 김홍집 정권과 마찬가지로 개화파 관료의 일부로서 구미세력과 왕실을 연계해 주고 있었

급하고 있다.

24) 칙령 제61호 「호구조사규칙」, 建陽 元年 9月 1日, 국회도서관 편, 『한말근대법령자료집』 Ⅱ, 164쪽.

25) 조석곤, 「광무연간의 호정운영체계에 관한 소고」, 金鴻植 · 宮嶋博史 · 李榮薰 · 趙錫坤 · 李憲昶, 『대한제국기의 토지제도』, 민음사, 1990, 147~150쪽 ; 이세영, 「대한제국기의 호구 변동과 계급구조」, 『역사와현실』 7, 1992, 221~222쪽.

던 정동구락부 세력이었으며, 이들은 갑오개혁을 총체적으로 부정하기 보다는 그 개혁의 성과 중 상당 부분을 계승하는 입장에 있었다.[26)]

이로 인하여 갑오개혁기에 선포된 개혁 법령들이나 신설 제도 등은 국왕권 및 지방관의 징세권 · 재판권 · 경찰권과 관련된 것을 제외하면 1904년까지 그대로 유지됨으로써, '국민국가' 형성을 추동하고 있었다. 특히 1898년 말까지는 독립협회의 토론회 및 동 단체가 주도하는 만민공동회의 활동을 통해서 갑오개혁의 구상을 실현해 나가려는 노력이 이루어지고 있었다.

다만, 독립협회를 중심으로 움직인 개화 관료들은 국왕을 국가 통합의 구심적 존재로 설정하고 있었다. 이는 갑오개혁기에 왕권을 허구화시켜 두고 개화파 관료들이 내각제하에서 국정을 운영하면서 부닥쳤던 심각한 정통성의 위기에 대한 인식이 있었기 때문이라고 할 수 있다. 특히, 을미의병과 아관파천을 겪으면서 국왕의 존재가 새삼 개혁 추진에 절실히 필요한 상징적 존재로 부각되었던 것이다.

대한제국 수립 이전부터 『독립신문』에 실린 각종 애국가 가사에는 반드시 '충군애국'이 강조되었으며 독립협회가 개최하는 각종 행사에서는 빠짐없이 황제에 대한 축수(祝壽)와 만세(萬歲)가 행해졌다.[27)] 독립협회의 '국민 만들기'는 공간적으로는 독립문과 독립관 건립, 시간적으로는 각종 국경일의 제정으로도 나타났다. 갑오개혁기에 정해진 '개국기원절'과 '대군주폐하탄신일'을 계승하되 후자는 황제 즉위 후 '만수성절(萬壽聖節)'로 개칭하였으며, 새로 '왕태자탄신일'(나중에 '千秋慶節'로 개칭)이나 '계천기원절'(繼天紀元節: 고종의 황제 즉위일), '경흥절'(慶興節: 고종의 국왕 등극일) 등을 제정하였다. 또한 갑오개혁기에 정해진 국기게양과 애국가 제창을 강조하였고, 이는 1896년 11월 21일 독립문 정초

26) 주진오, 「19세기 후반 개화 개혁론의 구조와 전개」, 연세대학교 사학과 박사학위논문, 1995, 81~82쪽.
27) 위의 글, 179쪽.

식을 거행할 때 최초로 이루어졌다.[28)]

1897년 10월 대한제국의 수립과 고종의 황제 즉위는 고종 자신의 의도이기도 했지만, 독립협회에 속해 있던 개화파 관료 권재형(權在衡)[29)]·정교(鄭喬) 등이 적극적으로 '제국' 수립의 이론적 기초를 제공한 결과이기도 하다. 즉, 대한제국 수립은 국가주권을 확보하고 대내적 통합을 상징할 수 있는 황제를 필요로 한 독립협회와 왕권 강화를 추구했던 고종의 이해관계가 결합함으로써 이루어진 것이었다.

이와 더불어 『독립신문』을 통한 '국민 만들기' 작업이 지속적으로 추진되었다. 『독립신문』은 조선시대에 국왕과 관인, 유생 등 지배층에 한정되어 사용되던 '동포(同胞)'라는 용어를 '한 나라 인민', 즉 '국민'과 같은 개념으로 확대 적용하였다.[30)] 예를 들어 "나라를 사랑하는 마음은 세계 제일 으뜸가는 사랑인 고로 목숨을 버리면서도 그 목숨 버리는 것을 원통히 여기지 않고 너무 기뻐 내 목숨 하나를 전국 동포 형제를 위해 버리는 것이 도리어 영광이요."라는 표현에서도 나오듯이 동포를 위해 목숨을 버릴 수 있는 충군애국하는 국민을 만들어내고자 하였다.

그런데 독립협회가 필요로 했던 것은 국민을 동원 통합하고 대외적 독립을 표명할 수 있는 국가주권의 상징으로서의 황제였지, 정치권력을 직접 행사하는 황제는 아니었다. 1898년 10월 29일 관민공동회 때 독립협회가 제출한 「헌의육조」 중 제1조로 "전제황권을 공고히 할 것"이 포함된 것도 이러한 구상에서 비롯된 것이었다. 이때의 '전제황권'의 범위를 어디까지 인정할 것인가의 문제에서 독립협회와 황제의 입장에 차이가 나는 것이었다. 독립협회 주도층으로서는 황제가 인민에 대한 전제권을 가지고 국정 운영을 해 나가는 것을 전제하면서도 그것은 무제한

---

28) 月脚達彦, 「獨立協會の'國民'創出運動」, 『朝鮮學報』 172, 1999, 9~12쪽 ; 이윤상, 「대한제국기 국가와 국왕의 위상제고사업」, 『진단학보』 95, 2003, 96~97쪽.

29) 후일 權重顯으로 개명하였고, 을사오적 중 한 명이 된다.

30) 이하 권용기, 「독립신문에 나타난 동포의 검토」, 『한국사상사학』 12, 1999에 의함.

적인 전제권이 아니라 자신들을 통한 '민의'의 수렴과 동의하에서 행사되는 권력이어야 했다.

이러한 구상은 나머지 5개 조항에서도 나타나는데, 이들은 모두 황제권의 자의적인 운영을 제한하고자 하는 것이다. 특히, 마지막 제6조인 "장정(章程)을 실천할 것"에서 '장정'이란 것은 갑오개혁 이후 제정 공포한 각종 의안들과 「홍범 14조」 및 신식 법령들을 의미하는 것인데,[31] 앞서 보았듯이 갑오개혁기 법령들은 대부분 국왕 권력의 자의적 사용을 제한하는 것들이었다.

2) 황제권의 위상을 둘러싼 갈등

갑오개혁을 추진한 개화파와 독립협회의 국왕권(황제권) 제한론은 강약의 차이가 나긴 하지만 군민동치, 궁극적으로는 입헌군주제하의 황제를 구상한다는 점에서는 동일한 것이었다. 1894년부터 1898년 말까지 개화파·독립협회 세력은 국왕(황제)을 명목상의 최고주권자로 하되 실질적 권력 행사는 그들이 담당하려 한 반면, 고종은 무제한의 전제권력을 구상하고 있었다.

이러한 갈등으로 인하여 독립협회운동을 전후하여 황제권을 제한하려는 움직임이 지속적으로 나타났다. 예를 들어 1895년 7월 박영효의 명성황후 폐위 음모, 일본으로 망명해있던 박영효가 배후조종한 1898년의 두 차례 정변 음모를 들 수 있다. 박영효의 정변 음모 역시 독립협회와 마찬가지로 황제권을 제한하려는 데 목적이 있었지만, 고종황제를 폐위하고 잠정적으로 황태자를 옹위한 후 궁극적으로는 일본에 있는 의화군

31) 신용하, 앞의 책, 388~397쪽. 신용하는 여기서 '장정'이 갑오개혁 때의 「홍범 14조」와 각 부처 장정을 의미한다고 해석하였는데, 이 저서의 388쪽에 소개된 『독립신문』 영문판에는 "existing laws and regulations"라고 하여 기존에 제정 반포된 법령 모두를 뜻하는 것임을 알 수 있다.

이나 이준용을 황제로 옹립하려는 것이었다.[32] 즉, 독립협회와 박영효 계열은 황제를 중심으로 국가를 구성하려고 한 점에서는 동일하지만, 고종을 중심으로 할 것인가, 아니면 그보다 더 허구화된 권력으로서 의화군이나 이준용을 중심으로 할 것인가라는 점에서 입장이 달랐다.[33]

이에 반하여, 황제는 자신의 절대적 권력 행사에 방해되는 것은 어떤 계열이든지 제거하려는 입장을 취하고 있었다. 1895년 10월 미국공사관으로의 탈출 기도, 1896년 2월 러시아공사관으로의 탈출, 1896년 11월 이근용 · 서정규 등 친위연대 장교들을 중심으로 한 독립협회 간부 암살 기도, 1897년 5월 송진용 · 홍현철 등 궁중 측근배의 친위 쿠데타 음모, 1898년 2월 이재순 · 송정섭의 러시아어통역관 김홍륙 암살 기도 및 8월의 김홍륙 유배, 11월 보부상을 동원한 만민공동회 습격 등등의 사례가 그것이다.[34]

이러한 갈등이 있었기에 국왕권은 일거에 회복될 수 없었다. 국왕권은 세 단계를 거쳐서 강화되었다. 첫 단계는 아관파천 직후부터 1896년 9월 내각을 폐지하고 의정부를 '복설'하는 시점까지이다. 이 단계는 대신들의 의결권, 법률심사권 등 상당한 권한을 인정함으로써 국왕권이 전제군주와 같은 정도로 회복되지는 않았지만, 최종적인 결정권은 국왕이 갖는 절충적인 단계였다. 즉, 의정부 회의에서 부결된 의안이라도 국왕이 그에 개의치 않고 칙령으로 반포할 수 있게 함으로써 법제적으로 왕권의 우위가 확보되었다.[35]

제2단계는 의정부 복설 이후 교전소를 통한 법률 개편 논의, 대한제

---

32) 윤병희, 「제2차 일본망명시절 박영효의 쿠데타음모사건」, 『이기백선생고희기념 한국사학논총』 하, 일조각, 1994.

33) 이에 대한 상세한 분석은 주진오, 앞의 글, 145~155쪽 참조.

34) 도면회, 「정치사적 측면에서 본 대한제국기의 역사적 성격」, 『역사와 현실』 19, 1996, 20~25쪽.

35) 오연숙, 「대한제국기 의정부의 운영과 위상」, 『역사와 현실』 19, 1996, 48쪽 ; 한철호, 『친미개화파연구』, 국학자료원, 1998, 148~152쪽 ; 김영수, 「아관파천기 정치세력 연구」, 성균관대학교 석사학위논문, 1999, 52~56쪽.

국 수립, 1898년 3월 러시아세력의 철수까지의 시기이다. 이 시기에는 황제 즉위를 위한 논의를 거치면서 황제권의 위상이 설정되고 그에 걸맞는 한성부의 시가지 구성 등으로 황제권이 근대적인 외형을 갖추어 갔다. 또 1897년 3월 설치한 교전소를 통하여 갑오개혁기에 제정된 수많은 법령과 개혁조치들을 '구본신참(舊本新參)'의 원칙하에 정리하려는 계획이 추진되었다. 그러나 교전소를 통한 법제 개편은 서재필이 교전소를 주도하면서 제도와 법률의 대대적 개혁과 왕권에 대한 제한을 가하여 민권을 신장시키는 개혁을 하려 함으로써 내부의 갈등을 불러일으켰고 끝내 작업 중단 상태에 이르고 말았다.[36] 즉, 아직은 국왕의 의도대로 왕권의 완전한 회복을 달성할 수 있는 단계는 아니었다.

그러나 앞서 말했듯이, 대외적 · 대내적 주권의 상징으로서 국왕권의 위치 고양은 상호대립하는 양자 모두에게 절실히 필요한 것이었기에 1897년 10월 12일 황제 즉위와 대한제국으로의 국호 개칭 등이 이루어질 수 있었다. 1898년 3월에는 독립협회의 반대와 러시아 본국 정책의 변화로 러시아 재정고문과 군사고문 등이 모두 철수하고 곧이어 로젠-니시협정이 체결됨으로써 황제권은 대외적 · 대내적으로 군림할 수 있게 되었다.

제3단계는 1898년 3월 만민공동회의 개설부터 그해 말 군대에 의한 강제해산에 이르는 시기이다. 이 시기에는 황제권의 향배를 둘러싸고 독립협회로 대표되는 입헌군주제 지향 정치세력과 황제 측근의 대신, 보부상 중심으로 조직된 황국협회, 명성황후 살해에 대한 복수를 주장하는 보수유생 등의 도약소 · 복수소청 등 전제군주제 지향 세력이 경합을 벌이게 되었다. 특히 독립협회가 주도한 만민공동회는 앞서 보았듯이 대중을 동원하면서도 항상 황제에게 충성하는 '충군애국' 사상을 강조하였기에, 황제는 이 팽팽한 주도권 쟁탈 투쟁을 음양으로 조절하면서 황

36) 田鳳德, 「近代司法制度史」(3), 『大韓辯護士協會誌』 1973년 5월호, 1973, 50~51쪽 ; 신용하, 앞의 책, 55~56쪽.

제권의 위상을 한껏 높일 수 있었다.

이 과정에서 황제는 10월 26일 관민공동회의 위세에 밀려 「헌의육조」를 수락하면서도 「신문조례」·「집회급협회규례」·「보안조례칙령안」을 제정하여 독립협회의 반정부 언론·집회 활동을 저지하려 하였으나, 독립협회 출신 의관들이 많이 포진해 있던 중추원의 반대로 인하여 관철시킬 수 없었다. 다만, 1898년 11월 22일 「의뢰외국치손국체자처단례(依賴外國致損國體者處斷例)」를 전격적으로 제정 반포함으로써 황제권에 도전하는 정치세력을 제압할 수 있는 수단을 확보하였다.[37] 이후 독립협회를 암묵적으로 보호 지원하던 미국·일본 등 자본주의 열강의 지원이 끊어짐에 따라 만민공동회는 군대에 의해 강제해산 당하였다. 이로써 황제는 1899년 초부터 대중적 동원을 통해 위상을 제고하고 상호투쟁하는 세력들을 활용하여 전제적 권력을 구사할 수 있는 토대를 확립하게 되었다.

3. 전제군주제의 성립과 국민국가 구상의 좌절

1) 전제군주제의 성립

독립협회운동의 좌절로 인하여 국가체제의 방향을 둘러싼 갈등은 전제군주제로 귀결되었다.[38] 따라서 1899년 이후에는 국외의 망명자 세력

---

37) 도면회, 「1894~1905年間 刑事裁判制度 硏究」, 서울대 박사학위논문, 1998, 196~198쪽 및 218~220쪽.

38) 대한제국의 성격에 대해서는 1970년대 후반 김용섭·강만길·신용하·송병기 등에 의한 소위 '광무개혁 논쟁' 과정에서 논의된 이래 1990년에 이르러 서영희·주진오 등에 의해서 서유럽 절대왕정과 유사한 것으로 규정되었다. 서영희는 대한제국 권력구조가 봉건세력인 유생집단과 개화파를 중심으로 한 민권운동세력 간의 상호대립, 견제 위에 선 정권으로, 궁내부를 중심으로 새로운 생산력 발전 부

을 제외하고 국내에서 황제권력에 도전할 만한 정치세력이 존재할 수 없었다. 고종은 이후 대외적으로 각 열강에 대해 '세력균형정책'을 취함으로써 국가의 독립을 유지하는 한편, 국내적으로는 각 열강과 관련하여 형성된 정치세력들을 조종하고 상호견제하면서 전제적 권력을 구축하였다.[39]

그런데 이렇게 성립한 전제군주제가 조선왕조 전제군주제의 복구나 유럽의 신분제적 절대군주제와는 다른 근대 국민국가적 성격을 띠고 있었던 점에 주목할 필요가 있다. 갑오개혁기에 과거제도와 신분제가 폐지되었기 때문에 출신 신분에 상관없이 누구나 황제의 의향 또는 고급 관료인 칙임관·주임관 등의 추천에 의하여 관료로 입신출세할 수 있었다. 이기동과 같은 백정 출신이나 이용익·길영수 등 미천한 신분 출신들도 고급 관료의 지위를 획득하였으며, 돈만 있으면 황제 또는 인사권자에 대한 뇌물 상납을 통하여 군수와 같은 지방관으로 부임할 수 있었다. 범죄인에 대한 체포·재판 과정도 칙임관·주임관·국사범을 제외하면 출신 신분에 따른 차별을 하지 않고 있었으므로 법제상으로 국민 내부의 차별은 존재하지 않았다. 그리하여 "문벌은 이미 없어져 주요한 관직도 서류(庶類)들이 과반수를 차지하였으므로 그들의 권력 앞에 본

분에 의거하여 재원을 확보해 근대화정책을 수립하였다고 하였다(서영희, 앞의 글). 이에 비해 주진오는 대한제국 정권이 전기적 자본에 기초한 절대왕정을 수립하여 위로부터의 자본주의화를 추진하려 했으나 민중의 저항을 일본의 무력에 의존하여 해결하려 했던 의사 절대왕정이라고 규정하여 서영희에 비해 정권의 자율성을 제한적으로 평가하였다(주진오, 「한국근대 부르조아지의 형성과정과 위로부터의 개혁의 역사적 성격」, 『한국자본주의론』, 한울, 1990). 그러나 본고에서는 한국사의 경우 서유럽과 같은 지방분권적 봉건제를 거치지 않고 조선왕조 이래 중앙집권적 권력구조를 유지하였던 점, 절대왕정이 신분제에 기초한 데 비해 갑오개혁 이후에는 신분제가 법제적으로 폐지된 점 등을 고려할 때 서유럽 절대주의와 비교하는 것이 부적절하다고 판단하였다. 그리하여 대한제국의 성격을 당대에 사용하던 전제군주제란 용어를 그대로 사용하되, 그것이 근대성을 띠고 있는 점에 주목하여 "전제군주제의 근대적 변용"이라는 입장을 취하였다.

39) 森山茂德, 『近代日韓關係史硏究』, 東京大學出版會, 1987(김세민 옮김, 『근대한일관계사연구』, 玄音社, 1994), 81~194쪽 참조.

래 교만하던 사대부들도 친구, 아우 등의 호칭을 사용하지 않는 사람이 없을 만큼"[40] 문벌이나 신분적 차별이 사라져가고 있었다.

또 이전까지 규정된 적이 없었던 국왕(황제)의 권한이 법제적으로 규정되었으니 그것이 1899년 8월 17일 반포된 「대한국국제」이다. 「대한국국제」는 비록 총 9개조로 구성된 지극히 단조로운 법령이지만, 왕조시대와 같은 전통법체제가 아니라 근대법체제를 차용하여 제정되었다. 이보다 앞서 1899년 2~6월 사이에 법부대신 신기선(申箕善)이 구질서를 고수하고자 그간의 신식 법령들을 구래의 육전체제에 기초하여 정리하자고 상주했을 때 고종은 이를 거부하였다. 그 대신 자기가 수시로 임어할 수 있는 경운궁 내의 양옥에 법규교정소라는 기구를 설치하여 근대법체제에 입각해 법전을 정비하고자 하였다.[41] 이 법규교정소의 거의 유일한 작업 성과가 바로 「대한국국제」인데, 이는 당시 국제법의 규정을 인용하면서 모든 국가 권력을 황제로 귀속시켰다.[42]

조선왕조 창건 이래 국가 최고권력자인 국왕의 권한은 신하들과의 관련 법조항들 속에서 암시되고 있었을 뿐, 독립된 법조항을 통해 규정된 적이 한 번도 없었다. 그러나 「대한국국제」는 대한제국의 정체(政體)와 황제의 권한을 명시하고 있는데, 이는 두 가지 측면에서 해석할 수 있다. 우선, 황제정치를 법적으로 공인함으로써 향후 존재할지 모를 정변 기도세력에 대한 방어용 수단의 성격이 강하다는 점이다. 정변을 일으킨다고 하더라도 정변 주체는 「대한국국제」에 대한 개정 작업을 추진하지 않는 한 새로운 정체로 변화시키기 어렵게 만들어 놓은 것이다. 또 다른 측면은 황제권에 대해 법령으로 규정하지 않으면 안 될 만큼 황제의 권력이 불안해졌다는 점이다.

「대한국국제」를 1890년부터 실시된 일본의 「제국헌법」과 비교해 보면

---

40) 황현 저, 김준 역, 『매천야록』, 光武5年 辛丑年, 489~490쪽.

41) 도면회, 「1894~1905年間 刑事裁判制度 硏究」, 198~202쪽.

42) 田鳳德, 「大韓國國制의 制定과 基本思想」, 『法史學硏究』 1, 1974.

흥미로운 결과를 발견할 수 있다. 첫째, 「제국헌법」은 자유민권론자들이 요구한 민주주의적 방법에 의해 제정되지 않고 천황이 위로부터 일본 '신민'에게 부여한 흠정(欽定) 헌법 형식을 취하고 있다. 「대한국국제」 역시 황제의 지시에 의하여 만들어져 위로부터 부여된 '헌법'이라고 할 수 있다. 「대한국국제」에 국민의 기본권 보장과 의회 등 권력분립에 대한 규정이 없는 점을 들어 근대적 의미의 헌법이 아니라고 하는 견해가 있다.[43] 그러나 전문(前文)의 "이것이야말로 법규의 대두뇌(大頭腦)이며 대관건(大關鍵)이니"라는 표현에서 보듯이 모든 법규의 근원임을 자임하고 있으므로 「대한국국제」는 황제의 의사가 전면적으로 반영된 '헌법'으로 보아야 할 것이다.

둘째, 제2조의 "만세불변할 전제정치"라는 구절은 「제국헌법」 제1조의 "만세일계의 천황"과 유비되며, 제4조의 황제의 군권(君權)에 대한 불가침 조항은 「제국헌법」의 제3조 천황의 신성불가침 조항, 제5조의 군대통수권과 계엄 · 해엄 조항은 「제국헌법」의 제11 · 12 · 14조를, 제6조의 법률 반포와 집행, 사면 · 복권 등의 조항은 「제국헌법」의 제6조와 16조를, 제7조 행정기관 관제와 문무관 봉급의 제정 개정 등은 「제국헌법」의 제9조와 제10조의 일부를, 제8조의 작위 훈장 및 기타 영전(榮典)의 수여 · 체탈(遞奪) 규정은 「제국헌법」 제15조를, 제9조의 사신 파견과 선전강화 및 제반 조약 체결 조항은 「제국헌법」 제13조의 규정과 거의 동일한 내용이다.

셋째, 이처럼 유사한 점들이 많지만 매우 큰 차이점도 있다. 「제국헌법」에는 신민의 권리와 의무(제18~32조), 제국의회에 대한 규정과 각종 권한(제33~54조), 국무대신과 추밀고문(제55~56조), 사법권(제58~61조), 세입세출(제62~72조) 등 삼권분립 요소와 국민에 대한 규정들이 모두 포함되어 있다.[44] 이에 반하여 「대한국국제」에는 삼권분립 관련 규정

43) 김효전, 『근대한국의 국가사상』, 철학과현실사, 42쪽 참조.

44) 물론 「제국헌법」에 규정된 국민의 권리도 1880년대 자유민권론자가 주장한 "국가

이 존재하지 않을 뿐만 아니라, "황제의 권한을 침해하고 손상시키는 행위를 하면 (중략) 신민의 도리를 잃은 자로 규정한다."(제4조)고 하여 국민의 권리 규정은 없이 복종 의무만 지닌 신민 규정이 있을 뿐이다.

이러한 차이가 나타나게 된 원인은 민권운동 역량의 차이에서 찾을 수 있을 것이다. 일본에서는 10여 년에 걸쳐 격렬하게 진행된 자유민권운동의 압력으로 인하여 헌법과 의회가 개설된 반면, 한국에서는 1894년 동학농민전쟁으로 인하여 혁명적 역량이 대거 파괴되고 만민공동회운동도 2년 정도밖에 진행되지 못하고 좌절하였다.

그렇지만 「대한국국제」가 이 시기에 와서 제정된 것은 조선왕조 5백년 동안 왕권 또는 황제권의 존재 자체가 전혀 의문시된 적이 없었던 데 비하면 놀라운 변화라고 보아야 한다. 즉, 최고 권력 스스로 자신을 근대법적으로 규정하지 않을 수 없을 만큼 위기감을 느끼게 된 점, 바로 여기에 만민공동회운동의 근대성이 내포되어 있었던 것이다.

황제권에 대한 규정이 국제법을 참조해 가면서 이루어졌던 점 외에도, 더 거슬러 올라가 1897년 칭제건원과 대한제국으로의 국호 변경 시 '황제'나 '제국'이라는 단어도 서유럽 근대국가에서 유래한 'empire', 'emperor'의 번역어였음에 주목할 필요가 있다. 또 1898년 이후 황제 고종의 공식 복장이 군복으로 바뀌어 간 점 역시 19세기 후반 서구 열강 군주의 존재 양태를 본받아 채용한 것이라고 할 수 있다.[45] 이처럼 황제는 조선왕조

이전의 권리" 또는 "국가 이상의 권리나 자유"는 부정되고 '법률의 범위 내에서만' 부여된 극히 불충분한 것이었다(井ケ田良治 外, 『日本近代法史』, 法律文化社, 1982, 79~83쪽).

45) 아스카이 마사미치(飛鳥井雅道)의 연구에 의하면, "러시아의 짜르, 오스트리아의 황제, 1871년 보불전쟁에 의한 프랑스 패배까지의 나폴레옹 3세까지 유럽 열강의 군주는 군인황제가 유일한 존재 모습이었고 …… 군인황제는 이념형이라기보다도 당연한 존재방식이었던 데 주목하고 싶다. 그들 정식의 복장은 모두 군복이었다. 메이지 천황이 晝間의 복장을 모두 근골 있는 군복으로 통일한 것은 명치정부가 절대주의였기 때문이 아니라 유럽 열강의 황제의 복장 관습을 채용했기 때문이었다"(飛鳥井雅道, 「明治天皇 · '皇帝'와 '天子'の間」, 西川長夫 · 松宮秀治 編, 앞의 책, 65쪽).

창건 이래의 전제군주가 아니라, 근대적으로 변용된 전제군주였다.

「대한국국제」가 황제권의 절대성을 성문법적으로 규정하였다면, 이를 가능하게 하는 물리적 수단으로 구상된 것은 1899년 이후 원수부와 경위원의 창설이었다. 1899년 6월 22일 기존의 군사기관인 군부의 권한을 축소하고 별도로 설치된 원수부는, 고종이 대원수로서 국방과 군사에 관한 명령을 직접 장악하는 형태를 취하고 있었다. 이는 그간 일본과 러시아의 영향 아래 있던 군사력을 장악하여 일본·러시아 등 열강의 간섭을 배제함은 물론 국내외 정변세력의 의도를 차단하기 위한 것이었다. 이후 원수부는 몇 차례의 관제 개정을 통해 의정부와는 별개의 기구로서 군사에 관한 대부분의 권한을 갖게 되었을 뿐 아니라 원수부 총장들이 정부 대신에게 훈령할 수 있는 지위를 갖게 되었다. 이는 국가 방위 측면보다는 황제의 지위를 보위하기 위한 억압기구로서 기능함을 의미하는 것이었다.[46]

경위원 역시 원수부와 유사한 의도에서 창설되었다. 기존의 경무청을 두고 1901년 11월 궁내부 산하에 신설된 경위원은 황궁의 경호, 도적이나 화폐 사주범 체포 등 기본적인 경찰 임무도 수행하였지만, 가장 주력한 임무는 일본 망명 정객들과 그들에 연계된 국내세력의 정변 음모를 사전 예방하는 것이었다. 그 밖에 정부정책이나 정부관료에 대한 비판 등 각종 언론행위를 탄압하고 궁내부 내장원이 확보한 연강세·어세·염세 등 각종 잡세 징수에도 관여하는 등 황실의 경제 활동을 보호하는 장치로도 기능하였다.[47]

고종은 전제군주제를 성문화하고 황제권 보호를 위한 물리적 억압기구를 설치하는 한편, 황제권을 상징화하고 황제 중심으로 국민을 통

46) 조재곤, 「대한제국기 군사정책과 군사기구의 운영」, 『역사와 현실』 19, 1996 ; 서진교, 「대한제국기 고종의 황제권 강화정책 연구」, 서강대 박사학위논문, 1998, 60~90쪽.

47) 차선혜, 「대한제국기 경찰제도의 변화」, 『역사와 현실』 19, 1996 ; 서진교, 위의 글, 92~116쪽.

합하기 위한 이데올로기적 작업들을 추진하였다. 일본에서 천황을 받들기 위한 상징 조작으로 역대 모든 천황의 산릉을 조사하였듯이,[48] 고종은 태조를 추존하고 장헌세자로부터 내려오는 자기 직계 혈통 국왕과 왕후들을 추존하였다. 중국의 천자가 행했던 의식을 수용 계승하여 평양에 행궁을 건립하고, 명산대천과 원구단에 대한 치제(致祭)를 행하였다. 1899년 7월 표훈원 설치를 통한 훈장제도의 창설, 1899년 10월 국왕을 위해 싸우다 죽은 장졸을 기리기 위한 장충단(奬忠檀) 설치와 연례적인 치제, 1902년 1월 국가(國歌) 선정 지시, 1895년에 정한 국기 외에 어기(御旗) · 예기(睿旗) · 친왕기(親王旗) · 군기(軍旗) 제정 등의 상징화 작업을 추진하였다.[49] 이러한 작업들 역시 황제를 중심으로 국민을 통합하려는 장치들로 볼 수 있다.

또한 갑오개혁기에 모색된 '충군애국'하는 국민을 만들고자 유교 이념을 강화하고자 하였다. 고종은 1899년 4월 27일 조서를 내려 유교가 나라의 종교임을 천명하고 자신이 "황태자와 함께 한 나라 유교의 주인이 되어 기자(箕子)와 공자의 도리를 밝히고 거룩한 선대 임금의 뜻을 이을 것"이라고 하였다.[50] 그러나 고종의 유교 이념 숭상론은 과거제도를 복구하거나 이전과 같은 신분제적 사회질서로의 복귀를 지향한 것은 아니었다. 황제는 유교를 숭상한다고 하면서 성균관 관제를 개편하고 초현당(招賢堂)을 신설하여 고명한 선비들을 성균관 박사로 임명하는 조치를 취하였지만, 당대인들은 이러한 조치를 유교 이념의 부활로 받아들이지 않고 있었다.[51] 1900년 10월 영남 유생들이 과거제도를 부활시키고

48) 이성시, 『만들어진 고대』, 삼인, 2001, 198~199쪽.

49) 도면회, 「정치사적 측면에서 본 대한제국의 역사적 성격」, 33~35쪽. 이러한 과정을 더욱 상세하게 분석한 것으로는, 서진교, 앞의 글, 39~46쪽 ; 이윤상, 앞의 글, 84~101쪽 참조.

50) 『고종실록』, 光武 3年 4月 27日.

51) 황현 저, 김준 역, 앞의 책, 第3卷 光武 3年 己亥. 당시 朝鮮中華主義에 자신의 입지를 둔 많은 재야유생들은 갑신정변 · 갑오경장 · 을미사변 · 독립협회 등이 국가 禍亂의 원인이었으며, 이로 인하여 대한제국기에 자신들은 '황량하고 적막한

경의(經義) · 시무(時務) 양과(兩科)를 설치하여 과별로 선비를 기용하자고 간청하였으나 황제는 이를 허락하지 않았다.[52] 즉, 고종은 앞의 조칙에서 "변괴는 날마다 일어나고 역적은 뒤따라 일어났으며 을미년에 와서는 변란이 극도에 달하였다. 아, 이것이 어찌 종교가 밝지 못한 데로부터 온 환란이 아니겠는가."라고 한 것에서 알 수 있듯이 유교를 숭상함으로써 충군애국하는 국민을 만들려 했을 뿐, 유생 중심의 신분제 사회를 지향한 것은 아니었다.

2) 황제권 강화의 한계와 국민국가 구상의 좌절

1898년 전후부터 대한제국 국가기구는 궁내부가 의정부를 압도할 만큼 방대한 기구로 확대되고 있었다. 궁내부가 의정부를 대신하여 국정운영의 중심기구로 등장하는 모습은, 1880년대 고종이 친정(親政)체제를 강화하면서 개화정책 추진기구로 의정부가 아닌 통리기무아문(1880년), 기무처(1882년), 통리교섭통상사무아문과 통리군국사무아문(1882년), 내무부(1885년) 등을 설치하여 운영하던 양상의 재판(再版)으로 볼 수 있다.[53] 원수부 · 경부 · 경위원 등 군사 · 경찰기구 역시 황제의 직접적 통제권하로 편제되었다. 물론 이러한 친정체제 강화는 국내외 정치세력의 정변 음모 차단 및 친외세적 정치세력의 자의적 대외교섭 저지를 위한 것으로 이해할 수 있다.[54]

그러나 이러한 친정체제 강화는 국가기구의 구조를 이원적으로 만들었을 뿐만 아니라, 그로 인한 통치 행정의 난맥상을 드러내게 하였으며,

가녁'에 고립된 처지에서 힘겹게 버티고 있는 것으로 인식하고 있었다(鄭玉子, 「19世紀 尊華思想의 位相과 歷史的 性格」, 『韓國學報』 76, 일지사, 1994).

52) 위의 책, 第3卷 光武4年 庚子.

53) 서영희, 앞의 글.

54) 서진교, 앞의 글.

재정의 낭비와 인민에 대한 수탈 심화를 야기하였다. 군사기구는 군령기관으로서의 원수부와 군정기관으로서의 군부의 이원구조, 경찰기구는 경무청과 경위원 및 육군헌병의 다원적 구조, 외교기관은 외부와 예식원의 이원구조로 분리되었다. 당초 탁지부 관리하에 있던 화폐주조권·홍삼전매권·역둔토도조 및 상업세·어세·염세·선세 등 허다한 재원들이 황실재정 기구 내장원으로 흡수되면서 정부재정이 극도로 궁핍해졌다. 농상공부 산하 기관이었던 전보사·우체사·철도사 및 광산관리 기능이 궁내부에 신설된 통신원·철도원·서북철도국·내장원으로 이관되는 등 수많은 정부 기관들이 황제 권력하에 귀속되었다.[55]

특히 황실로의 재정 집중은 심각한 문제를 야기하고 있었다. 전환국은 1900년 이후에는 탁지부 소속이 아니라 황제에 직속된 재정기관이 되어 황제의 의향에 따라 백동화를 대량 주조하여 황실에 납입하였다. "전환국은 황제의 전환국", "화폐도 황제의 화폐"라는 말이 공공연하게 떠돌 정도였다. 전환국의 백동화 대량 주조가 각종 위조 백동화와 더불어 물가를 폭등시켜 1904년의 물가는 1894년에 비하여 3~5배로 치솟았다. 이는 다시금 정부재정의 위기로 되돌아왔기 때문에 정부는 지세 인상 조치를 취할 수밖에 없었다. 지세는 1894년 당시 1결당 30냥에서 1900년 50냥, 1902년 80냥으로 치솟았다.[56]

정부재정의 만성적인 궁핍으로 인하여 탁지부는 지세를 담보로 하여 황실재정기관인 내장원으로부터 대규모 재정자금 차입을 하게 되었다. 이후 내장원은 탁지부 대출금 환수를 위하여 각 지방에 봉세관을 파견하여 지세를 직접 징수하였다. 이들은 가는 곳마다 지방관과 갈등을 불러일으키고 민인에 대한 수탈을 예사로 함으로써 원성의 표적이 되었다. 이 시기에는 봉세관 외에도 궁내부·내장원, 각 관청과 궁가(宮家)

55) 서영희, 앞의 글.

56) 도면회, 「갑오개혁 이후 화폐제도의 문란과 그 영향(1894~1905)」, 『한국사론』 21, 1989.

에서 어사 · 시찰관 · 염찰사 · 해세위원 · 금광파원 등 각종 명목의 관리들이 공무를 빙자하여 무명잡세를 제멋대로 거둬들이고 있었던 점이 특징적이다. 즉, 중앙의 국가기구뿐만 아니라 지방에서도 중앙에서 파견한 각종 관리와 지방관 사이에 지세 및 각종 잡세를 둘러싼 이원적 수취구조가 만들어지고 있었다. 조세 포탈문제가 발생할 경우 이들 양자 간에 책임 소재를 둘러싼 공방이 전개됨으로써 정부재정을 충실화하는 문제는 더욱 요원해졌다.[57]

국가기구의 이원성 및 궁내부로의 권한 집중문제 외에 국가기구의 통합성을 저해하고 있었던 것은 황제의 인사 처리 방식이었다. 의정 · 참정 · 찬정 등 의정부의 고급 관료들은 황제의 의향에 따라 빈번히 교체되었고, 많은 경우 황제의 측근 인물 10여 명 정도가 돌아가며 맡고 있었다.[58] 게다가 황제는 긴요한 사안이 발생하면 측근 인물을 각 부의 대신서리 또는 협판으로 임명하여 자신의 의향대루 업무를 처리하게 하고 있었다. 예를 들어 1900년 5월 경무사 이유인을 단 며칠 동안 평리원재판장 서리로 임명하여, 역모죄로 망명했다가 귀국 자수한 안경수 · 권형진을 즉각 처형하게 하였다.[59] 이와 유사한 경우로 1902년 조세금 포탈 수령이 급격히 증가하자 이를 처리하기 위하여 한 해 동안 이용익을 탁지부대신 임시서리, 경무사 임시서리, 평리원재판장 임시서리 등 서너 가지 직책에 임명하였다. 이 외에도 인사 교체가 많았을 뿐만 아니라, 서리 직무체제를 빈번히 사용함으로써 정부의 행정은 난맥상을 이룰 수밖에 없었다.

---

57) 이영호, 「1894~1910년 지세제도 연구」, 서울대학교 국사학과 박사학위논문, 1992, 142~192쪽 ; 이윤상, 「1894~1910년 재정제도와 운영의 변화」, 서울대학교 국사학과 박사학위논문, 1996, 159~193쪽.

58) 오연숙, 앞의 글, 50~60쪽 참조.

59) 도면회, 「1894~1905年間 刑事裁判制度 硏究」, 208쪽. 고종은 이유인과 법부대신 권재형 및 재판에 관여했던 평리원 판 · 검사를 즉각 처벌하고 2개월 후에 다시 복권시켰다.

황제가 주로 기용한 인물은 이용익을 필두로 이근택 · 이기동 · 길영수 · 김영준 · 주석면 · 이유인 등이었다. 이들은 비교적 낮은 신분 출신임에도 불구하고 갑오개혁 이후 파격적으로 고속 승진을 계속하여 단시일 내에 정부 대신급에 이를 수 있었다. 따라서 이들과 기존의 세도가문 출신 관료들은 황제의 신임 및 자파 세력 우위를 확보하기 위하여 상소나 정변 모의를 통한 상대 세력 음해나 무고를 거듭하였고 이것이 또한 정국을 매우 불안정하게 만들고 있었다.[60)]

이처럼 통치기구의 이원성과 불안정한 정치권력 구조는 황제가 국가기구를 사유물로 생각한 데서 나오는 것이었다. 국가가 지녀야 할 공공적 성격은 '황제권 강화가 곧 자주독립'이라는 명분하에서 사라져 버리고 황제의 의향에 따라 통치권력과 재정권, 인사권이 행사되고 있었다. 1899년 이후 1904년에 이르기까지 국정 개혁을 위한 상소나 건전한 비판이 그다지 많지 않은 원인도 여기서 찾을 수 있을 것이다. 황제권의 전횡을 비판하거나 정변을 일으킬 만한 개혁적 세력들은 대부분 투옥 또는 망명한 상태였다. 이로 인하여 국정의 난맥상에 대한 집중적 비판은 황제가 위기감에 몰려 여론을 청취하려고 했던 1904~1905년경 안종덕 · 송규헌 · 신기선 · 최익현 · 곽종석 등 주로 유교적 왕도정치론에 입각한 유생들에 의해 이루어질 수밖에 없었다.[61)]

국가기구가 황제의 사유물처럼 운영되면서 통합성을 유지하지 못한 데다가 민인들 역시 국민으로 통합되어 '충군애국심'을 발휘할 만한 국가적 보호를 받지 못하고 있었다. 즉, 황제 권력이 강화되어 가는 한편에서는 징세권 · 사법권 · 경찰권을 장악하고 있던 지방관들의 인민 수

---

60) 대한제국기 각부대신의 인사 등용에 대해서는 서영희, 「광무정권의 국정운영과 일제의 국권침탈에 대한 대응」, 서울대학교 국사학과 박사학위논문, 1998, 43~74쪽 참조.

61) 『고종실록』, 高宗 41年 7月 15日 안종덕의 상소, 同年 7月 25日 송규헌의 상소, 同年 9月 2日 신기선의 상소, 高宗 42年 1月 7日, 1月 14日, 2月 3日 최익현의 상소, 3月 7日 조병세의 상소, 11月 5日 곽종석의 상소 등 참조.

탈이 심화되어 갔다.

독립협회운동 세력이 정부대신들을 고소하여 처벌받게 하는 등 여러 차례 승리를 거둔 경험은 1898년 이후 인민들의 수령에 대한 고소를 폭증시켰다. 그러나 고소·고발한다고 하여 그 대상들이 모두 처벌된 것은 아니었다. 권세 있는 가문 출신의 수령인 경우에는 무혐의 처리되거나 오히려 고소한 사람들이 무고죄로 처벌받았다. 고소당한 지방관이 고소한 자의 친족을 직접 체포하여 악형을 가하거나 고소인을 맞고소하는 예도 많았다.

수령의 탐학을 관찰부·평리원(최고재판소)·법부 및 정부의 각 부 등에 아무리 호소하여도 올바로 조사하고 처리해주지 않을 경우 민인들은 마지막으로 신문사에 투서하였다. 그러나 이름이 드러나면 화를 입으므로 가명 또는 익명으로 편지를 써서 신문사에 편지를 보내는 편법을 쓸 정도였다.[62)]

인민의 무권리 상태는 황제 중심의 국가체제가 사적 성격으로 변질되었기 때문에 나타난 결과였다. 복종·충성할 의무는 존재하되 재산·생명을 보호받을 권리는 매우 결여된 상황이 지속됨으로써 전제군주를 중심으로 한 국민국가는 독립협회가 구상한 대로 이루어지지 못하고 좌절될 수밖에 없었다.

1904년 러일전쟁의 발발과 함께 황제 중심의 국민국가 수립 구상은 새로운 단계로 이행하였다. 즉, 1904년 2월의 러일전쟁과 일본군의 한국 주둔, 1906년 이후의 일제의 보호 통치는 국가 존망의 위기로 인식되었지만, 다른 한편으로는 전제군주정을 극복하고 새로운 국민국가를 구성할 수 있는 기회로 인식되기도 하였다.[63)]

---

62) 도면회, 「1894~1905年間 刑事裁判制度 研究」, 259~265쪽.

63) 통상 이 시기 이후 전개된 언론·출판·집회·교육 운동 등을 '애국계몽운동' 또는 '자강운동'이라고 지칭해왔다. 그러나 운동의 양상을 상세히 분석해 보면 오히려 사회개혁운동이나 입헌군주제에 입각한 근대국가 수립운동을 지향했다고 파악하는 편이 더 적실할 것이다.

러일전쟁 직후부터 1910년 합병에 이르기까지 등장했던 '애국계몽운동' 단체나 '자강운동' 단체들은 새로 수립할 근대국가의 정체로 대체로 입헌군주제를 구상하였다. 예를 들어 1905년 5월에 결성된 헌정연구회는 그 취지서에서 한국은 군주헌법을 채택하는 것이 마땅하다고 주장하였다.[64] 을사조약 강제 체결 이후인 1906년 3월에 조직된 대한자강회 역시 공화정체가 가장 진보적이고 우월한 정체라고 인식하고 있었으나 한국사회에 실현가능한 정치체제로는 입헌군주제를 구상하고 그 채용을 주장하였다. 대한자강회 강제해산 이후 1907년 11월 천도교세력과 대한자강회 구성원 중심으로 조직된 대한협회 역시 국민주권론을 펴면서 입헌군주제를 주장하였다.[65]

이상에서 보았듯이, 러일전쟁 이후 정세 변화는 한국의 정치세력으로 하여금 독립협회운동기에 좌절된 입헌군주제 구상을 점진적으로 전개해나갈 수 있는 공간을 열어주었으니, 이는 어떠한 정치세력도 국왕(황제)의 위상을 결코 부정할 수 없었다는 점을 여실히 보여준다. 즉, 이들 정치세력의 입헌군주제 구상은 결코 황제권을 부정한 것이 아니라 황제권의 사적 성격을 비판하고 공공적 성격을 회복하고자 한 것이다.

맺음말

국가 전통이 민중적 애국심에 대해 확고하고 영구한 틀을 제공하지 않았을 때는 아래로부터의 애국심이 계속해서 근대 민족적 애국심으로 발전할 수 없는 것이 일반적이다.[66] 오랜 기간 집권적 왕조국가를 유지

---

64) 崔起榮, 「헌정연구회취지서」, 『1900년대의 애국계몽운동연구』, 아세아문화사, 1993.

65) 柳永烈, 「애국계몽사상」, 국사편찬위원회, 『한국사』 43, 262~277쪽.

66) Szücs, *Nation und Geschichte*, pp.125~130 ; 에릭 홉스봄 저, 강명세 옮김, 『1780년 이후의 민족과 민족주의』, 창작과비평사, 1994, 105쪽에서 재인용.

했던 경험으로 인하여, 갑오개혁 이후의 국왕은 '원형 민족주의'에 대한 충성심을 기반으로 근대 민족을 형성할 수 있는 유력한 구심체로 기능할 수 있었다. 즉, 갑오개혁기에 도입된 국가체제의 원리는 왕권을 극도로 제한하고 충군애국하는 균질적 국민을 형성하려는 지향이었다고 할 수 있다. 이를 위해서 자주 국권의 확립과 천명, 왕권의 제한과 내각제도의 실시, 신분제 폐지, 초등교육 실시와 신문 발간, 호구 조사 등의 조치가 추진되었다.

그러나 갑오개혁기의 극단적인 왕권 제한은 개화파 정부 자신의 입지까지 위험스럽게 만들었기에 1896년 2월 아관파천 이후에는 왕권을 중심으로 한 근대국가 구상이 추진되었다. 독립협회운동기에 대한제국을 수립하고 국왕의 황제로의 즉위, 황제를 구심점으로 한 국민 통합 작업이 이루어졌던 것도 이러한 경험을 겪었기 때문에 나타날 수 있었다. 그러나 동일한 '전제군주제'를 말할 때에도 독립협회 주도세력과 황제는 전혀 다른 입장을 견지하고 있었고, 이러한 동상이몽이 깨질 때까지 독립협회 주도하의 '국민 만들기'가 『독립신문』과 만민공동회를 통해서 추진되었다. 이처럼 동일한 '전제군주권' 개념을 사용했다는 것 자체는 독립협회 주도세력의 사회경제적 실력의 한계에서 나오는 것이며, 황제는 그러한 약점을 간파하고 자신의 전제권력을 수립할 수 있었다.

따라서 군대를 동원한 강제해산 앞에서 독립협회가 저항을 보인다는 것은 애초부터 불가능하였다. 1899년의 「대한국국제」와 일련의 황제권 강화정책은 당시의 정치역학상 대한제국판 '보나파르티즘'을 출현시켰다. 그러나 대한제국기 '보나파르티즘'의 출현은, 황제권의 사적 권력으로의 경사, 그와 결탁한 정치 · 사회 세력에 의한 무제한적 인민 수탈과 억압을 가져와 국민국가 구상을 좌절시켰다. 그리하여 충성 · 복종의 의무는 존재하되 생명 · 재산상 권리는 보호받지 못하는 '신민'을 만들어 냈으니, 이것이야말로 일본의 침략에 대해 민족적 저항을 결집시키지 못한 주요한 원인이었다. 러일전쟁 이후 등장한 정치단체들이 입헌군주제론을 주장하였던 것 역시 1899년 이후의 전제군주정에 대한 부정적 평가로부터 연원하는 것이었다.

(『역사와 현실』 50, 2003)

유교 지식인의 독립운동

– 1919년 파리장서의 작성 경위와 문안 변동

林京錫

임경석

성균관대학교 사학과 교수

저서로 『한국사회주의의 기원』(역사비평사, 2003), 『이정 박헌영 일대기』(역사비평사, 2004), 『잊을 수 없는 혁명가들에 대한 기록』(역사비평사, 2008) 등이 있다.

유교 지식인의 독립운동

– 1919년 파리장서의 작성 경위와 문안 변동

머리말

본고의 목적은 파리장서(巴里長書)의 작성 경위를 추적하고 그 문안의 변동 내용을 밝히는 데에 있다. 파리장서란 1919년 3·1운동 당시 유교 지식인 137인이 파리강화회의에 제출한 한국 독립 제안서를 가리킨다. '파리장서운동'은 일제하 유교 지식인이 참여한 독립운동 가운데 참가자 규모나 사회적 영향력의 측면에서 단연 수위로 꼽힌다. 게다가 독립운동에 참여한 유교 지식인의 논리와 심리를 엿볼 수 있는 텍스트를 남겼다는 점에서 역사학자들의 주목의 대상이 되어 왔다.

파리장서 텍스트가 여러 종류라는 점은 이미 지적됐다. 파리장서 연구를 개척한 허선도는 일찍이 두 종류의 문서가 남아 있음을 언급한 바 있다. '장서 초고'와 '장서 원문'이 그것인데, 이 두 개의 문서 사이에는 '약간의 수정'이 이뤄졌다는 것이다. 이와 함께 허선도는 종래 널리 인용되어 오던 파리장서 텍스트의 신뢰성에 의문을 제기했다. 박은식(朴殷

植)의 저서 『한국독립운동지혈사(韓國獨立運動之血史)』에 「유교도정파려화회서(儒敎徒呈巴黎和會書)」라는 제하에 수록된 텍스트는 원문과 대조해 보면 적지 않은 차이와 오식이 포함되어 있으며, 따라서 원본으로 인정하기 어렵다고 보았다.[1)]

텍스트의 다양성에 관한 논의는 남부희의 연구에 의해 더욱 진척됐다. 그는 파리장서 텍스트를 비교한 결과, 거기에는 '원본'과 더불어 '발송본'이 존재함을 밝혔다. 박은식의 책에 수록된 텍스트는 파리강화회의에 발송할 필요 때문에 다시 한번 수정된 문서라는 것이다.[2)] 남부희에 따르면 두 텍스트에는 적지 않은 차이가 있다. 이 차이는 단순한 착오나 오식으로 빚어진 것이 아니라 의도적인 첨삭이 이루어진 결과였다. 즉 "구 왕실에 대한 맹목적인 신민의식에서 탈피"하고, "국가의 상징을 왕실이나 임금이 아니라 민족이라는 실체"로 보려는, 김창숙(金昌淑)을 비롯한 진취적인 신진 유림의 견해가 반영된 탓이라는 것이다.[3)]

두 사람의 연구성과는 파리장서운동에 관해 풍성한 논의와 흥미있는 논쟁점을 제공했다. 이 문제들은 오늘날에도 되풀이되며 주목받고 있다. 파리장서의 작성 주체가 누구인지를 확정하는 문제는 문안 작성에 참여한 유교 지식인들의 후손과 제자들에 의해 뜨거운 논란의 대상이 되고 있다.[4)] 또한 원본과 발송본 사이에 존재하는 문안상의 차이점도 재검토를 요하는 실정이다. 조동걸은 최근에 발표한 한 논문에서 두 판본이 대동소이하며 큰 차이점이 없다는 견해를 피력한 바 있다.[5)]

필자가 파리장서 텍스트의 작성 경위와 문안 변동을 연구 주제로 삼

---

1) 허선도, 「3 · 1운동과 유교계」, 『3 · 1운동50주년기념논집』, 동아일보사, 1969, 295쪽.
2) 南富熙, 「유교계의 파리장서사건과 3 · 1운동」, 『한국의철학』 12, 경북대 퇴계연구소, 1984, 122쪽.
3) 위의 글, 123~124쪽.
4) 金道基 編, 『重齋선생의 파리장서 試草에 대한 시비 전말』, 內塘書舍, 1998.
5) 조동걸, 「파리장서의 성격과 역사적 의의」, 『한국 근현대사의 이해와 논리』, 지식산업사, 1998, 94쪽.

은 까닭은 바로 여기에 있다. 학계 안팎에서 제기되고 있는 다양한 견해들이 근거를 갖춘 토론을 통해 합리적으로 진화하기를 기대하기 때문이다.

연구사의 현 지평을 둘러볼 때 우리는 다음 두 가지 문제가 엄밀히 검토될 필요성이 있음을 느낀다. 첫째, 파리장서 텍스트가 확정되기까지 언제, 또 누구에 의해 다양한 이본(異本)들이 생성됐는지를 확인하는 문제다. 파리장서 작성 경위를 섬세히 추적함으로써 이 문제를 밝히고자 한다. 둘째, 파리장서 텍스트가 수정을 거듭함에 따라 문안 상에 어떤 변동이 초래됐는지를 확인하는 문제다. 문안 작성과 수정에 개입한 유교 지식인들의 논리와 심리를 재현하고, 그들이 내심 기대했던 의도가 무엇인지를 밝히고자 한다.

1. 파리장서 텍스트의 종류

오늘날 현존하는 파리장서를 직접 읽어 본 사람이라면 누구나 혼란스러움을 느낄 것이다. 왜냐하면 텍스트의 종류가 많을 뿐 아니라, 출처에 따라 자구가 다르기 때문이다.

현존하는 파리장서의 텍스트로는 9종이 알려져 있다. 발간 연도순으로 소개하면 다음과 같다.

1. 「儒敎徒上巴黎平和會書」 大韓民國 元年 4月(대한민국임시정부, 『韓日關係史料集 第四』, 상해, 1919.9.23) ; 국사편찬위원회, 『한국독립운동사 자료 4(임정편 4)』, 1974, 255~257쪽.
2. 「儒林郭鍾錫等提出請願書於講和會」(金秉祚, 『韓國獨立運動史略』, 上海: 宣民社, 1920).
3. 「儒敎徒呈巴黎和會書」(朴殷植, 『韓國獨立運動之血史』, 1920 ; 서

울신문사 출판국, 1946.4 재간행, 142~144쪽).

4. 「長書于巴里平和會」, 『俛宇先生年譜』 卷六(初刊本), 1956 ; 卷三(重刊本), 1961.
5. 「抵巴里書」, 『儒林團獨立運動實記』, 1960년대 중반.
6. 「儒林代表一百三十七人의 送巴里平和會書」, 『한국독립운동사』 3, 국사편찬위원회, 1968, 481~483쪽.
7. 「韓國儒林送巴里平和會書」 開國 528年 3月(巴里長書碑建立委員會, 『韓國儒林獨立運動巴里長書略史』, 1973, 1~4쪽).
8. 「長書」, 『志山集』 卷15, 年譜 1919年 3月條(『志山先生文集』 2, 경인문화사, 1990, 496~501쪽).
9. 「巴里長書草」, 『重齋先生文集附錄』 13, 1998, 43~46쪽.

자료 제1번은 상해임시정부 임시사료편찬회가 국제연맹회의에 제출할 목적으로 작성한 문서집, 『한일관계사료집』 4에 수록된 것이다. 파리장서가 작성된 그해 가을에 밀사 김창숙이 활약 중이던 망명지 상해에서 임시정부 간행물로 출간됐다는 점에서 신뢰도가 높다. 이 문서는 제2번 김병조의 책에 실린 텍스트와 동일하다. 김병조가 임시정부 사료편찬회의 위원 가운데 한 사람이었음을 고려한다면 자연스런 일이라 하겠다. 이 텍스트들은 토씨가 달려 있는 한문본이다. 파리장서 서명자들이 작성한 원본이 순한문본이었음을 고려한다면, 편찬과정에서 독자의 편의를 도모하기 위해 토씨가 덧붙여졌음을 짐작할 수 있다. 인쇄 및 조판과정에서 오자와 탈자가 생겼을 가능성도 있다.

자료 제3번은 파리장서 사건이 일어난 이듬해 상해에서 박은식이 출간한 책에 수록된 글이다. 순한문본에 구두점이 찍혀있는 이 텍스트는 박은식의 저서가 갖는 폭넓은 영향력으로 인해 널리 읽혀왔다. 이 텍스트는 해방 직후 서울에서 재간행된 뒤로 파리장서의 원본으로 간주되어 왔다. 파리장서 제2위 서명자 김복한(金福漢)의 문집에 실린 자료 제8번도 이 자료와 내용이 동일하다. 뒷날 허선도는 이 글이 파리장서 원본과 비교해서 적지 않은 차이가 있음을 밝혔고, 남부희는 이 글을 파리강화회의 발송본이라고 입증했다.

자료 제4번은 파리장서 수석 서명자 면우(俛宇) 곽종석(郭鍾錫)의 연보에 수록된 글이다. 특히 1961년 중간본(重刊本)에 수록된 텍스트는 거창군 국농소(國農所)에 거주하는 이성훈(李成薰) 씨 집의 변소 천장에서 발견된 문서를 전재한 것으로서, 초간본에는 싣지 못했던 서명자 명단도 포함되어 있다.[6] 이 글은 여러 연구자들에 의해 파리장서의 '원본'으로 인정되어 왔다. 국사편찬위원회가 뒷날 편찬한 자료 제6번이 자료 제4번과 동일한 까닭은 바로 이 때문일 것이다.

자료 제5번은 파리장서 서명자 공산(恭山) 송준필(宋浚弼)의 행적을 담은 『유림단독립운동실기』에 실린 것이다. 이 자료는 송준필의 세거지(世居地)인 성주(星州) 고산동(高山洞) 백세각(百世閣)에 소장되어 오던 것으로서, 1960년대 중반에 그의 후손과 제자들에 의해 간행됐다. 이 자료에는 다른 텍스트들과 비교할 때 특이한 구절이 꽤 많다. 다른 어느 것과도 동일하지 않다는 점에서 주목의 대상이 된다. 아마 이 텍스트가 복잡한 초고 작성과정의 어느 한 시점에 형성됐기 때문일 것이다.

자료 제7번은 서울 장충동 남산 기슭에 세워진 비석에 음각되어 있다. 1973년 10월 3일 '한국 유림 파리장서 협회'가 이 비를 세웠는데, 비문 내용은 자료 제4번과 거의 같다. 다만 발송 주체를 명시한 부분과 일부 구절이 자료 제3번과 동일하다. 자료 제3번과 제4번을 종합한 듯한 인상을 준다.

자료 제9번은 제목에도 드러나 있듯이 파리장서 초안들 가운데 하나이다. 수석 서명자 곽종석의 문인인 중재(重齋) 김황(金榥)이 스승의 지시를 받아 작성한 초안이다. 1919년 3월 9~13일에 곽종석의 처소인 거창

---

6) 崔寅巑, 「파리장서 초고의 조명」, 金道基 編, 『重齋선생의 파리장서 試草에 대한 시비 전말』, 内塘書舍, 1998, 1쪽.

군 다전(茶田)에서 머무는 동안에 지은 글이다.[7]

여기 소개한 파리장서 텍스트들은 서로 동일한 것도 있지만, 상호 간에 크고 작은 차이를 내포하고 있다. 보기를 들어보자. 파리장서의 첫머리에는 그 글의 발송 주체와 객체가 명시되어 있다. 자료 제1번은 "한국 유림 대표 곽종석(郭鍾錫) 등은 파리[巴黎] 평화회의 각하 여러분에게 삼가 장서를 올립니다."[8]라는 구절로 시작된다.

다른 텍스트를 보자. 『유림단독립운동실기』에 실린 자료 제5번은 "한국의 비천한 선비 아무개 등은 파리(巴里) 평화회의 각하 여러분에게 감히 하소연하고자 합니다."라는 문장으로 시작된다.[9] 그뿐만이 아니다. 1973년에 건립된 '한국유림독립운동파리장서비'(자료 제7번)는 첫 구절이 "한국 유림 대표 곽종석(郭鍾錫) · 김복한(金福漢) 등 137인은 파리(巴里) 평화회의 각하 여러분에게 삼가 장서를 올립니다."라고 쓰여 있다.[10]

강화회의 개최 장소인 파리를 '파리(巴黎)'나 '파리(巴里)'로 달리 쓰거나, 문서 제출 행위를 '삼가 올린다(謹奉)'거나, '감히 하소연하고자 한다(敢愬告)' 등으로 달리 표현하는 것은 그다지 문제되지 않는다. 하지만 문서 제출의 주체를 서로 달리 규정하는 점은 소홀히 넘기기 어렵다. "한국 유림 대표 곽종석 등"이라는 표현은 "한국의 비천한 선비 아무개 등"이라는 구절에 비해 함의가 명백히 다르며, 또한 "한국 유림 대표 곽종석 · 김복한 등 137인"이라는 규정과도 크게 다르다.

---

7) 허선도, 앞의 글, 295쪽. 초안을 지을 당시 전후 사정에 관해서 언급한 김황 자신의 기록이 있다. 金榥, 「記巴里塑書事」, 『重齋先生文集附錄』 13, 1998, 76~85쪽 참조.

8) 「儒敎徒上巴黎平和會書」, 大韓民國 元年 4月(대한민국임시정부, 『韓日關係史料集 第四』, 상해, 1919.9.23) ; 국사편찬위원회, 『한국독립운동사 자료 4』(임정편 4), 1974, 255쪽.

9) 韓國賤士某等 敢愬告于巴里平和會 諸大位閤下(「抵巴里書」, 『儒林團獨立運動實記』).

10) 韓國儒林代表 郭鍾錫 金福漢等 一百三十七人 謹奉書于巴里平和會 諸大位閤下.

왜 이런 차이가 나타났을까? 그 원인 가운데 하나는 옮겨 적거나 활자를 심는 과정에서 부지불식간에 저질러진 착오 때문일 것이다. 이런 경우에는 오자나 탈자가 문제시될 뿐이다.

각 텍스트마다 내용상의 차이가 나타나게 된 배경에는 더욱 근본적인 이유가 있다. 첫 초안이 작성될 때부터 최종적으로 완성되기까지 파리장서는 여러 차례 가감첨삭이 이뤄졌다. 바로 이 때문에 앞서 살펴본 바와 같은 내용상의 차이가 나타났던 것이다. 누가 어떤 이유로 수정을 거듭했는지, 내용 수정은 어떤 의미를 갖는지 등의 문제를 추적해 보자.

2. 두 개의 초안: 장석영과 김황

파리장서운동을 위해 전국 유림을 규합하는 행동에 나선 사람들을 종종 '경중유림(京中儒林)'이라고 불렀다. 1919년 2월 19일 경남 거창의 산골로 곽종석을 찾아온 윤충하(尹忠夏)는 '경중유림'의 파리장서 계획을 알리고, 곽종석에게 지도자가 되어 줄 것을 요청했다.[11] 또한 그즈음 경북 성주에 거주하던 김창숙도 성태영(成泰英)이 서울에서 보낸 편지를 받았는데, 서울에서 모종의 일을 준비 중이니 바로 상경할 것을 권유하는 내용이었다.[12]

일본 재판 기록에도 파리장서 계획의 입안은 '경성 유생단(京城 儒生團)'에서 이루어졌다고 언급되어 있다. 즉 "경성 유생단은 파리평화회의에 조선독립에 관한 청원서를 제출하고, 이에 의하여 목적을 달하도록 협의"했다는 것이다.[13]

---

11) 金榥, 앞의 글, 76~77쪽.

12) 金昌淑, 「躄翁73年回想記」(1951년 집필), 『金昌淑文存』, 성균관대학교 대동문화연구원, 1987, 191쪽.

13) 「郭鍾錫等 파리장서 관련자의 대구지방법원 판결문」, 大正8年 5月 20日(국사편찬

이 기록들은 파리장서운동의 이니셔티브가 '경중유림'에 있었다는 것을 시사한다. 이러한 이유로 이들의 실체를 확인하는 일은 중요하다. 따라서 본고는 1919년 3월 초에 서울에서 이루어진 유교 지식인들의 한 회합에 주목하고자 한다. 이제 막 터져나온 3·1운동의 뜨거운 열기 속에서 열린 이 모임에서는, 한국 유림의 독립 의지를 밝히는 제안서를 파리강화회의에 제출하는 일에 착수하기로 합의했다. 이를 위해 명망 높은 유림의 종장(宗匠)을 지도자로 삼아 전국 유림을 움직이기로 했으며, 호남의 거유(巨儒) 전우(田愚)와 영남의 거유이자 의정부 참찬(參贊)을 제수받은 바 있는 곽종석을 추대하기로 결정했다. 또한 대표자들을 선정하여 전국 8도의 유림을 결속할 사명을 부여했다. 이들은 지체없이 임지로 출발했다.[14)]

이들의 행위는 극비리에 이루어졌겠지만, 만세시위운동의 확산을 꾀하던 서울의 운동 주도층과 일정한 기맥을 통하고 있었던 것 같다. 3월 5일 밤에 제작된 것으로 추정되는, 서울에서 살포된 지하신문 『조선독립신문』 제3호가 이것을 시사해 준다. 그 유인물에는 '경중유림'의 활동상을 암시하는 다음과 같은 흥미있는 기사가 적혀 있다. "과일(過日) 유림중(儒林中) 숙덕중망(宿德重望)이 있는 노 대가(老大家) 제씨는 대대적 활동을 개시할 것이다."[15)]

필자는 3월 초에 이루어진 재경 유교 지식인들의 회합과 그에 참석한 면면을 추적함으로써 '경중유림' 실체의 일단을 찾을 수 있다고 본다. 이 회합은 3월 3, 4일경에 서울에서 이루어졌을 것으로 보이는데, 참석자 가운데 6명의 이름을 확인할 수 있다. 참석자 김창숙의 회고에 따르면 이중업(李中業), 유준근(柳濬根), 성태영(成泰英), 김정호(金丁鎬), 유진

위원회, 『한국독립운동사』 3, 484쪽).

14) 金昌淑, 앞의 글, 192~193쪽.

15) 「조선독립신문」 제3호(판결문중 요지) ; 국사편찬위원회, 『한국독립운동사 자료』 5, 2쪽.

태(俞鎭泰), 김창숙이 그들이다.[16] 이들이 회합 참석자 전체는 아닐 테지만, 중요 인물이었음에는 틀림없다. 왜냐하면 이들이 바로 전국 유림을 결속할 임무를 띠고 각지로 파견된 사람들이었기 때문이다.

이들은 나이를 기준으로 보면 60세 전후의 노년층과 40세 전후의 장년층으로 대별된다. 그중 노년층에 속한 두 사람은 고종 인산(因山)에 참여하기 위해 상경한 성망있는 유생이었다.

거사 초기에 김창숙과 김정호 등의 장년층으로부터 '일을 함께 할 만한 성망과 풍력(風力)이 있는 어른'[17]으로 꼽힌 기암(起岩) 이중업은 '한일합방' 때 단식 끝에 아사(餓死)한 안동 유생 이만도(李晩燾)의 아들이었다. 뿐만 아니라 그 자신이 1895년 당시 을미사변에 항의하여 경북 유림 지도자들과 함께 의병을 일으킨 경력이 있는 명망 높은 인사였다.

호남의 거유 간재(艮齋) 전우(田愚)를 설득하는 임무를 띤 유준근도 당년 59세의 기개 높은 유생이었다. 그는 면암(勉庵) 최익현(崔益鉉)의 문인으로서, 1896년과 1906년에 충남 홍성에서 반일 의병전쟁을 일으킨 경력을 갖고 있다. 그는 의병전쟁을 주도한 혐의로 1906년부터 4년 동안 일본 대마도(對馬島)에 구금됐으나, 조금도 기개가 꺾이지 않았다고 한다.[18]

40세 전후의 장년층 인사들은 이미 오래전부터 교분을 갖고 있었다. 단순한 친분 관계뿐 아니라 정치 · 사상적으로 동지적 입장에 있었다. 성태영과 김정호는 합방 전후부터 만주 · 연해주에 '광복을 도모할 터전'을 개척하기 위한 행동에 뜻을 모은 바 있다.[19] 김창숙도 오래전부터

---

16) 金昌淑, 앞의 글, 193쪽.

17) 위의 글, 192쪽.

18) 宋相燾, 『騎驢隨筆』, 국사편찬위원회, 1955, 91쪽.

19) 金昌淑, 「海史 金公 墓碣銘」, 『金昌淑文存』, 성균관대학교 대동문화연구원, 1987, 161쪽. 성태영과 김정호, 두 사람 외에 이천경(李天敬), 유안무(柳安茂), 김노규(金魯圭) 등도 가담한 이 그룹에는 한때 김구(金九)도 관련을 맺은 적이 있었다. 도진순 주해, 『백범일지』, 돌베개, 167~175쪽 참조.

이 두 사람과 친분을 갖고 있었음은 잘 알려져 있는 바다. 대한제국 시기에 무관학교를 졸업하고 독립협회운동에도 참여한 유진태의 경우가 다소 이채롭다.[20] 하지만 그가 파리장서운동 과정에서 호서 유림과 영남 유림의 연합을 주선했음을 감안한다면, 그는 유교 지식인 사회 내에서도 폭넓은 교분을 유지하고 있었던 것으로 추정된다.

면면을 알 수 있는 6명의 인적 사항을 토대로 '경중유림'의 실루엣을 그릴 수 있다. 이들이 그 구성원 전부가 아닐 터이므로 우리의 묘사는 매우 개략적인 것이 될 수밖에 없다. 하지만 적어도 그 명칭 때문에 생기기 쉬운 오해는 피할 수 있다. 다시 말해 '경중유림'이란 서울에 상주하는, 경학원(經學院)과 고위 관료 중심의 유림세력이 아님은 명백하다. 당시 경학원 대제학으로 재임 중이던 김윤식(金允植)과 같은 기관의 부제학이던 이용직(李容稙)은 이 운동선에서 벗어나 있었다. 이들은 3·1 운동이 한층 고조된 국면에서 일본 정부 앞으로 조선독립청원서를 제출하는, 좀 더 온건한 행동 방식을 선택했다.

경중유림의 구성원은 고종의 인산(因山)에 참여하기 위해 상경한 각지 유생들 속에서 나왔다. 그중에서 파리장서운동의 대의와 필요성에 공감한 인사들이 전국 유림의 결속을 꾀했던 것이다. 이러한 일시적 결합체가 곧 '경중유림'이었다. 이 결합체는 오래전부터 정치적·조직적으로 결속되어 있던 활동력 있는 40대 유생층과 기나긴 반일운동 경력을 지닌 명망높은 유림 원로들로 구성됐다고 볼 수 있다.

이제 파리장서의 문안 채택 경위에 집중해서 살펴보자. '경중유림'의 행동계획에 따르면, 파리장서의 문안 작성은 수석 서명자 가운데 한 사람으로 예정된 곽종석에게 위임됐다. 면우 곽종석은 한주(寒洲) 이진상(李震相)의 학맥을 계승하며, 경남 서부 지역과 경북 서남부 일대의 지역적 기반을 갖고 있는 데다가, 그 자신이 유림의 종장(宗匠)이라는 일

---

20) 보훈처, 『독립유공자공훈록』 11, 190~192쪽.

컬음을 받는 저명한 학자였다. 곽종석은 파리장서운동의 수뇌 역할을 맡아 달라는 요청을 기꺼이 수락했다.

파리장서 문안 작성을 위임받은 곽종석은 초안 작성을 주위 여러 인사들에게 의뢰했다. 이를 통해 실제로 파리장서의 첫 초안을 작성한 사람은 둘이었다. 그중 한 사람은 경북 성주에 거주하는 저명한 유생 회당(晦堂) 장석영(張錫英)이었다. 그는 곽종석과 더불어 이진상의 문하에서 배웠다. 그는 수석 서명자 곽종석과 함께 이진상의 수제자 그룹인 '주문팔현(洲門八賢)'의 일원으로 일컬음을 받았다. 평생토록 성리학설 연구에 전념하고 예학(禮學)에 힘써, '영남의 이름있는 석학(嶺之名碩)'이라는 칭호도 얻었다.[21] 그는 곽종석의 부탁을 받고 파리장서 초안을 지었다. 이 초안을 '회당본(晦堂本)'이라 부르기로 하자.

곽종석은 자신의 문인들에게도 또 한 벌의 초안을 작성하도록 지시했다. 그러나 지시를 받은 문인 가운데 권명섭(權命燮)과 김수(金銖)는 사양하고 응하지 않았다고 한다. 경북 봉화군 유곡(酉谷) 출신의, 당년 34세의 젊은 유생 권명섭은 초안 작성에 응하지 않은 까닭에 대해 "오늘날 선생이 아니고서 누가 이 일을 담당하여 글을 짓겠느냐"고 말했다고 한다.[22] 하지만 그는 파리장서운동의 대의와 필요성에 대해서는 열렬히 지지했다. 그는 초안 작성에는 불응했지만, 파리장서에 서명하기를 사양하지는 않았다. 김수가 초안 작성에 응하지 않은 까닭은 기록에 남아 있지 않지만, 그도 권명섭과 다르지 않았으리라고 생각된다. 그는 경상남도 의령, 함안, 칠원 일대의 서명자 규합을 위해 노력했다.[23]

스승의 지시에 따라 초안 작성에 임한 사람은 당년 25세의 청년 유생, 중재(重齋) 김황(金榥)이었다. 그는 곽종석의 지시에 따라 고종 인산에 참여하기 위해 서울에 다녀갔었다. 3·1운동의 발발을 목격하고 '경중유

21) 金榥, 「隨記」, 『重齋先生文集附錄』 13, 1998, 91쪽.
22) 琴章泰·高光稙, 『유학근백년』, 박영사, 445쪽.
23) 金榥, 「記巴里塑書事」, 79쪽.

림'과 곽종석 간의 비밀 연락을 주선한 사람도 바로 그였다. 그는 귀환 직후 거창 곽종석의 처소에서 3월 9~13일 사이에 5일간 머물며 초안을 작성했다. 이 초안을 '중재본(重齋本)'이라고 부르기로 하자.

김창숙이 곽종석의 거처인 경남 거창에 도착한 것은 3월 15일이었다. 두 사람은 파리장서운동의 전반적 상황을 논의한 뒤에 문안 작성에 들어갔다. 문안 작성은 회당본과 중재본, 두 개의 초안을 검토하는 방식으로 진행됐다.

김창숙은 회당본이 "문장은 극히 좋으나 사실이 소략한 곳이 많으니", 외교 문서로는 부적절하다고 여겼다.[24] 곽종석도 그 의견에 동의했다. 그는 회당본이 "통달되지 못하다고 여기고 제쳐 두었다."고 한다.[25]

구체적으로 회당본의 어느 곳이 부적절하다고 간주되었던 것일까? 이 문제는 언제나 관심의 대상이 된다. 파리장서 주도자들의 이념적 지향과 심리적 성향을 살피는 데 좋은 소재가 되기 때문이다. 하지만 유감스럽게도 회당본은 오늘날 현존하지 않는다. 회당본이 중재본과 대비하여 기조와 내용상의 차이가 있었는지 아니면 단지 문체의 차이만 있었는지, 확인할 도리가 없다. 다만 외교 서한으로 삼기에 부절적했다는 김창숙의 언급으로부터, 외교 실무상의 유용성 여부가 판단 기준이 됐으리라고 짐작해 본다.

두 사람은 중재본을 저본으로 삼아 교열에 착수했다. 김창숙은 "사실은 극히 선명하게 서술되었지만, 문장에 지루한 곳이 없지 않은 듯하오니, 좀 더 깎고 다듬을 것"을 제안했다.[26] 이에 대해 곽종석도 동의를 표했으며, 직접 붓을 들고 수십 줄을 삭제했다고 한다.

중재본에서 삭제된 부분이 어떤 내용이었는지 확인할 수 있다. 김황이 남긴 수기에 따르면, 그의 초안에서 지워진 부분은 두 군데였다. 그중

---

24) 金昌淑, 「躄翁73年回想記」, 195쪽.
25) 金榥, 「記巴里塑書事」, 82쪽.
26) 金昌淑, 「躄翁73年回想記」, 196쪽.

하나는 헤이그 밀사 이준의 할복 자살을 언급한 문장이었다. 삭제된 문장은 파리장서 원문의 "차어일본역미위득계야(此於日本亦未爲得計也)" 아래에 놓여 있었으며, 그 내용은 다음과 같았다.

> 예전 헤이그 회의에 우리나라 신하 이준(李儁)이 임금의 명을 받들어, 갖은 난관을 무릅쓰고 밀행하여 공좌(公座)에 호소하러 갔으나, 공좌는 그를 듣지 않았다. 이에 배를 가르고 심장을 찔러 강제조약의 원통함을 소리치니, 좌중 인사들이 그를 주시하며 탄식하기에 이르렀다. …… 우리나라 사람들은 지금도 서로 말하기를, 일찌기 이처럼 통한스런 일이 없었으며, 만국의 불공평함을 유감스럽게 생각하고 있다.[27]

여기서 문제시된 곳은 '이준이 배를 가르고 심장을 찔러 강제조약의 원통함을 소리쳤다'는 구절이었다. 곽종석은 삭제 이유에 대해 "구전에만 의거해서는 불충분하다고 여긴 때문"이라고 해명했다.[28] 즉, 구미 열강의 대표자들에게 제출하기 위한 외교 문서이므로 명백히 확증할 수 있는 사실들에 기초해서 논의를 전개해야 한다고 판단했던 것이다.

김황의 초안에서 삭제된 또 다른 부분은 고종 독살설을 다룬 구절이었다.

> (일본은) 우리나라의 적신(賊臣)들과 함께 음모를 꾸며, 그들을 각각 대표라고 칭하고 사사로이 문서를 지어서 종횡으로 거짓을 늘어놓으며 공공(公共)의 눈을 속이고자 하였다. 또 밀실에서 우리 임금을 협박하여 서명할 것을 청하니, 우리 임금은 분노를 터트리며 차라리 죽을지언정 그렇게 할 수 없다고 했다. 저 적신들은 교활한 음모가 성공하지 못하고 간악한 모습이 폭로될까 두려워 했다. 급기야

27) 金榥, 「記巴里塑書事」, 82~83쪽.
28) 위의 글, 82쪽.

결에서 모시는 사람들을 몰래 규합하여 흉수(兇手)를 들이댐으로써, 신보(信寶)를 훔치고 남은 생명을 해쳤으니, 어찌 차마 말로 옮길 수 있으랴.[29]

이 구절은 두 가지 내용으로 이뤄져 있다. 일본은 '한국 인민이 일본의 통치를 신뢰하고 있으며 분리독립을 바라지 않는다'는 내용의 「독립불원서(獨立不願書)」를 파리강화회의에 제출하고자 음모를 꾸몄다는 것이다. 또한 고종도 그 문서에 서명하기를 거절했기 때문에 '적신(賊臣)'에게 독살당했다는 것이다.

고종 독살설은 당시 한인들 사이에 파다하게 전파되어 있었다. 보기를 들면, 1919년 3월 1일 아침에 '국민대회' 명의로 서울 시내에 살포된 격문 「오호통재라, 아! 이천만동포여」는 바로 이 내용을 담고 있다.[30] "태상황제(고종: 인용자) 폐하 붕어(崩御)의 원인을 아느냐, 모르느냐?"라는 자극적인 어구로 시작하는 이 격문에는 위 음모에 가담한 '적신'의 이름들도 생생히 거론되어 있다. 이완용(李完用, 귀족대표), 김윤식(金允植, 유림대표), 윤택영(尹澤榮, 종척 대표), 조중응(趙重應)·송병준(宋秉畯, 사회 대표), 신흥우(申興雨, 교육·종교 대표) 등이 그들이다.[31]

이 명단 가운데 유교 지식인들을 분노케 했던 것은 '유림 대표' 명의로 김윤식의 이름이 거론된 점이다. 경학원 대제학에 재임함으로써 일본의 시정에 협력한 김윤식이 고종 독살 음모에 가담한 혐의도 문제거니와, 그가 '유림 대표'라는 명의를 사용한 점에 특히 격분했다. 유교 지식인들은 바로 여기서 행동에 나서야 한다는 강렬한 충동을 느꼈다. "우리 유림된 자는 김윤식이 대표가 되어 매국의 이름을 감수하게 맡겨둘 수

29) 위의 글, 83쪽.

30) 「嗚呼痛哉, 我二千萬同胞ヨ……」(大正8年 3月 1日 高第 5288號, 「독립선언서 발견의 건」의 별지 제2호 ; 姜德相 編, 『現代史資料』 25, 東京: みすず書房, 1966, 283~284쪽).

31) 위와 같음.

없다."[32]는 것이 파리장서운동 참가자들의 공통된 심정이었을 것이다.

그렇다면 곽종석과 김창숙이 고종 독살설을 삭제한 이유는 무엇일까? 곽종석은 이렇게 말했다. "궁중(宮中)의 일을 명백한 증거가 없이 공회(公會)에 갑자기 선포하면 장래 그 주장을 계속할 방도가 없으므로, 단지 그 정상(情狀)만 대략 보여줄 뿐이지 소리높여 말할 바가 아니다."는 것이다.[33] 결국 명백한 증거를 제시할 수 없기 때문에, 파리강화회의 앞으로 제출하는 외교 문서에는 부득이 명시하기 곤란하다고 생각했던 것이다.

고종 독살설을 삭제한 대신에 다음 한 구절이 추가됐다. 고종의 갑작스런 의문의 죽음이 한인의 분노를 불러 일으킨, 그 '정상(情狀)'을 보여주기 위해서였다.

> 하룻밤 사이에 갑자기 우리 임금이 돌아가시니, 온나라가 흉흉하여 원통함이 하늘에 사무치고 원한을 호소할 곳이 없었다. 이에 국장(國葬) 날에 각 종교, 각 단체, 개인 남녀들이 독립 만세 소리를 불러서 우리 임금의 영혼을 위로해 드렸다.[34]

고종이 의문의 죽음을 당하여 온 백성이 원통해 했고, 그 때문에 3·1운동이 일어났음을 시사하고 있다. 대중적인 반일 시위운동을 촉발한 것은 임금의 의문의 죽음이라는 것이다.

이처럼 이준 할복설과 고종 독살설이 삭제된 이유는 동일했다. 문체가 지루하기 때문에 수정이 이루어진 것은 아니었다. 또한 국제정세관이나 정치 이념의 불일치 때문에 가감첨삭이 이루어진 것도 아니었다. 당시 교열의 초점은 '외교 문서로서의 적절성' 여부의 문제였다. 확증할

---

32) 金榥, 「記巴里塑書事」, 77쪽.
33) 위의 글, 82쪽.
34) 위의 글, 83쪽.

수 있는 사실에 기초해서 작성해야만, 열강 대표들에 대한 설득력을 높일 수 있다고 생각했던 것이다. 회당본을 기각하고 중재본을 저본으로 채택한 최초의 선택에 뒤이어, 중재본에 대한 가감첨삭에서도 외교 실무의 유용성 여부가 판단의 기준이 됐던 것이다.

경상남도 거창군(居昌郡) 다전(茶田) 마을의 면우 곽종석 처소에서 곽종석과 김창숙이 함께 교열하여 작성한 파리장서 텍스트를 '면우본(俛宇本)'이라고 부르자. 이 텍스트는 종래 연구자들에 의해 파리장서 원본이라고 불리던 것이다. 곽종석은 파리로 향할 유림 대표자 김창숙에게 파리장서 텍스트와 서명자 명단을 건네주고, 해외로 나가는 데 필요한 여러 편의를 주었다. 해외 여행을 도와줄 인물을 알선하고, 여비를 지원하며, 경유지 중국에서 도움을 줄 만한 사람들을 소개했다. 이윽고 김창숙은 파리장서 '면우본'을 휴대한 채 서울로 떠났다.[35]

3. 유림 단일안과 곽종석

서울에 도착한 김창숙은 '경중유림'과 재회했다. 전국 8도의 유림을 규합하기 위해 파견됐던 인사들이 다시 모여 활동 성과를 점검했다. 더러는 예기했던 성과를 올리고 더러는 실패했다. 특히 호남 유림의 합류에 커다란 영향을 미칠 간재 전우와의 교섭이 성사되지 못했음이 드러났다.

'경중유림'으로부터 전우의 참여를 권유할 목적으로 파견된 인사는 유준근이었다. 그의 보고에 따르면 전우는 "유자(儒者)가 도(道)를 위해 죽는 의리는 머리 깎은 자들이 벌이는 복국(復國)운동과는 아무 상관이 없다."고 말했으며, 유림 대표의 파리 청원서 문제를 반대했다고 한다.[36]

---

35) 金昌淑, 「躄翁73年回想記」, 196쪽.

전우와 그 문인들이 처음부터 파리장서 참여를 배제했던 것은 아니다. 1919년 1월에 이미 영남 유생 이수홍(李秀洪)이 찾아와 파리대회에 독립청원서 제출문제를 협의해 온 적이 있으며, 전우의 수제자인 오진영(吳震泳)은 스승의 위촉으로 파리대회에 보내는 독립청원서 초안을 지은 일이 있었다.[37] 이수홍이 '경중유림'과 어떤 연관을 갖고 있었는지 여부는 아직 확인할 수 없으나, 전우와 그 문인들이 한때 파리장서 참여 문제를 능동적으로 검토한 적이 있음은 실제 있었던 일로 보인다.

하지만 전우 진영은 결국 파리장서운동에 불참했다. 불참 이유를 전우 자신의 목소리를 통해 들어 보자.

> 이씨 종사(宗社)를 복벽(復辟)하여 대통령 제도를 허용치 않을 것을 분명히 하고, 공자교를 세워 기독교를 배제할 것을 분명히 하고, 군부(君父)의 원한을 씻어낼 것을 분명히 하고, 원수 같은 이적(夷狄)의 무리를 몰아낼 것을 분명히 하고, 단발 제도를 엄금할 것을 분명히 해야 한다. …… 이렇게 된다면 서명 권유에 따랐다가 몸이 만 갈래로 찢겨 죽는다 하더라도 또한 웃음을 머금고서 땅에 묻힐 수 있을 것이다.[38]

전우에 따르면 '복국(復國)'의 목표는 '이씨 종사'를 회복하고 전통적인 유교 문물을 복원하는 데에 놓여야 했다. 그런데 당시 고조되던 독립운동은 그게 아니었다. "시중의 논의가 대통령 제도를 숭상하고, 서양제도를 따르는" 것이므로, 유생들이 간섭할 일이 아니라는 게 전우의 생각이었다. 그는 국권이 아직 회복되지 않았는데, 몸이 먼저 오랑캐화하는 것은 한때의 명성을 탐하는 부질없는 일이라고 규정했다.[39] 파리대

---

36) 위의 글, 198쪽.
37) 琴章泰 · 高光稙, 『속 유학근백년』, 여강출판사, 1989, 23쪽.
38) 「答孟士幹輔淳」 己未(1919), 『秋潭別集』 卷之一, 上海, 1929, 29쪽.
39) 『艮齋先生年譜』 卷之二, 己未(1919)年條, 32쪽.

회의 열강 대표들이야말로 이적(夷狄)의 우두머리인데 그들과 제휴하여 파리장서운동에 나서게 되면, 한줄기 보존해 온 '화맥(華脈)'이 일조에 훼손되고 말리라는 논리였다. 결국 전우와 그 문인들의 파리장서운동 불참은 그들이 견지해 오던 화이론(華夷論)적 세계관과 복벽론(復辟論)의 표현이었던 것이다.

한번 강회(講會)를 열면 유생 일천 수백 명이 참여했다는,[40] 커다란 명망을 가진 전우 진영은 결국 파리장서운동에 불참했다. '경중유림'은 이미 확보된 서명자만으로 파리장서운동을 강행하기로 했다. 대표자 김창숙은 해외로 나아갈 준비에 착수했다.

이즈음 중요한 상황 변화가 일어났다. 호서(湖西) 지방의 유학자 17인이 지산(志山) 김복한(金福漢)을 수석 서명자로 하는 별개의 파리장서를 작성하여, 대표자를 상경시킨 것이다. 김복한은 갑오경장 이전에 이미 대사성, 형조참의, 승지 등의 중앙 고위 관직을 지낸 경력이 있고, 1896년 의병항쟁 당시 충청도 홍주 의병의 지도자 가운데 한 사람이었다.

호서 유림의 대표자로 선임된 사람은 임석후(林錫厚)였다. 그는 독자의 파리장서를 휴대하고 있었다. 지산 김복한을 수석 서명자로 하는 이 문서를 '지산본(志山本)'이라고 부르자. '경중유림'은 두 갈래 파리장서운동의 통합을 주선했다. 비밀리에 이루어지던 두 갈래 파리장서운동을 단일화하는 데에는 경중유림의 구성원인 유진태와 이득년(李得秊)의 역할이 컸던 것으로 보인다.

두 갈래 파리장서의 통합 논의를 위해 호서 유림의 대표자 임석후(林錫厚)와 영남 유림의 대표자 김창숙이 합석했다. '경중유림'의 주요 멤버들도 동석했다. 세 가지 문제가 합의되어야만 했다. 서명자 명단, 해외 파견대표자 선정, 파리강화회의 제출 문서의 확정이 그것이다.

이제 파리장서는 다시 한번 바뀔지도 모르는 상황에 놓였다. '면우본'

40) 『艮齋先生年譜』 卷之二, 庚子(1900)年條, 8쪽.

과 '지산본'을 앞에 두고 통합회의 참석자들은 심사숙고했다. 그 결과 다수가 '면우본'을 지지했다. 면우본이 '매우 선명하고 충실해서 다시 더 말할 나위 없다'는 것이다. 임석후도 이론을 제기하지 않았다.[41)]

'지산본'을 기각하고 '면우본'을 채택한 행위는 일정한 가치판단을 전제로 한 것이다. 어떤 기준하에 그러한 판단을 내렸는지를 알아보려면, 양자를 엄밀히 대비하는 것이 필요하다.

'지산본'은 오늘날 전하지 않는다.[42)] 따라서 그것을 '면우본'과 낱낱이 대비할 길은 없다. 그렇다고 해서 양자의 내용을 전혀 비교할 수 없는 것은 아니다.

두 문서의 내용을 비교할 수 있는 단서 가운데 하나는 파리장서에 대한 호서 유학자들의 반응을 통해서 찾을 수 있다. 김복한은 대표 김창숙이 해외로 출발한 뒤에 파리장서 면우본을 읽었다. 그는 읽고 난 뒤 찬사를 아끼지 않았다고 한다. 다만 한 군데를 빼고는 말이다.

김복한은 어떤 대목에서 불만을 느꼈을까? 그의 논평에 따르면 "'대명, 대화, 대인무(大明, 大化, 大仁武)' 등의 어구 아래 부분은, 태중(太重)하기 때문에 오늘날 이적(夷狄)의 우두머리들에게 베풀 바가 아닌 것이 결함이라"고 했다고 한다.[43)]

김복한이 문제 삼은 구절을 파리장서에서 찾아보자. 파리장서에는 파리강화회의가 개최된 데 대하여 다음과 같이 높이 평가하는 대목이 있다. "이것은 하늘이 오늘날 대인무(大仁武)를 보내시어, 천지의 뜻을 받들어 큰 광명(大明)을 비치고 큰 조화(大化)를 행하며, 천하를 한결같이 대동의 세계로 돌아가게 하고, 만물로 하여금 각각 그 본성을 누리게 한 바이다."[44)]라는 구절이 그것이다.

---

41) 金昌淑, 「躄翁73年回想記」, 198쪽.

42) 김복한의 둘째아들 金魯東이 '지산본'을 보관해 왔는데, 언젠가 분실했다고 한다. 한편 제자 金容彧도 한 부를 보관하고 있었으나, 해방 전 어느 때에 신변이 위험하여 소각해 버렸다고 한다(南富熙, 앞의 글, 119쪽).

43) 金榥, 「記巴里塑書事」, 84쪽.

'면우본'이 파리강화회의를 가리켜, 천하를 대동(大同)세상으로 귀일시킬 위대한 사명을 갖고 있다고 언급한 데 대하여, 김복한은 못마땅한 심정을 토로했던 것이다. 김복한이 말하는 '이적의 우두머리들'이란 곧 파리강화회의에 참석하는 승전국 대표들을 지칭한다. 저들을 형용하면서 어찌 '대명', '대화', '대인무' 등의 태중한 어구를 사용할 수 있느냐고 질책한 것이다.[45] 김복한의 불만은 파리장서가 화이론적 세계관에서 일탈됐다고 판단한 데서 연유한다.

김복한이 논평한 것처럼 '면우본'은 화이론적 세계관에서 벗어난 것이었는가? '면우본'에서 국제 정세관이 어떻게 표출되어 있는지를 좀 더 추적해 보자.

먼저 한국의 지위를 '만국의 하나'라고 규정한 점이 눈에 띈다. "평화회의를 개최한다는 소식을 듣고난 뒤 우리나라 인민은 모두 기뻐 날뛰며 흥분했으며, '이제 만국이 참으로 평화롭게 된다면, 우리 한국도 만국의 하나이니 어찌 우리에게만 평화가 없겠는가'라고 여겼다."[46]는 것이다. 한국을 가리켜 "한줄기 양맥(陽脈)을 보존한 소중화(小中華)"라고 인식하는 화이론적 세계관과는 사뭇 거리가 있음을 확인할 수 있다. 화이론을 관철시키고자 했다면, 이런 표현은 불가능했을 것이다.

그뿐만이 아니다. '만국의 공의(公議)'도 인정하고 있다. 일본이 한국의 독립을 영구히 보장한다던 거듭된 공언을 뒤엎고 한국을 병합한 것은, 단지 한국만을 무시한 것이 아니라 '만국의 공의'를 무시한 행위라고 규정했다.[47]

---

44) 此天之降大仁武於今日 奉若天地之心 照大明而行大化 一天下而歸之大同 傳萬物各遂其性者也(「儒林代表一百三十七人의 送巴里平和會書」, 『한국독립운동사』 3, 국사편찬위원회, 1968, 481쪽).

45) 『志山集』 卷15 附錄 年譜, 경인문화사, 1990, 501쪽.

46) 「儒林代表一百三十七人의 送巴里平和會書」, 『한국독립운동사』 3, 국사편찬위원회, 1968, 481쪽.

47) 誘之以韓民之情願 圖免萬國之公議 是不惟無韓於其手分 實亦無萬國於其心計也(위의 책, 481쪽).

'면우본'이 만국공법적 국제 정세관에 입각하여 쓰여 있음은, 제1차 세계대전 종결 이후 국제질서 재편과정을 가리켜 '세계 유신의 날'을 맞이했다고 표현하는 데서도 잘 드러난다. 즉, "이제 세계 유신의 날을 맞이하여 나라의 유무가 이번 거사에 달려 있다."고 서술되어 있다.[48] 이런 기조는 3·1운동 당시 국내외에서 발표된 각종 독립선언서의 국제정세 인식과 기본적으로 동일한 것으로 보인다. 유명한 기미독립선언서는 제1차 세계대전 종결 이후, "세계 개조의 대 기운"이 일고 있으며, 인류와 시대 양심이 '정의(正義)'와 '인도(人道)'를 추구하고 있다고 서술했다. 또한 이러한 추세를 "시대의 대세(大勢)"라고 표현한 바 있다.[49]

'면우본'이 파리강화회의 각국 대표자들에게 '태중한 어구'를 사용한 것은 바로 이러한 맥락에서였다. 곽종석은 만세시위운동이 왕성히 일어난 원인 가운데 하나도 파리강화회의에서 찾았다. 즉, 시위 군중들이 죽음의 위험을 무릅쓰고 용감히 진출할 수 있었던 까닭은 "억눌린 충정이 오랫동안 쌓였다가 터져나온 것이기도 하지만, 또한 여러분에게서 기회와 용기를 고무받은 결과이기도 하다."고 표현했다.[50] 곽종석은 각국 대표자들에게 "공판(公判)의 권위를 더욱 높이기"를 권유했다. 더 나아가 "큰 광명(大明)과 같이 비치지 않는 곳이 없고 큰 조화(大化)와 같이 순행치 않음이 없도록 하시면, 우리의 없어진 나라를 회복할 수 있을 뿐 아니라, 도덕이 일세(一世)에 떨치고, 여러분의 사명도 완수될 수 있으리다."고 말했다.[51]

'지산본'과 '면우본'의 내용을 비교할 수 있는 또 하나의 단서가 있다.

---

48) 今當大界維新之日 國之有無 在此一擧(위의 책, 481쪽).

49) 朝鮮民族代表 33人, 「宣言書」 朝鮮建國 4292年 3月.

50) 雖捕縛鞭戮 交加於前 徒手爭先 就死而不悔 此可見窒鬱之衷 積久必洩 而抑亦諸大位之啓其機而鼓其勇也(「儒林代表一百三十七人의 送巴里平和會書」, 『한국독립운동사』 3, 국사편찬위원회, 1968, 481쪽).

51) 惟諸大位 憐而察之 益恢公判之議 使大明之照 無不偏 而大化之行 無不順 則不惟鍾錫等之無國而有國 抑亦道德之幸甚於一世 而諸大位之能事 眞可畢矣(위의 책, 482쪽).

김복한의 문집 『지산집(志山集)』 권15 연보 1919년 3월조에 김복한이 지은 '장서'의 요지가 기재되어 있다. 그에 따르면 네 가지 점이 특히 강조됐다. 첫째 일본이 약속을 어기고 조선을 강제 병합한 경위, 둘째 을미사변 당시 명성황후가 피살되고 1919년에 고종이 독살된 경위, 셋째 3·1운동에 참가한 광범한 군중의 울분, 넷째 한국 강토의 복원과 '이씨종사(李氏宗社)'의 부흥 등이 그것이다.[52]

이 중에서 넷째 조항이 가장 눈에 띈다. 바로 독립 이후 재건될 국가의 성격을 제시하고 있다. '이씨 종묘와 사직'을 부흥한다고 명시함으로써 왕정복고를 지향하는 자신들의 정치적 목표를 전면에 부각시킨 것이다.

'면우본'도 충군애국의 심정을 다각도로 표현하고 있다. 보기를 들어보자. 장서를 제출하는 자신을 지칭하여 "구국(舊國, 대한제국: 인용자)의 신민으로서 선군(先君)의 유풍(遺風)에 따라 유교 문하에 종사"하는 사람들이라고 표현하고 있다.[53] 그뿐만이 아니다. 일본의 한국 병합 이후 독립을 희구해 온 주체도 '우리 군주와 우리 나라'라고 표현했다. "우리 군주와 우리 나라(吾君吾國)는 자나깨나 탄식하며, '언제나 하늘이 우리를 돌보시어 좋은 운수가 돌아 올 것인가?'라고, 수치와 고난을 참으면서 기다린 지 이미 10년이 됐다."는 것이다.[54] 3·1운동이 발발한 동기도 사망한 군주에 대한 인민의 충성심에서 찾았다. 갑자기 군주가 돌아가시니, "온나라가 흉흉하여 원통함이 하늘에 사무치고 호소할 곳이 없었다."는 것이다. 그래서 국장이 치러지던 날에 수많은 군중이 독

---

52) 歷陳倭夷前後棄信背約之罪 又言國君國母被弑之變 又言國內萬姓憤鬱之情 從言復我疆土興我李氏宗社之意(『志山集』 卷15 附錄 年譜, 경인문화사, 1990, 496쪽).

53) 鍾錫等 山野廢朽 不及詳聞于外方事實 而猶自以爲舊國臣子 依先君之遺風 從事於儒敎之門(「儒林代表一百三十七人의 送巴里平和會書」, 『한국독립운동사』 3, 국사편찬위원회, 1968, 482쪽).

54) 謳吟永嘆 猶早夜於吾君吾國曰 尙上天之鑑我 大運之好還 包羞忍恥 艱辛顚倒 于玆十年所矣(위의 책, 481쪽).

립 만세를 부르짖으며 임금의 영혼을 위로했다고 표현하고 있다.[55)]

이처럼 '면우본'은 유교적 충군애국의 관념을 도처에 표시하고 있다. 하지만 '면우본'은 '지산본'처럼 '이씨종사'의 회복을 명시하지는 않았다. 왕정복고라는 정치적 목표를 전면에 내세우는 것에 대해서는 찬성하지 않았던 것이다. '면우본'과 '지산본'의 또 하나의 차이점은 바로 여기에 있었다.

호서와 영남의 두 갈래 운동을 통합하는 과정에서 '지산본'이 폐기되고 '면우본'이 채택된 배경에는 일정한 가치 판단이 작용했던 것이다. 이제 우리는 어떤 기준하에 그러한 판단이 내려졌는지 이해할 수 있게 됐다. 파리장서 문안 작성의 첫 번째 · 두 번째 선택과정에서는 외교 실무의 유용성 여부가 판단의 기준이 된 데 반하여, 세 번째 선택과정에서는 이념적 · 정치적 지향성이 판단 기준이 됐던 것이다.

이제 '면우본'이 한국 유림의 단일안으로 확정됐다. '경중유림'과 영남, 호서 유림 대표자들의 회합을 통해서였다. 이 회합에서는 파리장서 단일안 선정에 뒤이어 양측 서명자 통합과 해외 파견 대표자 선정문제를 결정했다. 해외 파견 대표자로 최종 확정된 이는 김창숙이었다.

4. 파리장서 최종본과 김창숙

김창숙이 파리행을 목표로 서울을 떠난 것은 3월 23일 밤 10시였다. 압록강을 넘어 안동, 봉천, 천진, 제남, 남경을 거쳐 상해까지 기나긴 기차 여행을 했다. 상해에 도착한 것은 3월 27일이었다.[56)]

---

55) 天又不弔 一夜倉卒 寡君卽世 擧國洶洶 痛徹穹壤 無地顲寃 乃於國葬之日 各教各社個人男女 猶唱獨立之聲 奉慰吾君之靈 雖捕縛鞭戮 交加於前 徒手爭先 就死而不悔(위의 책, 481쪽).

56) 金昌淑, 「躄翁73年回想記」, 199~200쪽.

그즈음 상해에는 3·1운동의 영향으로 망명 혁명가들이 속속 모여들고 있었다. 일본 경찰의 정보 문서에 따르면, 3월 이전에 상해 거주 한인은 300명 남짓에 지나지 않았으나, 4월 상순에는 몰려드는 망명객들로 인해 약 700명에 이르렀다고 한다.[57)]

김창숙은 상해에 집결한 망명자들과 운동 방침을 협의했다. 김창숙의 회고에 따르면, 협의에 응한 인사들 가운데 이름을 알 수 있는 사람은 11명이다. 그중에는 얼마 후에 대한민국임시정부의 각료로 취임하는 이동녕(李東寧), 이시영(李始榮), 신규식(申圭植) 등도 포함되어 있었다.[58)] 김창숙은 상해 여행을 포기했다. 왜냐하면 김규식(金奎植)이 이미 파리평화회의에 파견되어, 한국 민족 대표로 활약하리라는 사정을 알았기 때문이다. 김창숙은 파리행을 그만두는 대신에, 파리장서를 서양 언어로 번역·인쇄하여 우편으로 파리강화회의에 발송했다. 또한 서양 각국의 대사, 공사, 영사관 및 중국의 각 정계 요인에게도 보냈으며, 한인 교포가 거주하는 여러 항구나 도시에도 산포했다고 한다.[59)]

그러면 '면우본'이 그대로 파리강화회의에 제출됐는가? 결론부터 말하자면, 그건 아니었다. 마지막으로 또 한 차례의 자구 수정이 이뤄졌다. 유림단의 해외 파견 대표 심산(心山) 김창숙(金昌淑)이 파리강화회의에 발송한 텍스트를 최종 완성본으로 간주할 수 있다. 이것을 '심산본(心山本)'이라고 부르자.

'면우본'과 '심산본' 사이에는 몇 가지 차이가 있다. 그중에서 주목할 만한 것은 다음 두 가지이다.

첫째, 발송 주체를 표현하는 첫 구절을 수정해야만 했다. '면우본'의

---

57) 『朝鮮民族運動史』 1(未定稿), 고려서림, 86쪽.

58) 이동녕, 이시영, 신규식 외에 김창숙과 파리장서운동에 협의한 사람은 다음과 같다. 조성환(曺成煥), 신채호(申采浩), 조완구(趙琬九), 손진형(孫晉衡), 홍진(洪震), 손영직(孫永稷), 장지필(張志必), 정영식(鄭永植) 등이 그들이다(金昌淑, 「躄翁73年回想記」, 200~201쪽.

59) 위의 글, 201쪽.

첫 구절은 앞서 살펴 본대로 "한국 유림 대표 곽종석 등은 파리평화회의 각하 여러분에게 삼가 장서를 올립니다."로 시작된다. 이 구절은 호서 지방 김복한 계열이 합류한 이후 바뀌어야만 했다. "한국 유림 대표 곽종석 · 김복한 등 137인은 파리평화회의 각하 여러분에게 삼가 장서를 올립니다."라고 쓰인 텍스트가 남아있는 것은 바로 이 때문이다.

둘째, '면우본'과 '심산본' 사이에는 간과할 수 없는 중대한 내용상의 수정이 이루어졌다. '면우본'에 의하면, 일본의 한국 병합 이후 독립을 희구해 온 주체는 "우리 임금과 우리 나라(吾君吾國)"로 표현됐다. 이 규정은 '심산본'에서는 "우리 나라 우리 인민(吾國吾民)"으로 바뀌었다. 수정된 자구를 다시 한번 읽어보자. "우리 나라 우리 인민은 자나깨나 탄식하며, '언제나 하늘이 우리를 돌보시어 좋은 운수가 돌아 올 것인가?'라고, 수치와 고난을 참으면서 기다린 지 이미 10년이 됐다."[60]는 것이다.

발송 주체를 재규정하는 문제는 기술적 · 실무적인 문제에 지나지 않는다. 그에 반해 '오군오국(吾君吾國)'이 '오국오민(吾國吾民)'으로 수정된 사실은 정치적 · 이념적 지향성에 대한 가치판단이 다시 한번 개입된 결과였다고 볼 수 있다.[61]

'면우본'을 '심산본'으로 수정하는 과정에서 누가 어떻게 개입했는지는 아직 명확히 알기 어렵다. 그러나 그 과정에 김창숙이 능동적인 역할을 했음은 틀림없다. 김창숙은 상해에 도착한 지 2주일 후에 개최된 대한민국임시의정원에 대의원으로 참가하기를 주저하지 않았다. 임시의정원은 개최 벽두에 "대한민국은 민주 공화제로 함"[62]이라는 조항을 임

60) 「儒敎徒呈巴黎和會書」(朴殷植, 『韓國獨立運動之血史』, 1920 ; 서울신문사 출판국, 1946 재간행), 143쪽.

61) 두 판본의 표현이 바뀐 점에 대해서는 이미 남부희가 주목한 바 있다. 그는 吾君吾國 대신에 吾國吾民이라는 구절이 대체된 점에 관해 "이는 구왕실에 대한 맹목적인 신민의식에서 탈피하고 있음을 말함과 동시에 국가의 상징을 왕실이나 임금이 아니라 민족이라는 실체로 보고자 했음을 엿보게 한다."고 해석했다(南富熙, 앞의 글, 123쪽).

62) 『大韓民國臨時議政院紀事錄』(自第1回至第6回合編), 1920(국회도서관, 『대한민국

시헌장의 제1조로 내세웠는데도 말이다. 김창숙은 '이씨 종사'의 복구를 운동의 전제 조건으로 삼지 않았음이 명백하다.

'오군오국'을 '오국오민'으로 수정하는 과정에 김창숙 이외에 어떤 사람들이 개입했는지는 아직 명백하지 않다. 전후 경위를 되돌이켜 보면 다음 두 부류의 인사들이 개입했을 가능성이 있다.

첫째, '지산본' 대신에 '면우본'을 지지한 '경중유림'이 개입했을 가능성이 있다. 서울에서 두 갈래 파리장서운동의 통합을 주선한 경중유림은 이씨종사의 '복벽'을 표방한 '지산본'보다는 그를 명시하지 않은 '면우본'을 선호했었다.

둘째, 상해에서 김창숙의 파리행 여부를 함께 상의했던 망명 혁명가들이 개입했을 가능성도 있다. 얼마 후 임시정부 설립에 참여하는 이 조언자들은 왕조의 복벽에 반대하고 공화제 도입을 주창하던 이들이었다.

맺음말

1919년 3월 한국 유림 137명이 파리강화회의에 제출한 독립 제안서는 여러 종류의 서로 다른 이본을 갖고 있다. 파리장서 텍스트로는 다음 다섯 가지 종류가 있다. 이처럼 여러 텍스트가 형성된 까닭은 파리장서 작성 경위가 복잡했기 때문이었다.

첫째, 회당본(晦堂本)이다. 이 문서는 파리장서 초안 가운데 하나다. 경북 성주의 저명한 유생 회당(晦堂) 장석영(張錫英)이 파리장서 수석 서명자 곽종석의 요청을 받아 지은 것이다. 이 초안은 곽종석에 의해 채택되지 않았다. 문장은 좋으나 외교 문서로는 부적절하다는 판단 때

임시정부의정원문서』, 1974, 41쪽).

문이었다. 이 문서는 오늘날까지 발견되지 않고 있다.

둘째, 중재본(重齋本)이다. 곽종석의 제자인 중재(重齋) 김황(金榥)이 스승의 지시에 따라 지은 또 하나의 초안이다. 곽종석은 이 초안에 수정을 가하여 파리장서 원본을 만들었다. 이 초안에서 삭제되거나 정정된 구절들은 확증할 수 있는 사실에 기초했는지 여부에 따라 선정됐다. 이 문서는 오늘날에도 구해 볼 수 있다. 제1장에서 소개한 자료 제9번이 그것이다.

셋째, 면우본(俛宇本)이다. 면우 곽종석과 파리 파견 대표자 김창숙이 숙의에 숙의를 거듭하여 작성한 문서로서, 파리장서 원본이라고도 불린다. 이 문서는 파리장서운동의 기획 및 집행을 시종일관 지원한 '경중유림'에 의해서도 지지받았다. 김창숙이 해외로 나갈 때 휴대한 문서가 바로 이것이다. 제1장에서 소개한 자료들 가운데 제4번, 제6번이 이에 해당한다.

넷째, 지산본(志山本)이다. 지산(志山) 김복한(金福漢)을 비롯한 호서 유생 17명이 공동으로 서명한 독자적인 파리장서 텍스트다. 이 문서는 영남과 호서에서 이루어진, 두 갈래 파리장서운동을 통합하는 과정에서 '경중유림'에 의해 기각됐다. 호서 유림의 파견자 임석후(林錫厚)도 유림 단일안 작성의 대의를 위해 이 문서의 기각을 양해했다. 이 문서는 오늘날 전하지 않는다. 요지가 지산 김복한의 연보에 실려 있을 뿐이다. '지산본'은 '이씨종사'의 복원을 명시함으로써 왕정복고를 전면에 내세우고 있다는 점에서 면우본과 큰 차이가 있다.

다섯째, 심산본(心山本)이다. 파리강화회의에 제출된 최종본이다. 이 텍스트의 모본은 면우본이다. 그 가운데에서 조선 왕조의 '복벽(復辟)'을 시사하는 구절에 표현 수정이 이루어졌다. 이 수정은 유림단의 해외 파견자 심산(心山) 김창숙(金昌淑)에 의해 주도됐으며, '경성유림'이나 아니면 재상해 망명자들의 능동적인 개입에 의해 촉구됐을 것으로 보인다. 제1장에 소개한 자료들 가운데 제3번, 제8번이 이에 해당한다.

이처럼 여러 종류의 텍스트가 남아 있다는 사실은 파리장서 작성 경위가 복잡했음을 보여준다. 파리장서가 최종적으로 채택되기까지에는 네 차례의 수정 및 선택 과정이 있었다.

회당본을 기각하고 중재본을 수정용 모본으로 삼은 첫 번째 선택과정에서는 외교 실무의 유용성이 판단 기준으로 작용했다. 두 번째 계기에서도 마찬가지였다. 중재본에 수정을 가하여 파리장서 원본인 면우본을 작성할 때에도 문장의 유려함은 고려의 대상이 되지 않았다. 서양 열강의 대표자들에게 제출할 외교 문서이므로 명백히 확증할 수 있는 사실들에 기초해서 문장이 작성됐던 것이다.

첫 번째, 두 번째 때와는 달리 세 번째, 네 번째 계기에서는 정치적·이념적 지향성이 판단 기준이 됐다. 지산본을 기각하고 면우본을 유림 단일안으로 채택하던 세 번째 선택 때에도 그랬고, 면우본을 가다듬어 파리강화회의에 발송할 최종본을 만들던 네 번째 수정 때에도 그랬다. 화이론적 세계관은 부정되고 그 대신에 만국공법적 국제정세관이 수용됐으며, 왕정복고의 정치 이념이 약화되고 민주 공화제를 대세로서 수용하는 양상이 관철됐던 것이다.

(『大東文化硏究』 37, 2000)

19세기 중엽 中國 지방통치의 붕괴

- 太平天國 발상지 廣西지방을 중심으로

朴基水

박기수

성균관대학교 사학과 교수

저서로 『中國歷代 都市構造와 社會變化』(공저, 2003), 『近代中國的城市與鄕村』(공저, 中文, 2006), 『명청시대 사회경제사』(공저, 2007), 『전통사회의 사회질서와 경제발전(공저, 2007) 등이 있고, 역서로 『마카오의 역사와 경제』(공역, 1999), 『기후의 반역－기후를 통해 본 중국의 흥망사』(공역, 2005), 『사료로 읽는 중국 고대 사회경제사(共譯註, 2005) 등이 있으며, 논문으로는 「淸代珠江三角洲的商品生産和墟市之發展」(中文, 2002), 「淸代佛山鎭的城市發展和手工業, 商業行會」(中文, 2006), 「한국과 중국의 자본주의맹아론」(2007), 「淸末 廣州의 生絲 · 비단 제품 수출에 대한 기초적 연구」(2008) 외 다수가 있다.

19세기 중엽 中國 지방통치의 붕괴

- 太平天國 발상지 廣西지방을 중심으로

머리말

1851년 1월 廣西省 桂平縣 金田村에서 공식적으로 起義한 太平天國軍은 화중지방으로 북상하여 1853년 3월 南京에 태평천국의 수도를 정함으로써 각지에서 발생하고 있던 민중봉기의 중심에 서게 되었다. 그 후 10여 년간 화중지방을 지배하고, 淸朝에 대치하는 민중의 정권을 수립함으로써, 태평천국이 지배하는 지역에서 청조의 지배는 일시적이기는 하지만 더 이상 존립할 수 없었다.

필자는 청조의 지배를 부분적으로 붕괴시킨 太平天國運動이 어떠한 원인에 의해서, 어떠한 배경하에서 발생하였는가에 대해 관심을 기울여왔다. 특히 운동의 발상지 廣西省에 주목하여 고찰한 결과, 당시 광서성이 중국의 여타 지역보다 심각하고 격렬한 민중봉기의 소용돌이에 휘말려 있었음을 확인할 수 있었다. 즉, 광서성에서만 태평천국발생 이전 10년간(1841~1850) 무려 210건 이상의 다양한 민중봉기가 발생하고 있었던 것이다.[1] 여기서 새로운 문제가 사슬처럼 연관되어 제기되었다. 왜 광서성에서는 太平天國 발발 이전 그렇게 격렬하고 극심한 민중봉기가 발생했던 것일까? 필자는 그 원인을 광서성의 고유한 사회경제적 구조에서 찾으려고 하였다. 우선, 광서의 토지소유 문제(地主制)와 여기서 발생하는 모순과 갈등(抗租)에 주목하였다. 그 결과 광서지방에서는 당시의 경제적 선진지역에 비해 佃戶가 지주에 강력히 예속되는 후진적 지주제가 전개되고 있었으며, 전호는 생존을 위해 여러 가지 방법을 강구해야만 하는 열악한 지위에 처하였음을 살필 수 있었다.[2] 다음으로, 광서봉기 세력이 가장 빈번히 공격한 대상이 상인과 고리대계층(주로 廣東人)이었음에 착안하여 廣東商人이 광서에서 행한 상업과 고리대 행위를 고찰하였다. 이를 통해 광동상인은 광서농민에 대하여 가혹할 정도의 상업적 약탈과 고리대적 수탈을 자행하고 있었고, 이에 따라 양자 사이에는 심각한 모순이 존재하고 있었음을 밝힐 수 있었다.[3]

그러나 이상의 토지소유관계나 유통구조의 모순 이외에도 광서에서 특유하게 전개된 官僚支配方式이나 少數民族·客民 문제 등을 밝혀야 위에서 제기한 문제에 대한 온전한 답안을 제출할 수 있으리라 생각한다. 따라서 본고에서는 문제에 대한 온전한 답안을 제시하는 작업의 일환으로서 광서의 관료지배 방식, 즉 광서의 지방통치 실상을 고찰하고자 한다. 이미 태평천국의 발생원인(그것은 동시에 광서민중봉기의 발생 원인이기도 하다)으로서 廣西 地方官의 부패, 무사안일적 태도 등에 의한 지배체제의 이완이나 봉건적 통치의 취약성에 주목한 연구가 있었다.[4] 필자는 기존의 연구처럼 이와 같은 정치적 요인에 의해서만 19세

---

1) 拙稿, 「清 道光年間(1821~1850)의 廣西民衆蜂起」, 『溪村閔丙河敎授停年紀念 史學論叢』, 논총간행위원회, 1988, 517~583쪽 ; 「太平天國 이전(1830~1850) 廣西民衆蜂起」, 『東洋史學硏究』 31, 1989, 91~150쪽.

2) 拙稿, 「19세기 前半 中國 廣西의 地主制와 抗租」, 『成大史林』 7, 1991, 87~119쪽.

3) 拙稿, 「清 中葉 廣西商業과 廣東商人」, 『京畿大學校 論文集』 33, 1993, 121~148쪽.

4) 羅爾綱은 일찍이 太平天國革命이 廣西에서 양성되어 폭발한 원인을 광서 관리의

기 중엽 광서민중봉기 나아가 태평천국운동 발생 원인을 설명하려는 견해에 동의하지는 않는다. 그렇다고 해서 정치적 요인이 태평천국운동의 중요한 발생배경의 하나였음을 부인하는 것은 아니다. 즉, 필자는 19세기 중엽 광서지방의 정치적 상황이 태평천국운동 발생의 중요한 배경의 하나라고 생각한다. 특히 이와 같은 정치적 요인이 태평천국운동을 전국적 농민전쟁으로 확대·발전시킨 계기를 제공하였다고 본다.

아편전쟁 후 청조는 영국에 다액의 전쟁배상금을 지불해야 했으므로 청조 재정 상태가 극도로 악화되었고,[5] 이를 해결하기 위해 청조정부는 민중에 대한 조세수탈을 강화시키고 있었다. 이러한 상황이 전국적인 민중의 저항을 불러 일으켰음[6]은 주지의 사실이다. 따라서 본고에서는 광서에서 관료나 서리의 조세수탈이 아편전쟁 이후 특히 심화되었음을 밝히려고 하였다. 그러나 사료의 제약으로, 아편전쟁 이전 19세기 前半, 경우에 따라서는 18세기 후반시기까지 소급하여 관료나 서리, 군대의

방임적 정치에서 구하였다. 광서 순무로 봉직한 梁章鉅, 周之琦, 鄭祖琛 등의 방임적 정치가 各省의 봉기세력을 끌어들여 결국 무정부적 상태를 조성하였다는 것이다(『太平天國史綱』, 商務印書館, 1937, 42~44쪽). 劉介도 광서에는 淸初부터 南明政權의 반청투쟁의 전통이 남아있는 데다가 광서가 軍流雜犯의 유배지여서 반항적 풍조가 있었고, 광서지방관들의 부패와 무능으로 민중이 고통을 당했으며, 土官의 소수민족에 대한 혹독한 지배로 모순이 심화되었다는 등 주로 정치적 요인에 중점을 두어 太平天國의 發生原因을 구하였다(「太平天國在廣西起義的主要原因」, 『會刊』 1963年 1期. 이는 廣西太平天國史硏究會 編, 『太平天國史硏究文選』, 南寧: 廣西人民出版社, 1981에 재수록되어 있다).

5) 1840년대 청조정부의 재정은 심각한 곤경에 처하였는데, 1840년부터 1849년까지 청조정부의 재정적자 누계가 7,000여만 냥에 이르렀다고 한다. 周育民, 「1840~1849年的淸朝財政」, 『山西財經學院學報』 1982年 2期 方之光·崔之淸, 「太平天國革命前夕湘桂局勢初探」, 『太平天國學刊』 第4輯(太平天國學刊編委會 編, 北京: 中華書局, 1987), 401쪽에서 재인용.

6) 『淸朝實錄』에 보이는 자료에 의하면 1796년부터 1805년 사이에 발생한 중국민중의 반항투쟁은 107차(연평균 10.7회)에 불과하였는데, 1846년에서 1855년까지 10년 사이에는 무려 959차(연평균 95.9회)에 달하였다. C.K.Yang, "Some Preliminary Statistical Patterns of Mass Action in Nineteenth Century China" in F.Wakeman and C.Grant (eds.), *Conflict and Control in late Imperial China* (Berkeley: University of California Press, 1975), p.177 참고.

민중수탈의 구체적 실상을 추적하고자 하였다. 이러한 고찰은 아편전쟁 이후 광서관료의 부패와 수탈이 더욱 만연되었음을 방증해 줄 수 있을 것이다.

한편 소규모로 시작된 拜上帝會 활동이 태평천국이라는 전국적 농민전쟁으로 발전한 것은 광서지방의 청조 통치역량이 취약하여 사전에 이를 적발하고 저지할 수 없었기 때문이라고 생각된다. 더욱이 배상제회가 공식적으로 봉기를 선언하고 세력을 확대해 나가는 단계에 이르렀을 때도 광서 당국은 유효적절히 이를 진압할 군사적 · 재정적 능력을 갖추지 못하였다. 결국 당시의 광서지방 당국은 정상적 통치시스템을 유지시킬 수 없는 상태, 즉 지방통치의 붕괴상태에 처하였다고 생각된다. 따라서 여기서는 광서지방 통치가 붕괴상태에 이르게 된 원인을 몇 가지 측면에서 고찰하고자 한다. 이상의 고찰들을 통해 왜 광서에서 反官的 · 反淸的 민중반란이 극성을 부렸고, 이윽고는 태평천국운동이라는 전국적 농민전쟁이 초래되었는가를 탐구하는 데 하나의 단서를 제공하고자 한다.

1. 地方官의 민중수탈

1850년대 초 天地會의 한 세력이 내건 격문을 보면, "천하의 貪官은 도적보다 심하고 衙門의 汚吏는 호랑이와 다를 바 없다."[7]고 성토하고 있는데 이런 표현은 당시 민중이 공감을 느끼는 바였다. 광서의 조세나 요역부담은 광서민중이 떠맡기에는 과중한 것이었고, 관료의 부패 특히 捐納官의 부패로 민중은 더욱 큰 수탈을 감수해야 했다.

1820년 통계에 따르면 전국평균 1畝當 地丁銀 액수는 銀 4分인데 광

---

7) 「萬大洪曉諭」, 田餘慶 等編, 『太平天國史料』, 北京: 中華書局, 1959, 252쪽.

서는 銀4分4釐이고, 1무당 전국평균 稅糧은 米 0.01石인데 광서는 미 0.045석으로[8] 청조권력에 의한 세량징수가 전국 평균수준 이상이었음을 알 수 있다. 특히 일부 광서지방관은 출세욕에 사로잡혀 개간된 토지면적을 과장하여 보고하는 일도 종종 있었다.[9] 이때 지방관은 그 공으로 승진하겠지만 토지면적 액수의 명목상의 증가로 늘어난 세량부담은 결국 광서의 농민이 지지 않을 수 없었다. 1841~1849년의 지정은 징수상황을 보면 전국의 정액이 과거의 3,272만여 냥(舊額徵)에서 3,334만여 냥(今額徵)으로 1.8% 늘어났으나 1841년 실제 징수액은 2,943만여 냥, 1849년에는 3,281만여 냥으로 정액에 미달하였다. 그러나 광서의 경우 정액이 48만여 냥에서 69만여 냥으로 무려 44% 늘었을 뿐만 아니라 실제 징수액도 1841년에 96만여 냥, 1849년에 77만여 냥에 달하였다.[10] 이것을 1무당 지정은 액수로 계산하면 전국 平均定額이 은 4분4리에 불과한데 광서의 정액은 은 7분8리(1841년은 은 1전7리징수)가 되어[11] 1820년경보다 1.8배 늘어났을 뿐만 아니라 전국평균을 훨씬 초과하고 있었다. 이 같은 통계 자료를 통해 광서지방에 대한 청조의 조세 징수가 전국 다른 지역보다 심하였음을 알 수 있다.

이 같은 청조의 조세 징수액의 증가는 광서민중을 고통스럽게 하였지만, 이보다 더 광서민중을 괴롭힌 것은 광서지방관이 조세 징수를 빌미로 광서민중에 대한 수탈을 강화하였던 점이다. 특히 광서지방관의

---

8) 梁方仲 編著, 『中國歷代戶口田地田賦統計』, 上海人民出版社, 1980, 401~409쪽.

9) 雍正6年(1728)부터 乾隆元年(1736)까지 廣西巡撫로 재임한 金鉷은 지방관에게 신개간지를 보고하도록 명령하였는데 과장하여 보고할 것을 기대하였다고 한다(劉介, 「太平天國在廣西起義的主要原因」, 26쪽). 그 과장 보고한 액수는 30萬 畝에 이르렀다 한다(龍盛運, 「太平天國革命策源地廣西試探」, 北京太平天國歷史研究會編, 『太平天國學刊』 第2輯, 中華書局, 1985, 292쪽).

10) 王慶雲, 『石渠餘紀』 卷3 「直省地丁表」, 北京古籍出版社, 1985年本, 130~133 · 144쪽.

11) 梁方仲 編著, 앞의 책, 乙表 61, 380쪽. 토지면적은 1851년을 기준으로 하였고 地丁銀定額은 王慶雲의 위의 자료(위의 책, 130~133쪽)가 제시한 今額을 기준으로 하였다. 광동의 지정은 정액은 1무당 銀3分3釐, 江蘇는 銀5分6釐이다.

부정 · 부패풍토는 광서지방관의 자의적 민중수탈을 만연시킨 요인이 되었다. 康熙末年 廣西巡撫로 재직(1711~1718)한 陳元龍은 재직도중 82만 냥을 초과 징수하여 착복하였고[12] 乾隆末 嘉慶初(1795~1797)에 재직한 광서순무 成林은 瀆職으로 30만 냥을 낭비한 사건이 있었다.[13] 지방대관이 부정행위를 하는 상황이므로 부하 지방관도 이 같은 풍조를 답습하였다. 1830년 平南縣과 容縣의 知縣은 游匪를 퇴치한 鄉正에 대해 광동상인을 함부로 죽였다는 구실로 체포 · 구금하고 4천 냥의 뇌물을 요구하였고[14] 1836년 西隆州 知州는 貪酷하다고 하여 士民에 의해 고발되었다.[15] 또 道光年間(1821~1850) 貴縣 지현을 세 번이나 지낸 楊曾惠의 독직 때문에 민중봉기가 심해졌다[16]는 기록도 있다. 즉, 양증혜는 부임 시 京債의 채권자 여러 명을 대동하였는데 그들에게 빚을 갚기 위해 납세 독촉에만 전념할 뿐 "盜賊"이 발생해도 전혀 개의치 않았다. 심지어는 수년간 축적된 倉穀을 모두 몰래 팔아 사채를 갚는 데 사용하였고, 체포되어 官署에 호송되어 온 "賊"에 대해 우선 세무조사를 하여 체납액을 추궁하고 나머지는 석방하였다고 한다. 이 때문에 貴縣의 민중봉기(張嘉祥蜂起 등)가 활발히 전개되는 전기를 제공하였다.[17] 부패한 지방관이 돈을 받고 범죄자를 석방하는 사례도 비일비재하였는데[18] 桂平縣 감옥에 수감된 馮雲山이 뇌물의 힘으로 석방된 사실[19]도 그 단적인 예

12) 『清史稿』 卷293 列傳 80, 「李紱傳」(中華書局 標點本, 1976), 34册, 10322쪽.

13) 龍盛運, 앞의 글, 292쪽.

14) 光緒23年『容縣志』 卷26(太平天國革命時期廣西農民起義資料編輯組 編, 『太平天國革命時期廣西農民起義資料』 上, 北京: 中華書局, 1978, 81~82쪽에 수록. 이하 『광서』 上이라고 약칭한다).

15) 『大清宣宗成皇帝(道光)實錄』 卷285, 22쪽앞 道光16年7月癸巳條. 이하 『宣宗實錄』이라 약칭.

16) 民國23年『貴縣志』 卷15 宦績 職官表 上, 臺北: 成文出版社 影印本, 1967, 923쪽. 한편 郭廷以는 楊曾惠의 貴縣 知縣 再任은 道光19年~20年이고, 三任은 道光27~28年頃으로 추정한다(『太平天國史事日誌』, 臺北: 商務印書館, 1946, 41쪽).

17) 民國23年『貴縣志』 卷17 前史, 1192쪽.

18) 『宣宗實錄』 卷211, 21쪽앞 道光12年5月丙辰條.

라 하겠다.

청대에는 捐納에 의한 관직매매가 많았고 연납에 의해 지방관이 된 자는 연납비용을 회수하기 위해 예속 주민에 대한 수탈을 일삼았다. 예컨대 1820년경 廣西 隆安縣 지현으로 부임한 한 관료는 관료부임에 모두 1만 2,000냥이 들어 정규 세액이외에 매년 1,800냥을 별도로 징수하고 있었다. 그것을 위해 1냥 납세자에게 1냥 5전을 징수하고, 9전 납세자에게는 1냥 이상을, 8전 납세자에게는 9전 이상을 요구하였다. 이 같은 조세수탈이 그 후에도 수십 년간 계속되어 하나의 상례로 굳어 버렸다. 隆安縣의 민중은 이에 골머리를 앓고 있었으나 억울함을 감수하기만 할 뿐 관에 고소할 수 없었다.[20] 한편 1832년경 平南縣에서는 조세징수 행정의 잘못으로 이미 팔아버린 토지에 대해 원주인에게 조세를 계속 부과하는 경우도 있었다.[21] 이러한 관료의 조세수탈에 대해 광서 민중은 조세를 체납하거나 소유 토지를 은닉하거나, 토지를 여러 사람 명의로 분할하여 조세 부담을 경감시키려고 하였고,[22] 때로는 조세를 감당하지 못하고 도망치는 일도 종종 있었다.[23]

관료의 조세 수탈 이외에 민중을 괴롭힌 것은 민중에 대한 자의적 徭役徵收였다. 1788년 安南征伐을 위해 청조 군대가 출동하자 광서 서남부 민중은 여러 가지 요역을 부담해야 했는데 전쟁이 끝난 뒤에도 요역은 그대로 남아 서남부 일대 주민을 괴롭히고 있었다. 즉, 전쟁기간 동안 광서 서남의 思恩 · 南寧 · 太平 · 鎭安 · 泗城府의 주민은 안남 정벌군

---

19) 張德堅, 『賊情彙纂』 卷2, 「劇賊姓名」下, 黃玉崑條(楊家駱 主編, 『太平天國文獻彙編』 3, 臺北: 鼎文書局, 1973, 51쪽).

20) 民國23年『隆安縣志』 卷5(『광서』 上, 10쪽).

21) 光緒9年『平南縣志』 卷11(『광서』 上, 13쪽).

22) 道光元年(1821)의 「鄕約條規」(『광서』 上, 23쪽)에서는 國課를 체납하거나 토지를 은닉하거나 飛灑(소유지를 다수의 명의로 세분하여 조세부담의 경감을 도모하는 것)하지 말 것을 권유하는 내용이 수록되어 있다.

23) 光緒9年『平南縣志』 卷11(『광서』 上, 13쪽)에는 조세체납의 고통이 飢寒보다 심하여 죽지 않으면 도망친다고 하였다.

대의 군수물자를 운송하는 요역을 부담하였다. 兩廣總督 孫士毅의 패전으로 많은 병사와 요역에 동원된 民夫가 희생되었는데 전쟁이 끝난 이후에도 塘堡에서 복무하는 요역이 잔존하였다. 일부 주민은 그 부담을 이기지 못하여 토지를 버리고 도망하기도 하였다.[24] 또 容縣에서는 관의 자의적 요역수탈로 민중은 고통을 당하고 있었다. 즉 민중은 관공서, 성벽 수리에 수시로 동원되거나 관료가 순시할 때는 민부가 천 수 백 명씩 파수를 보아야 하였다.[25] 이에 1827년 광서 당국은 관리의 자의적 민부 징발을 금지하는 규정을 정하였다. 이에 의하면 布政使, 按察使는 80명, 道員은 60명, 州縣官은 20명으로 민부 징발을 제한하고 민부를 이용할 때는 각 민부에 대해 일당(夫價)을 지급하도록 규정하고 있다.[26] 이러한 규정을 새로 정한 것으로 보아 그 이전에는 더 많은 수의 민부를 일당도 지급하지 않은 채 징발하는 사례가 많았음을 예상할 수 있다. 뿐만 아니라 이 같은 규정이 그대로 시행되었는지도 의심스러운 것이다.

2. 胥吏 · 衙役과 軍隊의 횡포

지방의 행정사무를 사실상 처리하는 것은 胥吏와 衙役(差役)이다. 지방관의 부패나 민중수탈도 이들의 협조에 의해 비로소 가능한 것이다. 민중에 대한 조세 징수나 요역징발, 재판행정 등 대민 관련 문제에서 서리나 아역의 부정과 민중수탈은 일상화되었다.[27] 淸代 서리의 민중에 대한 경제적 수탈이 그 이전시대보다 배나 심하였던 것[28]은 다른 시대

---

24) 張鵬展, 「請釐吏治五事疏」(嘉慶5年), 『皇朝經世文編』 卷20 戶政(賀長齡 輯, 臺北: 國風出版社 影印, 1963), 516~517쪽.

25) 光緒34年『容縣志』 卷28(『광서』 上, 10~11쪽).

26) 光緒24年『永安州志』 卷2(『광서』 上, 11쪽).

27) Ch'u, T'ung-tsu(瞿同祖), *Local Government in China under the Ch'ing*(Stanford: Stanford University Press, 1962), pp.49~51.

와 달리 서리에 대한 공식적 급료가 없었기 때문이다. 1662년 서리에 대한 급료지급이 중지된 이후 서리는 그가 취급하는 업무와 관련된 사람으로부터 수수료를 받아야만 살아갈 수 있었다.[29] 嘉慶(1796~1820)·道光 이후 조정의 기강이 더욱 해이해지면서 서리의 폐해도 그에 따라 더욱 심해졌다.[30] 본래 서리는 그 지방 출신의 '地棍'이나 '土豪'[31]가 맡게 되므로 그 지방의 실정을 잘 아는 데다가 오랫동안 같은 업무에 종사하므로 사무에 정통하고 일을 능숙하게 처리한다. 이방인과 같은 지방관은 대체로 부임지의 사투리를 알아듣지 못하는 데다가 임기가 제한되어 있으므로 서리를 통제하는 것이 쉽지 않았다. 따라서 서리는 행정관서의 실제업무를 장악하여 많은 부정과 폐해를 일으킬 수 있었다.[32] 따라서 서리의 폐해는 청대의 세 가지 폐해(例吏利, 중국발음이 모두 동일하다)의 하나로 지칭되기도 하고, 청대는 "胥吏와 共天下"[33] 하였다고 하는 지적조차 나왔던 것이다.

광서 桂平縣의 속요에 "첫 번째 김을 매어 관료에 바치고, 두 번째는 서리에게, 세 번째는 甲差에게, 네 번째는 皂隷에게, 다섯 여섯 번째는 酋長에게 바치고, 마지막 일곱 번째 김을 매어 우리가 갖는다."[34]는 것이 있는데 이것은 광서의 서리, 差役(甲差, 皂隷)의 민중수탈을 상징적으로 표현하고 있다. 광서성에서는 흉년에 대비하고 광동에의 미곡공급을 원활히 하기 위해 각 州縣의 常平倉에는 일정한 양의 곡식을 비축하도록 하였는데 비축할 곡식을 농민에게서 구매하는 것을 採買라고 하였다. 이 채매과정은 민중에게 아주 고통스러운 것이었다. 담당 서리는 농

---

28) 侯方域, 「額吏胥」, 『皇朝經世文編』 卷24 吏政10 吏胥, 633쪽.

29) Ch'u, T'ung-tsu, op. cit., pp.44~45 ; 宮崎市定, 「清代の胥吏と幕友」, 『東洋史研究』 16-4, 1957(同著, 『アジア史論考』 下卷, 朝日新聞社, 1976, 323~324쪽).

30) 臨時臺灣舊慣調査會, 『淸國行政法』 第1卷 下, 東京: 汲古書院, 1972, 186쪽.

31) 汪志伊, 「敬陳治化漳泉風俗疏」, 『皇朝經世文編』 卷23 吏政9 守令 下, 620쪽.

32) 臨時臺灣舊慣調査會, 『淸國行政法』 第1卷 下, 185쪽.

33) 徐珂, 『淸稗類鈔』 第11冊, 胥吏類 例吏利, 中華書局刊本, 1986, 5250쪽.

34) 黃體正, 『帶江園詩草』 卷4(『광서』 上, 41쪽).

민에게 市價의 반밖에 안 되는 싼 값에 강제 구입하면서도 좋은 품질의 미곡을 요구하고 그 수량도 초과 수납[35]하여 사복을 채우는 일이 허다하였다. 서리는 싼 값에 미곡을 수매하기 위하여 미곡가격을 미리 고시하지 않고 은 3전, 5전에 1석을 구매하였으며, 싼 값에 구매한 좋은 품질의 미곡을 착복하기 위해 수매량을 명시하지 않고 예정 수매량을 수천 석이나 초과하여 구매하였다. 게다가 원래 채매는 이웃 현에서 해야 함에도 여러 가지 구실을 붙여 本縣에서 강행하였다. 왜냐하면 이웃 현에서 서리는 부정한 일을 하기가 곤란하였기 때문이다. 본 현에서 서리는 그의 지위와 권한을 이용하여 싼 값에 강제 수매할 수 있었기 때문이다. 이때 고통을 호소하여 시정을 요구하여도 서리는 관과 결탁하고 있었기 때문에 아무런 소용이 없었다. 원래 백성의 고통을 덜기 위해 시행한 것이 오히려 백성의 고통을 가중시키는 결과가 되었다.[36]

한편 도광년간 容縣에서는 공무를 빙자하여 가마를 타고 향촌에 간 차역들이 향촌민중에게 술값, 아편값, 가마꾼운임 등 수만 文을 요구하여 민중에게 고통을 주었고[37] 계평현에서도 가마를 타고 향촌에 출장나간 차역들이 향촌민에게 먼저 가마꾼운임, 식사비, 교통비부터 요구하였고 이에 불응하자 공연히 문제를 일으켰다.[38] 1827년 광서 당국은 서리, 차역, 병정 등의 자의적인 민부 징발을 금지하는 규정을 정하였으나[39] 그것이 그대로 시행되었는지는 의심스럽다. 그 같은 규정 자체가 이미

---

35) 卿祖培, 「除採買積弊疏」, 民國3年『灌陽縣志』 卷21(『광서』, 8쪽)에 의하면 서리에게 교부하는 미곡은 '乾圓潔淨'해야 했으며 서리는 곡식을 수납할 때 발로 말을 툭툭 쳐서 더 많이 들어가게 하고 말위에 수북이 담았다. 말이 넘쳐 주변에 뿌려진 미곡은 창고의 출납을 관리하는 斗級이 가로챘다. 그리하여 1石을 서리에게 교부할 때 대략 數石의 비용이 들었다고 한다.

36) 卿祖培, 위의 글, 7~9쪽.

37) 光緒34年『容縣志』 卷28(『광서』 上, 11쪽).

38) 「嚴禁差役乘坐竹兜下鄕告示碑」 嘉慶6年3月初9日立, 中國社會科學院近代史研究所近代史資料編輯室 編, 『太平天國文獻史料集』, 中國社會科學出版社, 1982, 337~338쪽. 이하 『문헌사료』라고 약칭한다.

39) 光緒24年『永安州志』 卷2(『광서』 上, 11쪽).

자의적 민부 징발이 있었음을 반증하는 것이기도 하다. 이미 1800년 민부의 징발을 금지하는 규정을 비석에 새겨 공포하였으나 민부 징발의 폐단이 다시 기승을 부려 1827년 재차 규정을 정한 점에서도 그런 것을 알 수 있다.

서리나 차역의 탐욕스런 행위는 재력을 갖고 있는 상인에 대해서도 가해졌다. 1790년 광서 계평현에서 상업에 종사하던 광동상인은 서리나 차역의 억압과 침탈을 당하였다고 兩廣總督 衙門에 고발하였다. 이들 서리나 차역은 상인의 물품을 헐값에 강제로 매입하거나, 취급치 않는 물품의 보급을 강요하거나, 상품대금의 지불을 연기하거나 또는 대금을 착복하는 일들을 자행하였고[40] 만약 상인이 이를 거부하면 상인에게 私錢鑄造, 賣淫, 賭博, 賊匪 등의 혐의를 씌워 상인을 억압한다는 것이었다.[41] 또 광동상인에게 倉穀을 사서 보충한다는 구실로 미곡수매량을 할당하여 강제로 연가구매하였는데 이를 거부하면 廣東商人의 선박항해를 금지시키고 고의로 트집을 잡아 구속하기도 하였다[42]고 고소하였다. 이 같은 서리나 차역의 상인수탈은 平南縣이나 容縣에서도 행해졌다는 기록이 남아 있다. 1790년 평남현 大烏墟의 상인도 관료의 여행비, 제사비용, 아문의 필요품 조달 등의 구실로 차역들이 싼 가격에 상품을 强買한다던가 목재, 직물, 목탄, 가축 등을 할당하여 조달을 명령하고 이에 불응하면 소환장을 발부하거나 일부러 곤란을 조성하는 등 그들을 억압하였음[43]을 양광총독 福康安(1789~1793 재임)에게 호소하였다. 1794년경 용현에서도 관공서의 胥役은 縣城을 떠나 향촌에 출장갈 때 판공

40) 「兩廣部堂福公憲飭禁供應碑記」 乾隆55年11月13日, 『문헌사료』, 332~333쪽.

41) 「奉爵閣部堂福大人飭禁妄扳碑記」 乾隆55年10月17日, 『문헌사료』, 331~332쪽.

42) 「奉憲加禁抽買鋪販穀米并短價派累遏糴肆擾碑記」 乾隆57年閏4月初2日과 「發桂平縣永和墟實貼曉諭」 乾隆57年12月과 「奉督憲行藩憲永禁派抽阻撓接濟碑記」 乾隆58年2月初2日(모두 『문헌사료』, 335~337에 수록).

43) 「奉兩廣部堂禁革碑記」 乾隆55年4月初9日立, 廣西僮族自治區通志館 編, 『太平天國革命在廣西調查資料匯編』, 南寧: 廣西僮族自治區人民出版社, 1962, 246쪽. 이하 『調查資料』라고 약칭.

비 명목으로 상인(鋪家)에게 화물을 요구하거나 상품을 헐값에 강제로 외상매입하였다.[44]

이미 嘉慶年間의 백련교 봉기를 진압하면서 나타난 官兵의 규율문란, 무기력, 민중수탈, 횡포 등은 더욱 심해졌다. 아편전쟁에서 그 같은 관병의 모습이 재연된 이후 상관의 명령을 듣지 않거나 전투에 임해서 전의를 상실하여 수비를 포기하고 도망치는 일이 일상사가 되었다.[45] 이같이 무기력하고 규율없는 군대인 만큼 아편을 피우고, 도박에 몰두하며, 적을 만나면 도망치고, 적이 사라지면 백성을 죽여 공적으로 보고하기까지 하였다.[46] 이러한 군대가 민중에 대해 횡포와 수탈을 자행하리라는 것은 명약관화하였다. 1840년대 빈발하는 광서봉기를 진압하는 관병도 예외는 아니었다. 군 지휘관의 無能, 과장된 戰功報告 등도 문제이지만 소속 관병들의 약탈, 횡포가 극심하여 광서의 민중을 극도로 괴롭혔다. 1850년경 顏品瑤蜂起를 진압하던 관병은 봉기군의 뒤만 쫓아다니다가 주민의 미곡, 땔나무, 채소를 모조리 약탈하고, 봉기군이 나중에 차지할까 두려워 주민의 가옥과 재산을 모두 불태워 버리는 만행을 저질렀다.[47] "사형에 처한다고 해도 오히려 부족할"[48] 이러한 관병의 약탈과 횡포가 광서봉기를 나날이 확대시킨 하나의 요인이 되었다. 게다가 급조된 鄕勇, 團練도 문제가 많았다. 관병이나 향용의 횡포가 농민봉기의 원인이 되었다[49]거나 향용에는 통제곤란, 賊과의 내통, 방자한 劫

44) 光緖34年『容縣志』 卷28(『광서』 上, 11쪽).

45) 「烏蘭泰奏陳目前堵剿方略並請明定節制鎭協片」 咸豐元年4月27日, 中國第一歷史檔案館 編, 『淸政府鎭壓太平天國檔案史料』 第1册, 北京: 光明日報出版社, 1990, 453쪽.

46) 曾國藩, 「議汰兵疏」 咸豐元年3月初9日, 『曾國藩全集』 奏稿 1, 長沙: 岳麓書社, 1987, 19쪽.

47) 光緖5年『新寧州志』 卷6(『광서』 上, 105쪽).

48) 「廣西游匪投誠稟稿」, 佐佐木正哉 編, 『淸末の秘密結社』 資料篇, 近代中國委員會, 1967, 1쪽.

49) 위와 같음.

掠 등의 문제가 있다[50]고 하는 지방관의 보고를 통해서 당시 광서 관병과 향용의 문제점을 예상할 수 있다. 특히 병사와 향용의 자질이 문제였다. "有業之民"으로서 군인이 된 자는 극히 드물고 "無賴之徒"로서 향용이 된 자가 대부분이어서 이들은 오직 利만을 꾀한다고 하는 지휘자의 자탄[51]을 통해 이들이 일으킬 폐단을 추측할 수 있는 것이다. 백성을 속이고 능멸하며, 향리에서 소란을 피우고, 부녀자를 겁탈하며, 물건을 약탈하고, 양민을 학살하는 만행을 저지르고 있다.[52] 특히 潮勇의 약탈행위가 유명하여 여러 기록에 등장한다. 조용의 병사는 아예 채색비단으로 허리띠를 길게 만들고 배에 배두렁이를 달아 약탈한 물건을 그 속에 집어넣었다.[53] 이들의 약탈이나 부녀자 겁탈은 지휘관조차 통제하지 못할 정도였다.[54] 백성들에게서 빼앗은 물건을 시장에서 공공연히 팔고[55] 심지어는 약탈물을 구입한 자가 또 약탈당하는 일도 있었다.[56] 이러한 官兵·鄉勇·團練의 행위로 말미암아 민중봉기를 약화·소멸시키는 목적을 이루기는커녕 민중봉기를 키우고 발전시키는 결과를 초래하였던 것이다.

同治年間(1862~1874) 간행된 광서의 한 지방지는 이곳의 거주민은 민중봉기에 의해 고통당할 뿐만 아니라 "兵에게 재차 고통당하고 서리의 수탈에 또한 고통당한다."[57]고 표현하고 있다. 이러한 표현을 통해 당시 광서민중이 봉기진압을 위해 파견된 군대나 관아의 서리에 의해 혹심한 수탈을 받고 있었음을 알 수 있다.

---

50) 「廣西巡撫咨會」, 『清末の秘密結社』 資料篇, 3쪽.
51) 「烏蘭泰奏團練鄉勇方略片」 咸豊元年4月27日, 『문헌사료』, 128쪽.
52) 「容縣擧人李毓英等稟」, 『清末の秘密結社』 資料篇, 19쪽.
53) 況澄, 『日抄』(『광서』 上, 261쪽).
54) 巡撫인 勞崇光조차 潮勇을 통제하지 못하여 勞崇光은 勞不管이란 별명이 생겼다. 『調査資料』, 190쪽.
55) 「粤西獨秀蜂無名氏題壁三十首」, 『광서』 上, 258~259쪽.
56) 況澄, 『日抄』(『광서』 上, 261쪽).
57) 同治7年『藤縣志』(『광서』 上, 13~14쪽).

3. 무기력한 지방통치

광서는 화중, 화남에서 가장 빈곤한 성으로 농업생산력 수준도 낮았고 면직업, 견직업 등 수공업의 발전도 미흡하였다. 광서의 상업도 광서의 상품생산에 기초한 것이 아니라 광서의 식량과 수공업 원료를 광동에 공급하는 대신 광동의 수공업 제품과 소금을 구매하는 방식이어서 광서에는 불리하였다.[58] 즉, 식량과 수공업 원료의 가격은 저렴하였지만 수공업 제품과 소금의 가격은 비쌌던 것이다. 따라서 광동·광서의 교역이 발전하면 할수록 광서의 재화가 광동으로 유출되었다. 게다가 광동상인이 광서의 상업과 고리대업을 장악하고 있어서 광서민중의 재화가 더욱 용이하게 광동상인의 손을 거쳐 유출되었다.[59] 따라서 광서 출신의 재력을 갖춘 지주, 상인, 고리대세력이 미약하였다. 그것은 광서 출신 신사계층, 관료세력의 미약을 초래하는 요인이 되기도 하였다. 예컨대 청대 광서 출신의 총독과 순무는 각기 5인, 8인으로 江蘇의 40인, 76인, 그리고 浙江의 27인, 63인에 비하면 현저히 적었다. 이는 각 省別 전국 순위로는 총독이 12위, 순무가 17위에 머무르는 것이었다. 淸初부터 道光年間(1821~1850)까지는 이러한 현상이 더욱 두드러져 臨桂縣 출신의 陳宏謀가 乾隆年間(1736~1795)에 巡撫, 總督, 尙書 등을 역임한 것 이외에 두 명이 순무에 임명되었을 뿐이다.[60] 중앙정부의 尙書, 侍郎 등의 고관이나 布政使, 按察使 등의 지방관 그리고 翰林院 入院者 등에 있

---

58) 拙稿, 「淸 中葉 廣西商業과 廣東商人」, 125쪽.

59) 廣西에 정착한 廣東 출신 상인의 경우도 그들의 원적지 광동에 친척이나 가족의 일부가 남아 있어서 정기적 또는 부정기적으로 광동을 방문하였고 그때마다 여러 가지 방식으로 광서의 재화가 일부나마 유출되었다고 생각된다. 또 광서에서 재산을 보전키 어려운 상황에서는 광동으로 재화를 유출시키기도 하였다. 예컨대 廣西 貴縣의 林氏는 太平天國時期 그들의 자본을 廣州로 도피시키고 있었다. 西川喜久子, 「廣西社會と農民の存在形態」, 野澤豊·田中正俊 編, 『講座中國近現代史』 1. 『中國革命の起點』(東京大學出版會, 1978) 참고.

60) 龍盛運, 앞의 글, 286~287쪽.

어서도 광서 출신은 他省出身에 비해 현저히 적었다.[61]

광서 출신의 지배계급이 취약할 뿐만 아니라 일반 관료들도 광서관직의 부수입이 다른 지역보다 못한 데다가 풍토병의 우려도 있고 또 멀고도 험한 지역으로 여겨 광서에 부임하는 것을 기피하는 풍조가 만연되었다. 특히 광서는 瘴鄕으로 소문이 나있어 관료들은 부임을 더욱더 꺼려하였다.[62] 광서는 아열대의 고온다습한 지역[63]으로 악성 말라리아 등의 전염병이 자주 발생하였는데 당시 사람들은 이를 水土가 나빠 발생하는 풍토병, 즉 瘴毒으로 여겼다. 광서의 瘴毒은 "1년 중에 없을 때가 없어 봄에는 靑草瘴, 여름에는 黃梅瘴, 6·7월에는 新禾瘴, 8·9월에는 黃茅瘴이 있다."[64]고 말해질 정도였다. 따라서 광서에 대해 "運氣低上廣西(운이 나빠 광서에 간다)"[65]는 속담이 생겨난 것도 결코 우연이 아니었다. 광서에 부임하더라도 성실하게 근무하기보다는 좋은 자리(好缺 또는 美缺)로 전근가기 위해 거쳐 지나가는 대합실(傳舍)로 여기거나 질곡으로 여겨 매일같이 다른 곳으로 전근 갈 것만 생각하는 관료가 십중 여섯, 일곱은 되었다.[66]

게다가 도광년간 광서에는 민중봉기가 빈번히 발생하여 군사비가 대

---

61) 청초부터 도광 연간까지 각 省 출신의 翰林院入院者는 강소성이 690명, 절강성이 580명, 山東省이 269명이다. 이에 비해 광서성은 91명으로 전국의 제15위에 불과하다(위의 글, 285쪽).

62) 沈日霖, 『粤西瑣記』 卷26, 「煙瘴」(臺北: 廣文書局 影印本, 1969)에 의하면 西隆縣令으로 부임한 江蘇人 宋永升은 부임 3개월 만에 瘴에 걸렸는데 이때 그를 포함해 모두 17명이 죽었다고 한다.

63) 광서는 여름에 고온이 계속되어 최고 섭씨 35도가 넘는 날이 많았다. 百色은 섭씨 35도가 넘는 날이 연평균 43.6일이나 되고 梧州는 28.5일, 柳州는 23.8일이나 된다. 아울러 강우량도 많은 편이어서 광서의 전체 연평균강우량은 1,520mm이고 특히 廣西 北部는 1,700~1,800mm, 광서 남부는 1,800mm 전후, 때로는 2,000mm 이상되는 지역도 적지 않았다. 莫杰 主編, 『廣西風物志』, 南寧: 廣西人民出版社, 1984, 40쪽.

64) 汪森, 『粤西叢載』 卷18, 1쪽앞, 臺北: 廣文書局 影印本, 1969, 431쪽.

65) 熊野正平 編, 『熊野中國語大辭典』, 東京: 三省堂, 1984, 1171쪽.

66) 「鄒鳴鶴奏廣西吏治積弊已深摺」 咸豐元年8月13日, 『문헌사료』, 259쪽.

량으로 소요되는 데도 광서성의 재정은 늘 적자여서 유효적절히 민중봉기에 대처할 수 없었다. 乾隆53年(1788) 양광총독 孫士毅가 안남에 출병하여 군사비 소모가 많았는데 그 군사비를 떠맡은 이래 광서에서는 재정적자가 발생하여 嘉慶年間(1796~1820)에도 여전히 적자상태였다.[67] 민중봉기가 대량으로 발생하는 1840년대 말 1850년대 초에는 조세를 규정대로 모두 징수한다 하더라도 군사비 지출에 미치지 못 할 텐데, 민중봉기 때문에 조세 징수가 차질을 빚어 정액의 5~6할밖에 징수하지 못할 정도였다.[68] 따라서 외부의 재정지원이 시급히 요구되었다. 1850년 광서의 민중봉기가 폭발적으로 전개되자 청조는 1850년 11월 廣東, 湖南 그리고 중앙정부(戶部)로부터 도합 40만 냥을 광서에 제공하기로 결정하였다.[69] 그러나 그 이전에는 1821년에 광서에 緝捕經費가 부족하다고 하여 광동에서 銀 2만 냥을 지원하였고[70] 1832년 광동과 광서의 司庫銀 10만 냥을 상인에게 대여하여 얻은 이식으로 광서의 즙포경비에 사용하도록 지시하였을 뿐[71] 별다른 재정지원이 없었다. 따라서 재정이 궁핍한 광서에서는 도광20년대 민중봉기가 빈번히 발생하는 데도 州縣에 즙포경비가 모자라고[72] 군량이 부족하여[73] 이를 신속히 진압할 수 없었다.

광서는 지방관의 관할구역이 광대하고 산지가 많아 교통이 불편하였으므로 관의 지배력이 골고루 미치기 어려웠다. 광서 桂林府는 省都가 위치한 정치적 중심지로 광서에서는 인구도 많은 지역인데 면적이

---

67) 趙爾巽 等撰, 『清史稿』 卷359 列傳146, 「謝啓昆」, 第37冊, 11357쪽.

68) 嚴正基, 「論粤西賊情兵事始末」, 『皇朝經世文續編』 卷81 兵政20(葛士濬 輯, 光緒14年, 臺北: 國風出版社 影印本, 下), 381쪽. 1850년대 초 군사비가 42만 냥이나 소요되는데 錢糧 징수액은 40여만 냥이었다 한다.

69) 「諭林則徐劉撫兼施并查辦各事」 道光30年10月16日, 『문헌사료』, 67쪽.

70) 『宣宗實錄』 卷14, 3쪽뒤~4쪽앞, 道光元年3月癸丑條.

71) 『宣宗實錄』 卷208, 15쪽앞뒤, 道光12年3月癸酉條.

72) 半窩居士, 「粤寇起事記實」, 太平天國歷史博物館 編, 『太平天國史料叢編簡輯』 第1冊, 北京: 中華書局, 1961, 3쪽.

73) 龍啓書, 『經德堂文集』 卷6(『광서』 上, 47쪽).

24,300㎢이고 廳, 州, 縣 10개가 예속되어 현 하나의 평균면적이 2,430㎢에 달하였다. 潯州府는 면적이 12,300㎢에 4개의 현이 예속되어 있으니 현의 평균면적이 3,075㎢이었고, 泗城府는 면적이 17,100㎢에 州縣 3개가 예속되어 있으니 현의 평균면적이 5,700㎢나 되었다.[74] 이에 비해 경제적 선진지역인 江蘇 松江府는 면적이 4,200㎢인데 현, 청이 8개나 예속되어 있어 현의 평균면적은 525㎢에 불과하였다. 또 江蘇 蘇州府는 면적이 5,100㎢인데 11개의 청과 현이 예속되어 있으므로 현의 평균면적은 464㎢에 불과하였다.[75] 이처럼 광서의 각 州縣官이 관할해야 할 면적이 江蘇보다 최저 4.6배에서 최대 12.3배나 넓었다. 인근의 광동과 비교해도 역시 광서 州縣官의 관할면적이 훨씬 넓었다. 예컨대 廣東 廣州府는 면적이 18,900㎢나 되지만 14개 현이 소속되어 각 현의 평균면적은 1,350㎢였고, 潮州府의 경우는 면적이 14,400㎢에 10개 현, 청이 소속되어 각 현의 평균면적은 1,440㎢였다.[76] 이처럼 광서 州縣官의 관할구역이 광대한 데다가 광서는 산지가 많아 교통이 불편하였는데 이런 점은 지방관의 통치를 곤란하게 하고 관의 지배를 무력화시키는 요인이 되기도 하였다.

19세기 前半 50년간(1801~1850) 광서에는 최고 행정책임자로 24명의 순무가 부임하였으므로 순무 1인당 근무기간이 2년 1개월인 셈이다. 2년 미만 재임한 순무가 13명에 달하고 1년 이하 재임한 순무도 8명이나 있었다.[77] 2년 1개월이란 기간은 광서의 여러 가지 실정을 파악하고 현안문제들을 처리하는 데 결코 충분한 시간은 못된다. 더욱이 1년 이하

74) 各府의 예속 州縣數는 『清史稿』 卷73 志48 地理20 廣西, 第9册, 2293~2320쪽. 그리고 각 부의 면적(嘉慶25: 1810년)은 梁方仲 編著, 『中國歷代戶口田地田賦統計』 甲表88, 278쪽 참조.

75) 『清史稿』 卷58 志32 地理5 江蘇, 第8책, 1983~2000쪽, 또한 梁方仲 編著, 위의 책, 273쪽.

76) 『清史稿』 卷72 志47 地理19 廣東, 第9책, 2269~2291쪽, 또한 梁方仲 編著, 위의 책, 277~278쪽.

77) 錢實甫 編, 『清代職官年表』 第2册, 「巡撫年表」, 北京: 中華書局, 1980, 1649~1694쪽.

몇 개월을 근무하면서 광서의 실정을 파악하고 광서의 현안문제를 처리할 수는 없었을 것이다. 예하 관원들도 새로 부임한 순무의 기색을 살피고 의향을 헤아리다 보면 업무에 성심성의껏 진력할 수 없었다. 이 같은 잦은 순무의 교체가 광서통치에 더욱 더 부정적인 영향을 미쳤음은 두말할 나위도 없다. 일부의 순무는 유능하고 비교적 오랜 기간 재임하여 적극적으로 광서통치에 진력하기도 하였으나 혼자만의 힘으로는 역부족이었다. 예컨대 가경23년 10월부터 도광2년 8월까지(1818.11~1822.9) 근 4년간 광서순무로 재직한 趙愼畛은 廣西 按察使로 재임(가경19~20년: 1814~1815)[78]한 경력도 있어서 광서의 실정에 비교적 밝았다. 그는 순무로 재임하면서 保甲制를 강화하고, 객민을 단속하며 천지회원을 1,700명이나 검거하여 광서사회의 동요와 불안을 진정시키고자 하였다.[79] 한편 재정곤란을 해소하기 위해 중앙에 재정지원을 요청한 결과 1821년 광동으로부터 즙포비용으로 은 2만 냥을 지원받기도 하였다.[80] 그의 이러한 노력에도 불구하고 예하 지방관들은 일을 대충 처리하고 책임만 모면하려고 하였다.[81] 대부분의 광서 순무는 무능할 뿐만 아니라 광서의 사회문제 해결에도 소극적이었다. 도광16년(1836)부터 도광30년(1850)까지 순무로 연이어 재임한 梁章鉅, 周之琦, 鄭祖琛 등[82]은 직무에 소홀한 것으로 유명하였다. 양장거와 주지기는 저술이나 시, 술에 탐닉하고 雅會를 거행하며 예하 관료들과 함께 술을 마시고 시를 지을 뿐 정사에 게으르고 정사에 소홀하였다.[83]

78) 錢實甫 編, 『淸代職官年表』 第3册, 「按察使年表」, 2119~2120쪽.

79) 姚瑩, 「趙文恪公行狀」, 『續碑傳集』(繆荃孫 纂錄) 卷22, 5쪽앞(近代中國史料叢刊, 第99輯, 臺北: 文海出版社 影印本)

80) 『宣宗實錄』 卷14, 3쪽뒤~4쪽앞 道光元年3月癸丑條.

81) 光緖『潯州府志』 卷34에 의하면 道光初에 潯州府의 하천연변에 순시선을 설치하였으나 지방관들은 "但奉行不力" 하였다고 한다(龍盛運, 앞의 글, 306쪽에서 재인용).

82) 이들 이외에 徐繼畬도 있으나 그는 재임기간이 2개월에 불과하므로 제외하였다.

83) 龍盛運, 앞의 글, 307쪽.

도광26년 12월(1847.1)에서 도광30년 10월(1850.11) 사이에 광서순무를 역임한 정조침은 당시 무수히 발생하고 있던 광서 민중봉기의 진압에 대해 무능을 드러내었다. 군사비가 부족하고 병력도 모자라며 부하 지방관은 무기력한 데다가 자신의 의지도 박약하였다. 그는 "詩文이나 예술을 언급하기를 좋아할 뿐 吏治와 軍政에는 어두웠으며 당시 소인의 말을 듣고 盜匪와 海匪를 해산시키는 데 주력할 뿐 兵事를 일으켜 천자의 마음을 놀라게 하려 하지 않았다."[84] 또한 불교에 탐닉하여 살인을 꺼려하고 범죄자를 석방하는 일도 적지 않았다.[85] 게다가 그는 전근운동에만 관심을 둘 뿐이었다. 이 같은 정조침의 태도는 당시 관료들에 의해서도 그가 오로지 미봉책만 쓴다든가[86] 마지못해 일을 대강대강 해치운다[87]는 등의 표현으로 비판되었다. 咸豊帝는 정조침이 여러 해나 순무로 재임하면서도 일을 예방치 못하고 "盜匪充斥"의 사태에 이르게 하였음을 질책하였고[88] 도광30년 10월 24일(1850.11.27) 그가 광서봉기에 미온적으로 대처하고 사태를 粉飾하기에만 힘쓴다는 죄를 들어 革職하였다.[89]

순무만이 아니라 예하 지방관도 평소 관할구역에서 발생하는 盜案이나 민중봉기에 대해 방관하거나 무관심하여 직무유기를 일삼고 책임회피를 위해 과장·허위보고하는 것이 다반사였다. 광서지방관의 무사안일적 태도, 직무유기 등에 관한 기록은 대단히 많은데 몇 가지 사례를

84) 李濱, 『中興別記』 卷1(太平天國歷史博物館 編, 『太平天國資料匯編』 第2冊 上, 中華書局, 1979), 5쪽.

85) 「周天爵奏廣西情形及韋源玠起事緣由摺」 咸豊元年正月初十日, 『문헌사료』, 87쪽과 戴鈞衡, 『草茅一得』 上卷(『문헌사료』, 368쪽).

86) 『欽定剿平粤匪方略』 卷1, 21쪽뒤 道光30年9月初8日 「兵科給事中袁甲三奏」(奕訢等總裁, 同治11年刊, 臺北: 成文出版社), 11쪽.

87) 위의 사료, 卷1, 18쪽앞뒤 道光30年9月初7日 「兩廣總督徐廣縉奏」, 9쪽.

88) 『大淸文宗顯皇帝(咸豊)實錄』 卷17, 10쪽앞 道光30年9月乙未條. 이하 『文宗實錄』라 표기한다.

89) 『文宗實錄』 卷20, 22쪽앞뒤 道光30年10月壬午條.

들면 다음과 같다.

> 광서는 백성이 가난하고 토지가 척박하여 이곳에 부임하는 자는 변방 · 벽지에서 근무하는 것이 고통스럽다는 구실로 안일만을 구하고 분발하려 하지 않습니다. 역대 大吏(순무)들도 적당히 얼버무려 꾸밀 뿐 성심성의껏 노력하지 않았기 때문에 폐단이 날로 깊어지기에 이르렀습니다.[90]

> 순무나 布政使는 詩文이나 酒會를 구실로 서로 왕래하는 것을 호방하다고 여기고, 치안문제에 신경쓰는 관원을 가리켜 俗吏라고 합니다. 또한 그러한 관원을 배척하며, 담당관은 사건을 숨기고 보고하지 않아 도적의 세력이 더욱 떨치게 되었습니다. 졸졸 흐르는 시냇물을 막지 않았더니 급기야는 거대한 강물을 이루게 된 것으로 거기에는 다 까닭이 있는 것입니다.[91]

> 백성이 약탈사건을 고소해도 나무인형에 호소하는 것과 같고, 관청을 물러나와 억울한 마음을 울부짖는 소리가 비바람에 흩어지듯 합니다. 도적은 官府가 그들을 처벌하지 않는 것을 잘 알고 있기 때문에 더욱 더 백성을 위협합니다. 백성은 그 고통을 감당할 수 없고 또 관청을 믿을 수 없기에 결국은 도적을 좇아가게 됩니다.[92]

이렇듯 광서지방관의 민중봉기에 대한 무성의한 조치를 경험하게 된 광서의 紳士들은 광서 당국이 아니라 京師의 都察院에 "逆匪의 肆劫"을 진압해 달라고 연명으로 청원하였다.[93] 이러한 광서 신사들의 중앙정부에 대한 청원은 광서지방관의 불성실하고 무책임한 작풍에서 비롯된 것임은 두말할 나위도 없다.

---

90) 『文宗實錄』 卷40, 20쪽앞 咸豊元年8月癸未條.
91) 嚴正基, 「論粤西賊情兵事始末」, 『皇朝經世文續編』 卷81 兵政20, 382쪽.
92) 「周天爵奏……摺」 咸豊元年正月初十日, 『문헌사료』, 86~87쪽.
93) 「都察院奏廣西擧人李宜用等呈控情形摺」 道光30年8月29日, 『문헌사료』, 57쪽.

책임을 회피하기 위하여 광서관료들은 허위보고를 하거나 축소보고하는 일이 잦았다. 1850년 12월 광서순무로 부임한 周天爵은 1846년 이래 전사한 守備, 千總 등의 군관이나 兵丁이 천여 명이 되는데도 보고된 것은 천 명, 백 명에 하나 둘이었다고 지적하였다. 특히 그는 1850년 9월에 革職된 廣西提督 閔正鳳이 전사 장병을 病死로 보고하곤 하였다고 지적하였다.[94] 반면 중앙의 질책을 두려워하여 과장해서 허위로 보고하는 일도 흔하였다. 즉, 몇몇 土匪를 체포하고는 마치 진압을 완료한 것처럼 보고한다거나[95] 또는 "賊이 外地로 도망갔다."던가, "猺山으로 도망쳐 들어갔기에 종적을 알 수 없다."[96]던가 하는 식으로 보고하곤 하였다.

일부 관료는 기강이 해이해져 도박을 즐기거나 아편을 피우기도 하였고[97] 민중봉기군을 두려워하여[98] 적극적으로 진압하기는커녕 도망하거나 심지어는 봉기군에 뇌물을 보내 타협하려고도 하였다. 예컨대 1850년 광서 來賓縣의 봉기군 鯉魚八이 縣城을 공격하자 提督 휘하의 綠營兵은 서로 도망치려고 배를 다투다가 물에 빠져 죽은 자가 6~7할에 달하였고, 지현도 가솔을 이끌고 야반도주하였다.[99] 刑部尙書 杜受田이 함풍제에게 상주한 바에 따르면, 1850년 광서 遷江縣에서는 세 번이나 현성이 "賊"에게 약탈당하자 지현은 백성의 재물을 긁어 모아 "賊"에게 和議를 요청하였고, 上林縣 지현은 적에게 사로잡혀 인질금을 주고서야 풀려났다.[100]

이상과 같은 광서 출신 지배계층의 취약, 관료들의 광서부임 기피현

94) 「周天爵奏……摺」 咸豊元年正月初十日, 『문헌사료』, 87쪽.
95) 『欽定剿平粵匪方略』 卷1, 18쪽앞 道光30年9月初7日, 9쪽.
96) 民國37年『象州志』 第9編(『광서』 上, 30쪽에 수록).
97) 光緖23年『容縣志』 卷27(『광서』 上, 89쪽).
98) 光緖34年『藤縣志』 卷21 記事志(臺北: 成文出版社 影印本, 1967), 959쪽에 의하면 1850년 梧州知府 湯俊은 藤縣으로 가다가 도중 봉기군을 만나자 배를 버리고 도망쳐 밤 12시에야 藤縣에 도착하였다.
99) 民國26年『來賓縣志』 下篇(『광서』 上, 107쪽).
100) 「杜受田奏兩廣各地擧事情形單」 咸豊元年2月初8日, 『문헌사료』, 95쪽.

상, 광서의 재정부족, 관할구역의 방대함, 잦은 순무의 교체 등의 상황은 광서의 관료지배가 취약하게 될 수밖에 없는 여건을 조성하였다. 이와 같은 여건 속에서 무능하고 무기력한 순무가 민중봉기를 소홀히 취급하고 예하 지방관들도 무사안일, 직무유기, 책임회피의 작풍에 젖어 허위보고를 일삼거나 기강이 해이해졌다. 그 결과 민중봉기 진압에 아무런 효과를 올리지 못하고, 오히려 광서민중봉기의 발전을 초래하였다. 광서민중봉기의 만연을 초래한 광서의 상황을 광서순무 周天爵은 다음과 같이 개괄적으로 표현하였다.

> 兵에 대해 말하자면 省城(桂林)에는 나약한 8~9백 명의 병사만이 있을 뿐이오, 군량에 대해 말하자면, 布政使 관할의 창고에 내일 아침 먹을 군량밖에 없고, 관에 대해 말하자면 모두가 탄핵해도 허물을 고치지 못하는 관원뿐이고, 將帥에 대해 말하자면, 모두가 돌처럼 어리석은 장수뿐이며, 공문서에 대해 말하자면 모두 살인, 약탈사건에 관한 것뿐이다.[101]

이와 같은 관병의 나약함을 알아차린[102] 광서봉기세력은 "城을 탈취하여 관원을 죽이는"[103] 대담하고도 공개적인 反淸行爲에 나서게 되었던 것이다.

---

101) 周天爵, 「致周二南書」, 『太平天國史料叢編簡輯』 第6册, 3쪽.

102) 「烏蘭泰奏陳目前堵剿方略並請明定節制鎭協片」 咸豊元年4月27日, 『淸政府鎭壓太平天國檔案史料』 第1册, 453쪽에 의하면 兩廣의 봉기세력은 종전에는 官兵을 호랑이처럼 두려워하였으나 阿片戰爭 후 官兵의 形迹을 간파하여 官兵을 羊처럼 여겼다고 한다.

103) 戴鈞衡, 『草茅一得』 上卷(『문헌사료』, 368쪽).

맺음말

이상에서 고찰한 사실을 정리하면 다음과 같다.

광서지방에 대한 청조의 공식적 지정은 징수는 전국 평균보다 훨씬 심하였다. 1841년의 경우 광서의 1무당 지정은 定額은 전국평균 은 4분4리보다 1.8배에 가까운 7분8리였고, 실제 징수액은 무려 은 1전7리였다. 뿐만 아니라 1841년의 광서 지정은 정액은 1820년의 약 1.8배로 증가하여 아편전쟁 이후 청조 당국의 지정은 징수가 격증하고 있었음을 알 수 있다. 이와 같은 청조 당국의 공식적 조세 징수가 광서민중을 고통스럽게 하였다고 생각되지만, 이보다 더 광서민중을 괴롭힌 것은 광서관료의 부정부패에 의한 자의적 민중수탈이었다. 광서의 최고지방관인 광서순무를 비롯한 예하 지방관의 부정부패 사실을 곳곳에서 확인할 수 있었다. 그리고 그 같은 관료의 부징부패를 심화시킨 것은 청정부가 새성적자를 만회하기 위해 시행한 매관매직(捐納)이었다. 광서지방관의 부패나 부정은 중국의 여느 지방과 마찬가지이지만 그러한 부패와 부정을 견제할 수 있는 廣西 紳士層의 역량이 결여되어 있는 데다가 빈곤한 지역에서의 부정이었기 때문에 민중의 원성은 그만큼 더 높았다. 이러한 관료의 조세수탈에 대해 광서민중은 조세를 체납하거나 소유 토지를 은닉하였고, 토지를 여러 사람 명의로 분할하여 조세 부담을 경감시키려고 하였으며, 때로는 조세를 감당하지 못하고 도망치는 일도 종종 있었다.

지방의 행정사무를 사실상 처리하는 것은 서리와 아역(差役)이다. 관료의 부패나 민중수탈도 이들의 협조에 의해 가능한 것이다. 민중에 대한 조세 징수나 요역징발, 재판행정 등 대민 관련 문제에서 서리나 아역의 부정과 민중수탈은 현저하였다. 청대에는 1662년 이래 서리에 대한 급료지급을 중지하였고, 가경 · 도광 이후 조정의 기강이 해이해졌기 때문에 서리의 부정과 민중수탈이 극성을 부렸다. 광서의 경우도 예외는 아니었다. 흉년에 대비하고 광동에의 미곡공급을 원활히 하기 위해 각 州縣의 상평창에 비축할 곡식을 구매하는 채매과정에서 서리의 민중수탈방식은 교활하고 극악하였다. 공무차 지방에 출장나간 서리나 차역의 거주민에 대한 횡포나 勒索, 民夫의 자의적 징발, 광서에서 상업에 종사하는 광동상인에 대한 서리나 차역의 억압과 침탈 등의 사실에서 우리는 광서 서리나 차역의 反民衆的 면모를 확인할 수 있다.

가경년간 이후 나타난 관병의 규율문란, 무기력, 민중수탈, 횡포 등의 상황은 아편전쟁 이후 더욱 노골화되었는데 광서 관병의 경우에서도 역시 그러한 사실을 확인할 수 있었다. 그리고 이러한 광서 관병의 방자한 약탈과 횡포가 광서봉기를 나날이 확대시킨 하나의 요인이었다. 즉, 민중봉기를 약화·소멸시키는 목적을 이루기는커녕 민중봉기를 키우고 발전시키는 결과를 초래하였던 것이다.

이상에서 광서의 관료, 서리, 군대의 민중수탈은 광서의 민중봉기를 발생시키는 하나의 요인이 되었음을 알 수 있다. 한편 광서의 지배 역량은 폭발하기 시작하는 광서의 민중봉기를 효과적으로 진압할 수 있었을까.

광서는 농업생산력도 낮고 수공업의 발전도 미흡하였으며 이웃 광동과의 불리한 교역으로 광서의 재화가 유출되는 상황에 놓여 있었다. 따라서 광서 출신의 재력을 갖춘 지주, 상인, 고리대세력이 미약하였다. 이는 광서 출신 신사계층, 관료세력의 미약을 초래하는 요인이 되었다. 광서 출신의 지배계급이 취약할 뿐만 아니라, 일반 관료들도 부수입이 다른 지역보다 적은 데다가 풍토병의 우려도 있고 또 멀고도 험한 지역으로 여겨 광서에 부임하기를 기피하는 풍조가 만연되었다. 따라서 광서에 부임하더라도 성실하게 근무하기보다는 다른 곳으로 전근갈 것만 생각하는 관료가 대다수였다. 게다가 도광년간 광서에는 민중봉기가 빈번히 발생하여 군사비가 대량으로 소요되는데도 광서성의 재정은 늘 적자여서 유효적절히 민중봉기에 대처할 수 없었다. 아울러 광서는 州縣官의 관할구역이 광대한 데다가 산지가 많아 교통이 불편하였는데 이는 지방관의 통치를 약화시키고 관의 지배를 무력화시키는 요인이 되었다.

19세기 전반(1801~1850) 광서에는 24명의 순무가 부임하여 평균 2년 1개월 근무하였는데 이같이 잦은 순무의 교체는 광서지방의 통치에 부정적 영향을 미쳤다. 일부의 순무는 유능하고 비교적 오래 근무하여 성실하게 광서를 통치하고자 하였으나 혼자의 힘으로는 역부족이었다. 대부분의 순무는 무능할 뿐만 아니라 광서의 문제해결에 소극적이었다. 특히 1847년에서 1850년까지 근무했던 순무 鄭祖琛의 경우가 그러했다. 순무만이 아니라 예하 지방관도 평소 관할구역에서 발생하는 盜案이나 민중봉기에 대해 방관하거나 무관심하여 직무유기를 일삼고 책임회피를 위해 과장·허위보고하는 것이 다반사였다. 일부 관료는 기강이 해이해져 도박을 즐기거나 아편을 피우기도 하였고, 봉기군을 두려워하여 진압하기는커녕 도망치거나 심지어는 봉기군에 뇌물을 주어 타협하려고도 하였다.

이상과 같이 무능하고 취약한 광서지방관의 통치 역량으로서는 아편전쟁 이후 요원의 불길처럼 타오르기 시작한 광서민중봉기를 진압하기 어려웠다. 물론 당시 민중봉기는 直隸, 山東, 江蘇, 廣西, 貴州, 山西, 河南, 安徽, 湖北, 湖南, 陝西, 四川, 江西, 廣東 등에서 전국적으로 발생하고 있었다.[104] 그러나 그중에서도 광서지방에서 가장 빈번하고 극렬하게 전개되었다.[105] 그 결과 광서 당국은 그런 상황 속에서 발생한 태평천국을 효과적으로 진압할 수 없었고, 태평천국이 전국적 농민전쟁으로 발전하는 것을 저지할 수 없었다. 이처럼 태평천국이 전국적 농민전쟁으로 발전하게 된 데는 광서 통치역량이 미약하고 통치시스템이 이완되

---

104) 『文宗實錄』 卷7, 9쪽앞뒤 道光30年夏4月丙寅條.

105) 1850년 會試監試官 梁同新은 황제에게 다음과 같이 상주하였다. "근일 盜匪가 많이 발생합니다. 直隸, 山東, 河南 및 浙江, 湖南, 湖北 등의 省에서 약탈사건이 빈번히 발생하여 그렇지 않은 곳이 거의 없습니다. 그러나 가장 많고, 가장 심한 곳은 兩粵입니다."(「梁同新上疏」 道光30年3月, 民國20年 『番禺縣續志』 卷19, 16쪽뒤, 臺北: 成文出版社 影印本, 1967, 246쪽).

어 있었다는 요인이 내재하고 있었던 것이다.[106] 즉, 당시 광서지방은 통치시스템이 붕괴하여 가는 상황에 놓여 있었던 것이다. 결국 태평천국의 봉기로 청조의 광서지배는 결정적 타격을 입기에 이른다. 이후 이러한 사태는 광서만이 아니라 태평군이 진군하는 지역마다 나타난 현상이기도 하였다.

(「19세기 중엽 광서지방의 이치 문제」,
『부촌신연철교수정년퇴임기념 사학논총』, 1995)

106) 물론 태평천국운동이 이처럼 발전할 수 있었던 것은 이러한 객관적 조건 때문만은 아니었다. 태평천국운동을 전개한 배상제회의 주체적 역량이라는 점도 아울러 고려하여야 할 것이다. 이 점에 관해서는 拙稿, 「金田起義 前夜의 廣西民衆蜂起와 拜上帝會 發展」, 논총간행위원회 편, 『五松李公範敎授停年紀念 東洋史論叢』, 지식산업사, 1993, 273~305쪽 참고.

중국 초기 근대화의 이론적 해석과 역사적 표현

– 漢口 모델을 중심으로

任 放

任 放

中國武漢大學教授, 韓國成均館大學校敎授

저서로 『明淸長江中游市鎭經濟硏究』(武漢大學出版社, 2003), 『中國文化史』(공저, 高等敎育出版社, 2005), 『港口一腹地和中國現代化進程』(공저, 齊魯書社, 2005), 『騙子的歷史』(공저, 中國文史出版社, 2005), 『中國經濟史綱要』(공저, 高等敎育出版社, 2007) 등이 있다.

중국 초기 근대화의 이론적 해석과 역사적 표현*

- 漢口 모델을 중심으로

본고에서 사용하는 '초기 근대화'라는 개념은 역사적 맥락 속에서 '근대화' 혹은 '근대적 전환'이라는 개념으로 치환될 수 있다. 역사적 기회, 지리 및 인문적 환경, 지역경제 수준의 제약 등으로 인해 중국의 초기 근대화는 복잡한 역사적 명제가 되었다. 서로 다른 많은 (근대화) 모델이 나타난 것이 그 표지의 하나라고 할 수 있다. 이러한 예로는 漢口 모델, 上海 모델, 天津 모델, 重慶 모델, 廣州 모델, 福建 모델 등이 있다. 이들은 상호 중첩되는 점과 차이점, 특색 등이 공존하고 있는 중국의 초기 근대화 과정을 고찰할 수 있는 역사적 모델이라 할 수 있다.

본고에서는 이 중 한구 모델과 중국의 초기 현대화의 관계에 대해, 이론적 해석과 역사적 실천, 두 측면을 중점으로 管見을 펼치고자 한다.

---

* 본고는 2007년 中國教育部人文社會科學重點研究基地 중요과제 "청대 이후 장강 중류 농촌사회 및 문화변천(清代以降長江中游農村社會及文化變遷)"(批准號: 07JJD720043) 및 2007년 中國教育部 "新世紀優秀人才支持計畫"(批准號: NCET-07-0639)에 의한 단계적 성과이다.

우선, 필자는 '한구 모델'이라는 분석적인 개념을 제기하고, 그에 대한 해석을 펼치고자 한다. 다음으로, 필자는 淸末民初에 초점을 맞추어 한구가 근대화를 추진하는 과정을 살펴보고, '한구 모델'의 합리성을 역사적, 실천적으로 논증하고자 한다. 마지막으로 필자는 '한구 모델'의 몇 가지 시사점을 추출해 보고자 한다.

1. 漢口 모델의 역사적 내용

산업혁명을 기초로 한 영국의 초기 근대화 과정은 '영국 모델'이라고 불린다. 최근의 연구 결과에 따르면, 영국 모델이 전 세계적인 근대화 과정에 성공적인 사례를 제공했다 하더라도, 그것이 세계적 보편성을 가지지는 않았다고 한다.[1] 이로부터 다음과 같은 의문이 도출될 수 있다. 즉 영국 모델이 유일한 근대화 과정이 아니라고 한다면, 공업혁명은 발생하지 않았지만 상업혁명을 주요 동력으로 했었던 근대화 모델은 존재할 수 없었을까? 이러한 모델은 영국 이외의 지역에서 어떻게 발생했을까? 중국에 이러한 의문을 해결할 수 있는 역사적 텍스트가 존재하지 않았을까? 필자는 중국에 상업혁명을 주동력으로 한 초기 근대화 모델이 존재했으며, 한구 모델 역시 그중 하나였다고 생각한다.

여기서 말하는 한구 모델은 고도로 발달한 전통상업의 기초 위에서 외부요인의 도움을 받아 근대적 전환을 완성한 발전 형태를 가리킨다. 한구 모델의 핵심은 통상적인 공업혁명(산업혁명)이 아닌 중국적인 상업혁명에 있다. 더욱 구체적으로 본다면, 한구 모델은 다음과 같은 변화를 보여준다고 할 수 있다. 즉 전통적인 水運 항구－근대적 통상항구－

---

1) 李伯重 著, 『江南的早期工業化(1500~1850)』, 第11章 「結論－資本主義近代工業化: 明淸江南工業化的發展前景」, 社會科學文獻出版社, 2000.

현대의 상업 대도시의 변화를 보여준다.

宋代부터 淸代에 이르는 역사발전 과정 중, 중국은 세 차례의 상업혁명을 거쳤다. 첫 번째는 宋代의 상업혁명이다. 이는 坊市制의 붕괴와 시장화의 심화로 대표된다. 두 번째는 明淸 시대의 상업혁명으로서, 이 변화는 市鎭 경제의 번성을 지표로 한다. 세 번째는 근대 상업혁명으로 통상항구(개항장)를 핵심으로 하는 근대화된 상업군(郡)을 특징으로 한다.

영국의 모델과 중국의 초기 근대화 역정을 비교해 보면, 중국의 근대화 과정에는 다음과 같은 두 가지 길이 있었음을 알 수 있다. 하나는 상업화의 길이다. 고도로 발달한 전통상업을 기초로 외부요인의 힘을 빌려 발전하는 방법이다. 또 하나의 길은 공업화의 길이다. 전통 수공업의 발전에 의존하지 않고, 근대적인 封疆大吏(소위 '洋務派官僚')가 외국의 기기, 설비를 들여와 근대화를 진행시킨 방법이다.

일본의 斯波義信은 한구 상업의 성장을 다음과 같이 묘시하고 있다.

> 1465년 湖北省 漢水 하류의 항로가 바뀌면서 漢口라고 하는 작은 市集이 생겼다. 1497년 한구는 鎭으로 승격되어, 이후 항상적인 진이 되었다. 19세기 초 한구는 100만의 인구와 兩湖 지역의 전부, 江西, 河南, 陝西의 일부로 구성된 상업권—長江中游大地區—의 中樞部가 되었다. 또 한구는 지역 首府, 대도시, 지방도시라는 3중의 상권이 집중된 곳으로서, 각종 기능을 겸비한 상업중심지였다. 이 지역의 성장은 일정정도 지역 내에서 특화된 상품 수출과 한구를 통한 상품교역에 의지했다. 또 주요상품은 山西, 新安, 江西, 廣東, 寧波 등에서 온 강한 실력을 갖춘 외래 客商 집단들에 의해 통제되었다. 新安, 江浙 상인은 주로 쌀 판매를 통제했고, 江南 상인은 목재를 운영했으며, 광동, 산서, 섬서 상인은 茶 관련 업종을 경영하였다. 또 산서, 섬사 상인은 금융업을 장악하고 있었다. 이에 비해 현지상인은 省 내외의 목재업, 운수업 및 현지에서 산출한 쌀, 차등의 물품거래를 장악하고 있었다.

> 처음 한구의 상업은 객상들에 의해 지배되었다. 그러나 19세기 중엽 이후, 당시의 정치적·재정적 위기에서 벗어나려는 동향에 호응하여 지역주의를 촉진하는 지역적 整合 경합이 생기게 되었다. 한구시의 객상과 현지상인들은 파벌적 이익을 초월하여 동업연합체를 형성하였다. 아울러 초기에 당국은 실질적인 시정운영의 주도권을 부여하여, 전지역 범위 내의 자치를 목표로 하여 시대의 획을 긋는 전진의 발걸음을 내디뎠다.[2)]

만일 한구가 明代 成化 연간부터 漢水의 흐름 변화로 형성되었다면, 170여 년의 精練을 거쳐 淸代의 한구는 이미 성장기로 접어들었다고 할 수 있다. 그렇다면 淸代 전기 200여 년의 세월은 한구 상업의 성숙기로 볼 수 있다. 역사에는 다음과 같이 기록되어 있다.

> 漢口鎭은 城의 북쪽 3里에 위치하며, 居仁·由義·循義·大智 네 개의 坊으로 이루어진다. 長江과 漢水 두 수계의 요충지에 위치하며 일곱 省으로 통하는 교통의 요지이므로, 사방에서 온 사람들이 섞여 살고 있다. 額公嗣에서 艾家嘴까지 15리에 이르는 지역에는 뭍으로는 집이 벌과 개미의 집처럼 빽빽이 들어서 있고, 물에는 배가 물고기와 매 떼처럼 많다.[3)]

呂寅東이 편찬한 『夏口縣誌』 卷2 「商務志」에 의하면 乾隆 연간 漢口巡檢司는 이미 漢水의 南岸에서 北岸으로 이전하였으며, 民國 당시의 한구는 이미 시장의 중심이 되었다고 한다. 이는 한구 시장의 최종적인 형성을 보여준다 하겠다. 근 400년의 상업발전은 한구 상업의 근대화를 위한 견실한 기초를 놓았다. 개항 직전까지 한구는 하나의 市鎭일 뿐이었지만, 그 경제발전 수준, 특히 상업적 명성은 이미 府·縣을 초월하여 省

---

2) 斯波義信 著, 方健·何忠禮 譯, 『宋代江南經濟史硏究』, 江蘇人民出版社, 2001, 9~30쪽.

3) 乾隆『漢陽縣誌』 卷6, 「城池」.

會와 이름을 나란히 하였다. 따라서 역사 기록에 의하면 한구는 "교통의 要路에 위치하여 주민이 넘쳐나고, 상인들이 모여들어 호북(楚)에서 제일 번성한 곳이었다."고 하였다.[4] 또 "이전에 한구는 (이 지역에서) 가장 번성한 곳이었다. 사통팔달한 교통의 요지에 위치하여 商船이 도처에서 모여들었다. 상류로는 四川[三巴], 廣東·廣西[兩粵]지역으로부터 시작하여, 하류로는 江淮, 서쪽으로는 密邇荊까지, 모든 지역에서 상선들이 돛대를 맞대고 구름과 해를 가릴 정도로 몰려들었다."고 한다.[5] 개항 이전의 한구는 이미 전국적으로 유명한 상업 시진으로서 "한구는 호북의 요충지[咽喉]일뿐 아니라 雲貴, 四川, 湖南, 廣西, 陝西, 河南, 江西의 화물이 모두 여기로 모여드는 상업 중심지이다. 천하에서 제일이 되고자 하지 않아도 그럴 수 없다(제일이 될 수밖에 없다)"[6]라는 말이 전해진다. 이는 수운의 우세를 가진 한구진이 주변의 넓은 상업적 배후지에서 생산한 상품들이 교환되는 중심시장이 되었음을 보여주는 것이다. 어떤 연구는 "(규모가) 확대된 시진의 초보적 시장 발달은 전근대적인 시장 네트워크를 형성하여 지방과 지역의 상업 일체화를 촉진하였다."라고 하였다.[7]

한구의 상업성장사는, 明清 상업혁명의 가장 큰 의의는 오랫동안 정치 중심지와 상업 중심지가 합일된 중국 도시의 전형을 파괴했다는 데 있다는 것을 잘 보여준다. 이를 통해 정치 중심지와 상업 중심지가 분리되고, 대형 시진이 우후죽순처럼 자라서 상품경제의 중심무대가 되었던 것이다. 明清 시진 상업경제의 신속한 발전은 지역 내부와 각 지역 사이에 각종 전문적인 시진 및 장거리 운송시장을 형성시켰다. 이는 기층사회의 상품화를 촉진하였으며, 중국의 초기 근대화를 위한 필요조건을

4) 嘉慶『重修一統志』卷338, 「漢陽府一·關隘」.
5) 嘉慶『續輯漢陽縣誌』卷首, 「漢陽縣事王庭楨序」.
6) 劉獻廷, 『廣陽雜記』 卷4.
7) 許紀霖·陳達凱 主編, 『中國現代化史』(1800~1949) 第1卷, 三聯書店, 1995, 36쪽.

창출하였다.

물론 모든 전통적인 시진이 근대화의 문턱을 넘을 수 있었던 것은 아니다. 역사적 조건이 서로 달랐기 때문에, 많은 전통 시진은 근대화의 과정에서 쇠퇴하였다. 필자가 수백 종의 지방지를 조사한 결과, 清代 후기 長江 중류지역 시진의 절대 다수는 그다지 큰 변화 없이 전통적인 형태를 유지하고 있었다. 同治 · 光緒 年間에 修纂된 많은 지방지에서는 어떠한 근대적인 분위기도 전혀 느낄 수 없다.[8)]

중국의 전통적인 4대 상업 시진 중 오직 한구만 자신의 상업적 실력과 외부요인의 결합으로 근대적 전환을 이룰 수 있었던 것이다. 이러한 전환의 예로는 기계공업, 해관제도, 은행체제, 買辦勢力, 근대적 商會 등을 들 수 있다. 이러한 제도들은 한구의 상업구조 및 시장 시스템에 중대한 변화를 가져왔다. 급속한 인구팽창은 한구가 근대적 대도시로 발전한 것을 증명하는 주요한 지표이다. 또 근대적 공공사업(전등, 상수도 등)과 3차 산업의 발달은 한구의 사회생활이 근대화된 표지라고 할 수 있다. 한구는 근대 중국에서 상해 다음가는 대형 상공업 도시가 되어 '동양의 시카고'라는 명예도 얻었다.[9)]

이러한 기초 위에서 한구는 상업적 우세를 바탕으로 배후지의 경제 발전을 주도했다. 이에 관해 어떤 연구자는 다음과 같이 지적하였다.

> 호북 지역 근대사회구조의 변화와 경제형태의 변화는 우선 무역-시장을 통해 이루어졌다. 한구의 우월한 상업적 지위는 열강이 한구를 개항장으로 만든 원인 중 하나였다. 호북지역의 근대화라고 하는 일련의 진통, 변천 및 노력이 추진될 수 있었던 계기는 바로 한구의 개항이었다.[10)]

---

8) 任放, 『明清長江中游市鎮經濟研究』, 武漢大學出版社, 2003.
9) 任放 · 杜七紅, 「傳統市鎮近代化芻論-以漢口爲個案的研究」, 『人文論叢』, 2000.
10) 당시 1,000명 이상을 고용한 곳은 매우 적었다. 陳鈞 · 任放 著, 『世紀末的興衰-張之洞與晚清湖北經濟』, 第2章 「近代工業框架的聳立」, 中國文史出版社, 1991.

특히 한구는 武漢이 근대부터 현대까지 화중지역의 가장 큰 경제중심지가 될 수 있었던 직접적인 동력이었다. 이러한 각도에서 본다면 한구 모델은 중국의 초기 근대화를 연구할 수 있는 중요한 텍스트라고 할 수 있을 것이다. 이와 동시에 한구 모델은 그 특수성도 가지고 있다. 한구 모델의 특수성을 개괄하면 다음과 같다.

첫째, 한구는 전통적인 시진에서 근대적 색채를 가진 상공업 대도시로 탈바꿈했다. 이러한 변화는 네 가지 요인에 의해 가능할 수 있었다. 즉 한구가 가진 천혜의 수륙교통망과 상품유통 시스템, 성숙한 시장체계 및 전국에서 두드러진 상업적 지위, 개항을 통해 대외통상항구가 된 점, 특히 러시아 상인들이 한구 시장에 강력하게 침투한 점, 한구의 발달한 금융업(錢莊票號)이 근대화에 불가결한 자금 지원을 한 점이다.

둘째, 한구 모델은 張之洞의 '湖北新政'과는 달리 중국의 초기 근대화 단계의 상업화의 길을 대표한다. 역사가들이 주목하는 장지동에 의해 무한 지역에서 추진된 초기 근대화 사업(이른바 '湖北新政')은 기본적으로 漢陽, 武昌 지역에 집중되었다. 한양은 중공업 기지가 되었고, 무창은 경공업 기지 및 신식교육의 집중지, 그리고 湖北新軍의 주둔지가 되었다. 한구의 근대적 전환은 내생적 형태를 가진 것으로, 깊은 전통상업의 기초를 가졌으며 장지동의 개혁에 선행하였다. 장지동의 '湖北新政'은 이식형이었다. 즉 외국의 기술과 기계를 들여와 완성된 것이었으므로, 영국 모델의 이식형태라고 할 수 있었다. 객관적인 시각에서 보면, 한구의 근대적 전환과 장지동의 '湖北新政'은 각각 중국의 초기 근대화의 두 노선을 대표한다고 할 수 있다. 이 두 길은 서로 촉진하면서도 각각 다른 유형으로 무한 초기 근대화의 전체상을 구성했던 것이다.

세 번째, 개항 이후 40~50년 동안 한구에는 근 100개에 가까운 외자기업과 민족자본기업이 창설되었다. 업종 역시 조선업, 착유업, 성냥제조업, 의류업, 식품가공업, 목재가공업, 기계제조업, 벽돌제조, 비누제조, 유리제조, 면직업, 연초업, 제지업, 화공업종, 피혁업, 시멘트제조, 제분업, 제약업, 건축업, 인쇄업, 마직물제조 및 수력발전 등의 공공사업 등 다양하였다. 그러나 대부분 고용자 수가 적고 자금이 부족하며, 설비가 낙후된 소규모 경영이었다.[11] 더욱 중요한 것은 영국 모델과 같은 철과 석탄이라는 2대 생산요소를 중심으로 한 산업구조는 결코 한구에서 출현하지 않았다는 점이다. 한구의 근대공업구조는 경공업 위주였으며 중공업은 극히 미약했다. 이러한 산업구조는 현재까지 이어지고 있다. 즉 기계공업 덕분에 한구의 초기 근대화는 기술적인 돌파를 이룰 수 있었지만, 영국식의 산업혁명을 이룩할 수는 없었다. 한구 초기 근대화의 동력이 공업화가 아닌 상업화로부터 온 것은 부정할 수 없는 역사적 진실이다.

2. 清末民初 漢口城市 도시공간 기능의 확장

1) 引言: 지역적 지식 및 기타

여기서 가리키는 이른바 淸末民初는 1861년 한구의 개항 시기부터 1938년 일본군의 손에 함락되기까지의 시간이고, 도시공간은 도시의 지리공간과 생활공간이며, 도시의 기능은 도시관리 기능과 경제적 기능이다. 논증의 수단으로 필자는 竹枝詞를 통해 한구가 전통적인 시진에서 근대적 도시로 전환해 나가는 궤적을 추적하였으며, 이를 통해 신식 근대도시가 갖추어야 하는 경관 및 특징을 알아보았다.

竹枝詞는 樂府의 이름이다. 전승에 따르면 唐代의 詩人인 劉禹錫이 巴渝(현재 四川 東部) 지역의 민요를 바탕으로 창작한 새로운 詞의 형식이라 한다. 七言絕句의 형식을 가지며 通俗的인 언어와 경쾌한 음조로

---

11) 위의 책, 150쪽.

서민생활을 노래하는 것이 특징이다. 이런 특징으로 인해 죽지사는 민간에서 널리 유행하여 각 시대 문인들이 좋아하는 문학 형식이 되었다. 清代 葉調元의 『漢口竹枝詞』에서는 "죽지사는 土俗을 펼쳐 보이는 것으로 民風을 널리 모은 것이다", "詞는 비록 속되지만, 情實은 모두 갖추어져 있다."라고 했는데 이는 죽지사의 성격을 잘 보여준다고 할 수 있다. 현대인이 輯錄한 清末民初의 한구 죽지사는 약 396수에 이른다.[12] 문헌적 특징으로 보면 죽지사는 세심한 사회생활 묘사와 人情世故를 빠짐없이 기록하는 특징으로 인해 正史의 부족함을 보충하는 가치를 지녔다고 할 수 있다.[13] 더욱이 죽지사 특유의 민간적인 입장으로 인해, 우리는 사회하층으로부터 지역사회의 역사를 이해하는 '대안적' 시각을 얻을 수 있다. 그러나 필자의 과문 때문인지 모르겠지만, 죽지사를 清末民初의 한구를 분석하는 주 사료로 인용한 연구는 아직 없다고 할 수 있다.

여기서 필자는 클리포드 그리츠(Clifford Geertz)의 '지역적 지식'이라는 개념을 빌려 서술을 진행하고자 한다. 즉 특정 지역의 '지역적 지식'은 '현지인'의 생활의 실천, 역사적 기억과 지식의 누적이며, 지역역사의 연구는 '지역적 지식'의 복원과 재구성이라는 것이다. 이러한 과정 속에서 연구자의 입장, 감정, 지식은 모두 그 과정 속에 참여하여 역사적 현장 속에 놓여진다. 그러나 최종적인 성과(논저, 화면 · 음성 자료 등)는 '현재'에 기반한 '과거'의 재구성일 뿐이다. 문헌적 관점에서 보면, 이러한 복원과 재구성은 특정한 역사시기에 당시인이 남긴 관련기록으로부터 시작한다. 시간의 흐름에 따라 '지역적 지식' 자체도 끊임없이 확대되어 왔다. 지역적 텍스트는 갈수록 증가하는데 그 까닭은 복원과 재구성

12) 徐明庭 輯校, 『武漢竹枝詞』, 湖北人民出版社, 1999. 이 책은 현재까지 가장 완비된 武漢竹枝詞刊本으로서, 清代에서 民國 시기에 이르는 각종 竹枝詞 1,097首를 집록하고 있다. 본고에서 인용한 죽지사는 모두 이 책에 근거하였으므로 별도로 주를 붙이지 않는다. 그중 羅漢, 「漢口竹枝詞」는 每首마다 題名이 있지만 기타 작자들은 모두 제목이 없다.

13) 施之醇菌塘 『葉調元〈漢口竹枝詞〉題詞 · 五』.

은 끊임없이 반복되어야 하기 때문이다. 오늘날의 관련 논저 역시 모두 텍스트로 분류하여 해독해야 한다. 왜냐하면 이 역시 '지역적 지식'의 일환일 뿐이기 때문이다.

문헌을 편찬하는 이유 중 하나는 어떤 지역의 사람들이든 '지역문화'에 대한 정체성을 필요로 하기 때문이다. 그렇지 않다면 그들은 식별 가능한 '문화적 정체성'을 잃어버리고 浮游하는 뿌리 없는 집단으로 변할 뿐이다. 이러한 집단은 의미가 없는 것이다.

물론 죽지사 역시 '지역적 지식'의 매개체 중 하나이다. 필자는 이에 관한 분석을 시도하고자 하며, 그 과정에는 다음과 같은 지식배경이 있음을 밝히고자 한다. 첫째, 필자는 무한시에서 수십 년 동안 생활하였으므로 현지의 문화에 대해 피부에 와 닿는 체험을 가지고 있다. 둘째, 필자는 석사단계부터 무한 지역의 역사에 심취하여 그 과정에서 적지 않은 心得을 얻었다. 또한 필자는 지방사 관련 논저에 대해 상당부분의 섭렵을 거쳤다. 따라서 구체적인 서술과정에서 '지역적 지식'을 언급할 때 일일이 설명을 가하지 않고, 죽지사를 통해서만 증명할 것이다. 이는 필자가 '지역적 지식'이라는 기초를 떠나서 논술을 전개하지 않을 것이라는 의미이기도 하다. 죽지사를 통해 관점을 진술하고 장과 절을 구성하는 것 역시 하나의 새로운 시도이다.

2) 도시공간

우리가 한구의 도시공간을 논의할 때는 이러한 개념이 포함하는 역사적 시간배경에 주의해야 한다. 明代 成化 연간 漢水의 물길이 바뀌고 漢陽府로부터 漢口(漢水가 長江으로 합류하는 강어귀)라는 독립된 지역이 생겼으며, 明末淸初에 이르러 이미 전국의 4대 상업시진으로 성장할 수 있었던 배경이 그것이다. 이때의 한구는 한양부에 예속된 하나의 시진으로 행정편제상의 도시도 아니었으며, 전통적인 중국 도시의 상징인 성벽도 없었다. 한구의 상업적 지위와 경제적 실력은 이미 府·州·縣城을 초월했지만, 여전히 이 시기의 한구는 전국적인 영향력을 가진 초대형 시장인 시진에 불과했다.

본고는 淸 후기 이전의 한구를 도시사의 범주에 넣어 파악하는 학계의 동향에 동의하지 않는다. 오히려 필자는 한구의 탄생표시와도 같은 시진이라는 특성과 淸 후기 이후 도시로의 변천을 강조하고자 한다. 이러한 역사적 전환점은 咸豐 연간의 대외개방이었다. 淸 咸豐8年(1858) 체결한 '中英天津條約'은 한구 등 9개 지역을 개항장으로 추가개방하도록 했다. 당시 淸軍은 장강 중·하류 지역에서 태평천국 농민군과 전투를 벌이고 있었다. 따라서 한구진의 정식개방은 咸豐11年(1861)까지 미루어져야 했다. 이를 계기로 한구는 전통적인 시진에서 근대적 특징을 가진 상공업 대도시로 탈바꿈했다.[14] 다시 얘기하면 한구는 근대 중국의 두 번째 개항장群에 속하며, 五口通商 이후 '근대적 도시'로의 전환을 시작했다. 이러한 전환이 완성된 것은 淸 光緖25年(1899)이었다. 이 해 湖廣總督 張之洞은 한양과 한구를 分治하고, 한구진을 縣級 행정구역으로 바꾸어 夏口廳으로 개칭하였다. 이로써 漢陽縣, 江夏縣(지금의 武昌) 夏口廳 세 지역이 鼎立하는 도시 구조가 만들어졌다. 民國元年(1912) 夏口廳은 夏口縣이 되었으며, 江夏縣은 武昌縣이 되었다.[15] 民國15年(1926) 漢口特別市를 특별하였고 이후 普通市가 되었다.

개항 이전 한구의 시진지역은 줄곧 자연발전적인 상태를 유지하였다. 도시규모의 성쇠여부는 상업의 성쇠에 의해 결정되었으며, 정부의 지령에 의한 계획은 전무했다. 水運商業과 상업교역의 편리성 때문에 최초의 시진지역은 한수가 장강으로 匯合하는 지역을 따라 서쪽으로부터 동쪽으로 펼쳐졌다. 사람들은 여기에서 圩田을 만들고, 제방을 축조하며, 가옥을 짓고 정주하였다. 그런 다음 많은 부두를 만들어 물류와 운송에

14) 任放, 앞의 책, 第9章「明淸長江中游市鎭經濟的近代轉型－以漢口鎭爲例」.
15) 羅漢,「漢口竹枝詞」, 第22首 "舊夏口廳署"·第23首 "夏口知事署."

편리를 제공했다. 이른바 "돌로 街道를 매우고 흙으로 언덕을 쌓았다. 여덟 부두는 강을 따라 띠 모양으로 늘어섰다. 기와나 대나무로 지은 집이 천만 戶였으며, 本鄕人은 적고 異鄕人은 많았다."[16]라고 한 기록이 그것을 증명한다.

거주지역은 '坊'이라 칭했으며, 仁義禮智라는 명칭을 취하여 居仁, 由義, 循禮, 大智 등 4坊이 있었다. 이것을 기록에는 "四坊은 街市로 둘러 쌓였는데, 모두 이익을 얻기 위해 상업에 종사했다. 工商幫의 숫자에 차이가 있었기 때문에, 上·下 八行頭로 나누었다."[17]라고 하였다. 당시 모든 坊에는 上·下 두 개의 부두가 있었으므로 4개의 坊에는 모두 8개의 부두가 있었다. 漢水에 연한 지역, 거주지역, 상업지역, 항구가 연이어 하나의 지역을 이루고 있었고, 漢正街·黃陂街는 한구진에서 가장 번화한 지역이었다. 이를 역사기록은 "20리 긴 거리와 여덟 개의 부두, 뭍에는 많은 수레가 다니고, 물에는 배가 많도다", "차집(茶庵)이 곧바로 다리 입구로 이어지고, 後市前街에는 집이 비늘처럼 많다."라고 하였다. 또 부동산 가격도 등귀하여 "華居陋室이 숲처럼 빽빽하여 한 뼘의 땅도 몇 金이라 전한다."라고도 하였다.[18]

개항 후 한구의 도시형태에 새로운 변화가 일어났다. 가장 큰 변화는 원래 상인들이 波高가 높아 위험한 곳이라고 여겼던 장강 연안지역이 해관의 설치와 증기선이 개통되면서, 특히 租界가 설립되면서부터, 인구 희소지역에서 한구의 번화가로 변화한 것이다. 清 咸豐12年(1862) 湖廣總督의 주청에 의해 漢黃德道署를 黃州府城에서 漢口鎮 青龍巷으로 옮기고 "漢黃德道兼監督稅務江漢關署"라고 개칭하였으며, 江漢關으로 약칭하였다. 이 해관은 선박과 화물을 조사하고 수출입 상세를 징수하는 책임을 가지고 있었으며, 실권은 영국 세무사 수중에 있었다. 얼마

16) 徐志, 『漢口竹枝詞』, 第1首.
17) 葉調元, 『漢口竹枝詞』 卷1, 「市廛」, 總第4首.
18) 葉調元, 『漢口竹枝詞』 卷1, 「市廛」, 總第2·5·8首.

후 江漢關은 영국 조계가 있는 장강연안의 河街로 이전하였다. 民國10年부터 13年까지(1921~1924) 원래의 영국조계 공상국의 위치에 새로운 江漢關 빌딩을 만들었는데, 높이가 45m에 달하여 당시 한구의 대표적인 건물이 되었다.

한구는 이른바 '조약 개항장[約開口岸]'이었다. 따라서 외국인이 생활하고 업무를 보는 전문적 지역, 즉 조계가 출현했다. 淸末民初까지 한구에는 영국, 러시아, 프랑스, 독일, 일본 등 5개국의 조계지역이 장강연안에 일렬로 늘어서 있었다. 조계의 면적은 약 3,000畝, 길이는 약 4,000m에 달했다. 한구 시민들은 조계를 '洋街'로 비조계지역을 '華街' 혹은 '華界'라고 불렀다. 일부 애국인사들은 "몇 寸의 中華地를 더 회수하여 우리 백성들이 市廛을 열도록 해야 한다."라고 주장하였다.[19] 조계지역이 나날이 흥성하면서 한구의 상업중심지도 한수 연안지역에서 조계지역으로 위치 이동하였다. 이전의 漢正街와 黃陂街의 상업적 지위는 점차 六渡橋, 江漢路로 대체되었다.

도시건설의 규모와 속도는 대체로 도시공간이 확장되는 규모와 속도에 비례하였다. 사람들이 붐비는 공사장에서, 명쾌한 리듬의 노동구호 속에서, 도시는 자신의 얼굴을 바꾸고 있었다. 조계지역과 화계지역 모두 마찬가지였다. 가장 전형적인 예는 한수와 장강 사이의 지역(속칭 '後湖'로 불리는 지역)을 개발하여 한구의 신시가지로 변화시킨 예일 것이다. 淸 중엽 이전까지 후호는 소택지와 농지에 불과하였다. "後湖의 萬頃(농토)에 안개처럼 비가 내리면, 어망을 놓아두고 농사일을 배우네"[20], "一湖春色이 푸르름은 묘사하기 힘들도다. 노상에 사람이 지나가면 보리가 허리를 넘네", "안개 낀 농촌마을의 소리를 듣고 있자니 뉘 집인가 정오에 닭이 우네."[21]라는 죽지사의 내용이 이것을 증명한다.

---

19) 羅漢, 「漢口竹枝詞」, 第9首 "華景街."
20) 宦應淸, 「後城馬路竹枝詞」, 第2首.
21) 王宗璟, 「後湖竹枝詞」, 第1·3首.

淸 同治3年(1864) 漢陽知府 鐘謙鈞 등의 호소로 한구진의 후호 일대에 성을 쌓기 시작했다. 성은 서쪽으로 礄口에서 시작하여 동쪽으로는 沙包(지금의 一元路)에 이르렀는데, 사람들은 이를 '後城' 또는 '漢口堡'라고 불렀으며 중요한 목적은 군사방어였다. 죽지사에는 이를 "紅羊小劫 전에 壁壘에 의거해 봉화의 연기를 보호했다."라고 기록했다.[22] 그러나 이 堡는 한구 도시지역의 확장에도 큰 영향을 미쳤다. 즉 후호지역의 수재를 없앴을 뿐 아니라, 보 내부의 저습지까지 점차 매립하여 주민 거주지를 만들었다. 이를 통해 한구 시가지는 한층 더 확대될 수 있었다.

張之洞이 湖廣總督에 취임한 후, 후호지역의 개조사업에 두 가지 큰 진전이 있었다. 하나는 淸 光緖31年(1905) 후호의 제방을 修築하였는데 이를 '張公堤'라고 한다. 이 제방은 중요한 홍수 방지 공사였을 뿐만 아니라 한구 도심지가 북쪽으로 확대될 수 있는 조건을 창조하였다. 이를 죽지사에서는 "후호의 제방이 강물을 배고 누우니 상전벽해가 눈 깜짝할 사이에 바뀐다. 후일 新漢口를 만드니 모두 南皮(지역의 분위기)를 느끼려 하네."라고 묘사하였다.[23]

둘째는 淸 光緖33年(1907) 後城의 성벽을 없애고 성벽터를 따라 신작로를 만든 것이다(현재 中山大道 礄口에서 江漢路에 이르는 지역). 이는 한구의 華界에서 처음으로 자동차가 달릴 수 있는 길이었다(俗稱 '後城馬路'). 이 길은 후호의 개발속도를 가속화시켰다. 길이 수축된 후 후호 일대의 땅값도 덩달아 올라, 점차 시가지가 되었다. "반은 황무지이고 반은 저수지인데, 건물이 하나씩 일어나네"[24], "지금은 어디나 기름진 땅이니 웅크리고 있던 용[盤龍]이 富翁이 되네"[25], "성벽 신작로를 바라보니 後湖의 높은 곳은 모두 빛이다."[26]라고 죽지사는 읊었다.

22) 宦應淸, 「後城馬路竹枝詞」, 第1首.
23) 羅漢, 「漢口竹枝詞」, 第7首 "後湖堤."
24) 宦應淸, 「後城馬路竹枝詞」, 第16首.
25) 羅漢, 「漢口竹枝詞」, 第6首 "後湖."
26) 羅漢, 「漢口竹枝詞」, 第8首 "歆生路."

後湖를 改造해 나가는 과정 중에서 한 상인이 상업적 기회를 포착하고 대량으로 후호지역의 부동산을 구매하여, 매립을 통해 육지로 만들었다. 과연 예상한 바대로 후호 일대는 한구 도시공간 확장의 상징이 되어 토지가격이 부단히 상승했고, 이 사람은 한구의 富商이 되었다. 그가 바로 유명한 劉歆生이었다. 20세기 초 '부동산 왕'이라는 명칭을 가졌던 劉歆生은 신작로 하나를 건설했는데, 거리는 花樓街에서 시작하여 循禮門에 이르렀다. 사람들은 이를 '歆生路'라고 불렀다. 이 길은 이후 南端의 太平路와 合併되어 '江漢路'로 개칭되었다. 이 지역은 漢口에서 가장 번화한 상업지역이 되었으며, 현재도 그렇다. 당시인들은 "歆生路 입구에서 다투어 말하길 '洋街의 부두와 같이 훌륭하다고 하였다'"라고 했다.[27] 이후 오랫동안 劉歆生은 많은 도로를 건설하여 한구시 건설에 많은 공로를 세웠다.

도시건설에서는 조계건설이 시범적 기능을 인정할 수밖에 없다. 한구의 근대도로(俗稱 '馬路') 건설은 조계지역에서 가장 먼저 시작되었다. 이 밖에 조계지역의 규범화된 시가지 구조, 거대한 서양식 건축, 선진적인 배수 시스템, 통신체계, 조명체계, 항운체계 등은 일정 정도 한구의 도시건설을 촉진하고, 새로운 도시경관을 만들어 갔다. 의문의 여지없이 도로건설이 도시공간의 대폭적인 확대를 가져왔고, 한구 도심지역의 전체적인 개발에 큰 자극이 되었다. 民國 초기에 이르러 한구는 이미 華界의 後城馬路(民國16年 즉 1927년, 孫中山을 기념하기 위해 中山馬路로 개칭하였으며, 民國35年 즉 1946년에는 中山大道로 개칭하여 지금에 이르고 있다)와 조계의 沿江大道를 주축으로, 간선도로와 이면도로가 교차하는 구조가 형성되었다. 도로 건설재료에도 변화가 있었다. 대략 20세기 20년대 말에서 30년대 초가 되면 도로는 이미 자갈노면에서 아스팔트 노면으로 바뀌게 된다. 民國22年(1933) 간행된 『鏡報』의 죽지

---

27) 宦應淸, 「後城馬路竹枝詞」, 第6首.

사는 다음과 같이 풍자적으로 이 정경을 읊고 있다

> 시골 사람들은 아스팔트 길을 몰라 뉘집 타작장이라고 생각했네.[28)]

작자는 이 구절에 "근래 아스팔트길을 새로 깔았는데 시골 사람들이 놀라서 '정말 좋은 타작장이로군'이라고 하였다."라는 주를 붙였다.

신식도로뿐만 아니라 철도의 건설도 한구 시가지의 확대에 같은 영향을 미쳤다. 호광총독 장지동의 감독하에 북경에서 한구에 이르는 蘆漢鐵路(후일 京漢鐵路로 개칭)이 清 光緖32年(1906) 완전 개통되었다. "京師와 漢口가 멀리 있으면서도 鳥道에 의해 서로 통하게 되니, 빠른 번개처럼 달리고 바람처럼 날래도다. 山川의 험준함을 다 겪었다는 말도 이제는 南柯一中에 지나지 않네."[29)]라고 죽지사는 노래한다. 이 길이 개통되자 漢口에서 江岸, 循禮門, 玉帶門, 大智門 등 4개의 기차역이 생겼고, 철도선과 조계지역 사이의 토지개발이 가속화되었다. 또 한구의 가장 오래된 신식도로가 나타났다. 歆生路, 大智門路 등이 그것이다. 이를 통해 그 중간 지역은 상업투자, 개발의 중심지역이 될 수 있었으며, 한구 도시부의 면모를 크게 一新할 수 있었다.

이를 통해 清末民初 한구 도시공간의 확장은 대체로 두 단계로 나누어진다는 것을 알 수 있다. 첫 번째 단계는 19세기 60년대 조계지역과 한구 후성의 건설, 두 번째 단계는 20세기 초 張公堤와 京漢鐵路의 완공이다.

지리적인 공간 이외에 시민의 생활공간 역시 도시공간의 구성부분이다. 여기에서 주로 언급할 것은 공공생활공간이며, 개인생활공간은 언급하지 않을 것이다. 공공생활공간은 사교, 오락, 레저, 쇼핑 등의 장소를 가리킨다.

---

28) 雪·華, 「漢口竹枝詞」, 第29首.
29) 羅漢, 「漢口竹枝詞」, 第10首 "鐵路."

개항 전의 한구의 주요 사교 장소는 茶館, 戱園, 迎神賽會 등이었다.[30] 개항 후의 한구에서도 전통은 의연히 존속되었지만 이와 동시에 신식 사교오락 장소도 나타났는데, 여기에서는 간단하게 그 개요를 설명하고자 한다.

俱樂部는 영문으로 'ball room'이라고 하며 당시인들은 '波樓館' 혹은 '波羅館'이라고 번역하였다. 이는 한구 조계지역 내의 외국 교민의 사교 장소였다. 죽지사는 이를 증명해 주는데, 이른바 "洋商이 自治를 하여 각각의 일을 처리하며, 그들의 규약이나 규칙은 매우 주도면밀하다. 서양말로는 俱樂部라고도 하는 곳을 언제부터 (우리들이) 波樓라고 했는지 모르겠다."라는 내용이 그것이다.[31]

경마장은 淸 光緖27年(1901)부터 시작되었다. 영국 상인들이 한구 동북 교외지역에 낮은 가격으로 수년 내에 800여 畝에 달하는 농지를 구매하여, '西商賽馬體育會'를 설립하였다. 그런 다음 많은 돈을 들여 경마장과, 골프장, 럭비장, 폴로장, 식당, 바(Bar), 사무실 등을 건설하였다. 한구 사람들은 이곳을 '西商跑馬場'이라고 불렀다(지금의 도로구조로 보면 남쪽으로는 解放大道에서, 북쪽으로는 惠濟路, 동쪽으로는 永淸路, 서쪽으로는 解放公園路에 이르는 지역). 경마장 회원은 모두 외국교민이었고, 회원은 모두 500여 명에 달했다. "각각 자유스럽게 자신의 길을 가는 풍조가 알고보니 (지금의) 서양을 만들었네."라고 죽지사는 읊었다.[32]

경마장은 한구 중국상인들의 흥미를 자극하여, 淸 光緖34年(1908) 한구 상업계의 대표적 인물인 劉歆生, 周星棠, 梁俊華, 韋紫封 등 36人에 의해 '華商體育運動會' 창설이 주도되었다. 이들은 자금을 모아 義門鐵路 주변의 33,000여 만의 토지를 사들여 華商跑馬場(지금의 航空路 同濟

---

30) 葉調元, 『漢口竹枝詞』 卷1 "市廛", 總第37首, 卷5 "雜記", 總第211 · 199首.

31) 羅漢, 「漢口竹枝詞」, 第51首 "西人波樓館" · 第52首 "東洋俱樂部."

32) 羅漢, 「漢口竹枝詞」, 第14首 "西人跑馬場."

醫學院 일대)을 건설하여, 중국상인의 단결과 서양상인들과의 경마 경쟁을 통한 이권회수를 꾀했다. 그러나 실제상황을 보면 경마장 경영은 경마를 명의로 한 도박업에 불과했다. 당시의 관련 내용을 보자.

> 좋은 차가 줄이어 경마장으로 가니, 春秋 두 차례의 경기에 모두 중국상인들이 내기를 하네. 먼저 채찍을 치면 환호와 갈채가 가득해지고, 우승을 거머쥔 선수는 우승컵을 높이 든다.[33)]

> 서양상인들의 뒤를 따라 또 중국상인들이 경쟁을 벌이니, 이는 사방에 공개된 대도박장이로다.
>
> ……
>
> 한구의 경마장이 경마대회를 주최하는데, 실은 공개적인 대도박장일 뿐이다. 대회가 열리는 날 온 시가지가 마치 미친 것과 같으니, 시장에서 유통되는 금전도 그 영향을 받는다.[34)]

또 다른 전문적인 球場도 생겼다. 淸末 외국교민들은 한구에 球場(현재의 漢口西馬街 및 武漢市第三十中學 부근)을 세웠다. 지방관부는 원래의 흙길을 수리하여 구장의 정문으로 통하게 하고 '球場正街'라고 명명하였다. "서양 사람들은 球場에 드나들기를 좋아하는데, 蹴鞠(축구)는 원래 강한 사람이 이기기 마련이다. (구장은) 보름달과 같이 둥글었으며, 누가 (공을) 던지면 빙빙 회전하였다."[35)] 현재 한구의 球場路, 球場街 등의 지명은 모두 여기에서 유래하였다.

영화관은 당시 '電光活動影戱'라고 불렸다. 淸末 武漢의 신문에는 이미 影戱 광고가 실리고 있었는데, 모두 외국인과 買辦이 경영하는 것이었다. 한구에서 처음으로 세워진 정식 영화관은 淸 光緖33年(1907) 프랑

---

33) 羅漢, 「漢口竹枝詞」, 第13首 "華人跑馬場."
34) 雪·華, 「漢口竹枝詞」, 第20首.
35) 羅漢, 「漢口竹枝詞」, 第15首 "西人打球場."

스 實業家가 세운 後花樓 影戲園(현재의 花樓街에 위치)였다. 清 宣統元年(1909) 이 극장은 文明影戲園으로 개칭하였다. 民國7年(1918) 프랑스 상인이 개설한 威嚴大戲院(九重大戲院)의 설비가 가장 좋았는데, 이후 이탈리아 실업가에게 양도되어 中央電影院(현재 蔡鍔路 解放電影院)으로 이름을 바꿨다. 民國시대에 연속적으로 약 10곳의 영화관이 한구에 세워졌다. 죽지사에서는 이를 "빅토리아[維多利亞]와 中央, 영화권이 새롭게 단장하자 온 나라가 미쳐 날뛰었다. 남녀 모두 같은 좌석에 앉아 화려하게 빛나는 스타들을 구경했다."라고 하였다.[36)]

친우를 초청해서 식사를 하는 것은 한구 사람들의 전통적인 습관이었다.

> 大華와 大陸 그리고 長陽, 飯店이 신작로 가에 수풀처럼 늘어섰다.[37)]

> 대로변에는 酒館이 많으니, 官人과 상인들이 손님을 초청하여 아무리 호사스러운 연회를 베푼들 어떠하리.[38)]

중국식 식당 이외에 서양식 식당도 있었는데, 당시에는 '番菜館'이라고 불렸다. 한구에서 가장 먼저 중국인들을 대상으로 영업을 시작한 서양식당은 民國2年(1913) 세워진 漢口大旅館 소속의 瑞海西餐廳이었다.

> 서양 글자가 가로로 달리며 메뉴를 적고, 반찬과 수프, 빵을 담은 그릇이 쌓인다. 주인과 손님은 모두 대접하기 편하다 하며 술잔을 건네며 크게 먹고 마신다.[39)]

---

36) 吳炳焱, 「新漢口竹枝詞十二首」, 第10首.
37) 吳炳焱, 「新漢口竹枝詞十二首」, 第10首.
38) 吳炳焱, 「新漢口竹枝詞十二首」, 第7首.
39) 吳炳焱, 「新漢口竹枝詞十二首」, 第7首.

집집마다 아가씨들이 곱게 꽃단장하고 웃으며 新市場을 가리킨다네. 洋錢 1원으로 표 한 장을 찢어 양식당 안에서 집안 대소사를 이야기한다네.[40]

(남녀가) 만날 때도 술로 기쁨을 나누고, 양식당에서 서양 요리를 먹는구나. 손님들은 우습게 생각하며 그들을 신혼부부로 誤認한다네.[41]

개항 전 한구에는 본격적인 휴식쇼핑 공간이라고 할 수 있는 시설이 없었다. 이러한 상황은 '新市場'이 나타나면서 완전히 바뀌었다. 民國9年(1920) 준공된 '新市場'(지금의 民衆樂園)은 12,000㎡의 면적에 위치한 한구 최초의 상업·오락 기능을 겸비한 종합적 공공위락장소였다. 그 안에는 쇼핑센터, 식당, 파칭코, 극장, 戲臺, 열람실, 스케이트장, 서점, 잡기장, 花園 등이 있었기 때문에, 무한시민들이 즐겨 찾는 장소가 되었다. 죽지사의 관련내용은 다음과 같다.

여성들이 모두 新市場에 오는데 모두 화려한 최신유행 옷으로 단장한다.[42]

차가 끝없이 이어지고 누각은 층층히 바라보인다. 新市場 앞의 사람은 개미떼처럼 많으니, 울긋불긋 화려한 옷을 입은 남녀가 서로 웃으며 만나는구나.[43]

또 빼 놓을 수 없는 것으로는 공원이 있다. 공원 역시 한구 시민의 사교·오락 장소였다. 한구에 근대적 공원이 생긴 것은 民國시대부터였

---

40) 蔡寄鷗, 「茶酒樓竹枝詞」, 第5首.
41) 羅漢, 「漢口竹枝詞」, 第82首 "番菜館."
42) 蔡寄鷗, 「後城馬路」, 第6首.
43) 蔡寄鷗, 「女子解放」, 第8首.

다. 더 정확히 말하자면 民國17年(1928)부터로 지방정부가 '漢口市第一公園辦事處'를 설립하면서 공원조성이 시작되었다. 영국에서 유학을 마치고 돌아온 건축학자 吳國柄이 劉歆生 개인화원을 공원으로 확대했는데 1년의 시간에 걸려 완성되었으며, 완공 시의 면적은 12헥타르였다. 공원 내에는 인공호수, 운동장, 수영장, 스케이트장 등이 있었다. 공원이 완공된 후 孫中山 先生을 기념하기 위해 '漢口中山公園'으로 명명하였다. 관련기록은 다음과 같다.

> 中山園 안에 밤바람이 서늘하니 사람들이 길가에 삼삼오오 앉아 있구나. 등나무 의자 하나와 차 한잔을 나누니 白蘭香 냄새가 끊임 없이 풍겨 나오네.[44]

공원은 또한 청년 학생들이 거닐기 좋아하는 장소였다.

> 시험이 끝났으니 어디로 가지? 공원이나 영화관이면 편히 거닐 수 있지.[45]

이 죽지사의 작자는 다음과 같은 주를 붙였다. "여름방학이 되었으니 여학생들의 시험기간도 이미 지났다. 한 사람 한 사람 모두 짧은 치마와 긴 스타킹을 신고 동무를 찾아 거리를 거닌다. 中山公園과 각 影戲園 안에서 이 무리(여학생)들의 향기로운 종적을 항상 찾을 수 있다."

한구 중산공원은 현재도 여전히 시민들의 중요한 휴식장소이다.

3) 도시기능

도시는 사회생활의 종합물로서 각종 기능을 구비하고 있다. 여기서

---

44) 吳炳焱, 「新漢口竹枝詞十二首」, 第8首.

45) 雪·華, 「漢口竹枝詞」, 第2首.

는 清末民初 한구의 도시관리 기능과 경제적 기능에 대해 약간의 서술을 하기로 한다.

개항 이전의 한구는 행정적으로 漢陽府에 속했으며 시대에 따라 巡檢, 通判, 同知 등에 의해 관리되었다. 개항 이후 도시화의 속도가 빨라짐에 따라 한구의 도시관리 기능도 급속하게 팽창하였다.

우선 華洋分治를 보자. 개항 후 영국, 미국 등의 나라는 한구에 領事署(領事館)를 개설하여 외교, 통상 등의 사무를 관리하였다. 이에 대해 당시 죽지사는 "각국 영사관이 재판권을 확대하였는데 이는 조약을 매우 주도면밀하게 세웠기 때문이다. 이후 다시 통상조약을 갱신한다 해도 여전히 99년 임차라고 할 것이네."라고 하였다.[46]

한구 조계지역의 최고권력 기구는 工部局으로, 조계 내의 사법 · 세수 · 치안 · 교육 · 위생 등의 각 사무를 관리하고 있었다. 죽지사를 보자.

> 工部의 권한은 理事가 관장하며, 巡邏를 고용하고 추첨을 통해 도로 정비 등의 자금을 갹출한다. 외부인이 들어갈 때는 금지사항을 알아야 하며, 규정을 어기면 洋官이 벌금을 물릴 것이네.[47]

조계 내에는 외국군대가 주재하고 있었으며, 외국상인이 조직한 준군사조직인 '商團'('志願兵團'이라고도 불린다)도 그 안에 포함되었다.[48] 조계에는 전문적으로 지역치안, 교통 등을 관리하는 경비(당시에는 巡捕라 칭했다. 인도인 경비(印捕), 베트남인 경비(越捕)등이 있었다)가 있었다.[49] 이들은 한구에서 처음으로 나타난 근대적 경비이다.

중국인 지역에는 전술한 바와 같이 개항 초기에 湖廣總督官의 奏請에 의해 '漢黃德道兼監督稅務江漢關署'가 설치되었다. 民國3年(1914) 江

46) 羅漢, 「漢口竹枝詞」, 第40首, "各國領事署."
47) 羅漢, 「漢口竹枝詞」, 第41首, "各國工部局."
48) 羅漢, 「漢口竹枝詞」, 第42首 "東洋兵房" · 第48首 "各國商團."
49) 羅漢, 「漢口竹枝詞」, 第150首 "印捕" · 第151首 "越捕."

漢關署는 江漢關監督公署로 개칭되었다. 죽지사를 보자.

> (江)漢關의 자리는 원래 대우가 좋다[優].
>
> ……
>
> 漢關監督은 巡撫·布政使[道臺]와 연결되어(지위가 높고), 세금을 걷고 이자까지 챙기는구나. 오늘 서양사람에게 진 빚을 다 갚으러 가니, 감히 고개를 돌려 清代 光緒·宣統 시대의 일[光宣]을 돌이켜 볼 수가 없네.[50]

江漢關署 아래에는 巡查洋街委員을 설치하여 전문적으로 대외사무를 감독하게 하였다. 이 기관은 清 光緒20年(1894) 漢口洋務公所로 개칭되었고, 신해혁명 후 漢口洋務會審公所로 개칭되었다. 湖北特派交涉員公署統領은 대외안건을 심리하고 조계의 치안을 책임졌다. "漢口는 會審堂이 없었는데 서양 거리의 公所는 이와 다르구나. 湖北特派交涉員公署[班期領署]가 여기에 가려고 하니, 재주도 없는 사람이 특별히 바빠질 뿐."[51]이라는 죽지사에서 이야기하는 湖北特派交涉員公署의 전신은 湖北軍政府 外交部가 설치한 湖北省外交司이다.[52]

장지동이 한구진을 夏口廳으로 승격시켜 한양현과 하구청을 분리한 것이 한구의 도시관리가 규범화 단계로 접어들었다는 것을 나타낸다면, 신해혁명은 도시관리 기능이 전면적으로 확장된 계기였다. 民國으로 연호를 바꾼 후, 한구에는 審檢廳, 鎮守使, 工巡局, 徵收局, 電報局, 郵政局, 礦務監督處, 権運局, 四岸總稽查處, 理債處 등의 기관이 신설되었다. 심검청은 민사사건을 심리하는 심판청과 형사사건을 심리하는 검찰청을 합친 기관이다. 죽지사는 "새로운 법이 시행되고 옛 법은 삭제되었네. 민사·형사 소송이 다른 기관에서 행해지네."라고 기록했다. 진수사

---

50) 羅漢, 「漢口竹枝詞」, 第21首 "漢關道署舊址"·第24首 "江漢關監督."
51) 羅漢, 「漢口竹枝詞」, 第26首 "漢口洋務公所."
52) 羅漢, 「漢口竹枝詞」, 第25首 "外交部特派員."

는 北洋政府 시기에 설치된 관직으로 관할지방의 군정사무에 관련된 전권을 가지고 있었다. 한구 진수사는 民國2年(1913) 설치되어 이후 漢黃鎭守使로 개칭되었다. 관할지역은 漢陽, 黃州, 德安 세 府였다.

> 鎭守의 威儀는 이전의 總兵과 같으니, 별도로 幕府를 열어 온 도시의 사무를 총괄하였다. 한구 상인들은 모두 놀란 활 위의 새처럼 엄한 자정 북소리와 호각 소리를 두려워했다.[53]

또 한구는 각 시대 鹽務의 중요한 要津이었다. 淸末부터 民國시대까지 그러하였다. 신해혁명 이후 정부는 한구에 곽운국을 설치하여 식염전매를 관리하였다. 아울러 별도로 四岸總稽査處를 두어 식염의 판매, 정가, 이금징수, 유통, 밀매자 체포 등을 행하였다. 관리지역은 호북, 호남, 강서, 안휘 4岸이었다.

또 신해혁명의 총소리가 가라앉은 후 많은 상업시설이 戰火에 소실되었기 때문에, 채무관련 분규가 끊이지 않았다. 시장질서를 회복시키기 위해 漢口商務總會는 정부에 청원하여 理債處를 창설하고 채무청산에 착수했다.

> 引票를 나누니 호북, 호남, 강서, 안휘 모두 동일하네. 서양 위원이 조사직무를 맡으면 중국 직원보다 더 열심일까?[54]

> 난리 후 商家들의 주인이 몇 번이나 바뀌어 채권채무로 서로 싸우는 모습이 모시 옷감에 터럭이 일어나는 것과 같네. 누가 이를 청산해 줄 것인가?[55]

이 과정에서 경찰의 설치는 특히 중요한 의의를 가지며, 한구 도시관

---

53) 羅漢, 「漢口竹枝詞」, 第28首 “審檢廳” · 第29首 “鎭守使.”
54) 羅漢, 「漢口竹枝詞」, 第37首 “榷運局” · 第38首 “四岸總稽査處.”
55) 羅漢, 「漢口竹枝詞」, 第39首 “理債處.”

리제도의 새로운 도약을 상징한다고 할 수 있다. 淸 光緖27年(1901) 청 정부는 '新政'을 설치하여 경찰제도를 도입하였다. 2년 후 한구에 警局이 설립되었는데, 이 기구는 警視廳, 水警署로 나누어졌다. 警視廳(이후 員警廳으로 개칭됨)은 전문적으로 호적관리와 도시지역 치안관리를 책임지고 있었다. 또 한구는 강에 연해 있었으므로 수상공안국을 설치하였는데, 이것이 水警局이다.

> 조사 · 감찰은 모두 경찰에게 의지하여야 하며, 좋고 나쁜 호구는 명확히 가려야 한다.
>
> ……
>
> 江漢의 수로의 요도로 航船과 거룻배가 여름날 모시처럼 어지럽다. 방을 붙여 魚鱗册을 만들어내니, 바다와 강이 모두 안정되어 함께 감사하네.[56]

> 警士는 처음에 警兵으로 불렸는데, 蠻野과 文明(적인 행위)을 감독하였네. 이 일이 단지 배만 채우기 위한 것이라고 하지 말라. 中華國의 흥망에 관계된 것이니…….[57]

淸 光緖34年(1908) 漢口警務公所는 戶籍股(호적과), 消防股(소방과)를 설치하였다. 民國19年(1930) 한구에는 전문적인 교통경찰을 설치하였다. 당시의 시민은 교통을 그다지 중시하지 않았던 것 같다.

> 엄한 경찰이 거리에 서서 閒人들더러 돌아가라고 소리치네.[58]

> 차가 물처럼 끊임없이 바삐 오가니 교통경찰이 손발이 바쁘네.[59]

---

56) 羅漢, 「漢口竹枝詞」, 第27首 "警視廳" · 第31首 "水警署."
57) 羅漢, 「漢口竹枝詞」, 第149首 「警士」.
58) 鵑痕, 「武昌竹枝詞」, 第2首.
59) 雪 · 華, 「漢口竹枝詞」, 第29首.

여기에는 다음과 같은 주가 붙어 있다. "漢口의 길에는 교통경찰이 있는데, 요충지에서 손을 흔들며 감시하고 한 시라도 차량에서 눈을 떼지 않는다. 그러나 車夫 역시 공중교통과 질서를 생각하지 않고 매번 경찰의 눈길을 피해 도망친다. 이 때문에 넓은 길도 매번 물도 빠지지 못할 정도로 정체되는 것이다."

공권력 범주에 속하는 행정기관과 정부관리 이외에 사적 권력에 속하는 민간조직도 있었다. 그들이 한구 도시관리체계에서 수행한 기능도 무시할 수 없다. 保安會는 消防會, 救患會, 自治會, 公益會라고도 불렸던 시민들이 자발적으로 조직한 화재방재 조직이었다. 일반적인 경우 보안회는 인접한 지역의 상인과 주민들이 협력하여 결성하였으며, 소방기능 이외에 치안유지의 의무도 지니고 있었다. 또 일상적으로 회원을 파견하여 경찰의 가두순시를 도왔다. 구성원은 금융 및 상업 종업원이 중심을 이루었다. 保安會의 사무원은 모두 민주적 절차에 의해 뽑혔으며 總務 등 봉급을 받는 소수를 제외하면, 모두 자원봉사의 형태를 취했다. 보안회가 필요로 하는 소방기자재와 일상적인 경비는 관할지역의 주민들이 공동으로 부담하였다.

清 宣統元年(1909) 漢口 大夾街의 상인과 주민들이 上海 救火會의 예를 따라 公益救患會를 결성한 후 한구의 각 지역이 이를 모방하였다. 또 漢口各團聯合會가 있었다. 이 조직은 清 宣統3年(1911)에 조직되었는데, 한구상인들의 자치기관으로 한구 각 지역의 保安會, 救患會, 消防會, 自治會, 保鄰會 등 30여 개 조직을 총괄하였다. 설립목적은 협동하여 消防작업을 추진하고, 친목을 도모하는 것이었다. 武昌起義가 발생했을 때, 이 연합회는 적극적으로 기의에 협력하여 군량과 무기를 운반하고, 정보를 전달하였다. 동시에 자체적으로 청군에 대항하여 사회치안을 유지하였다.

민간조직에는 종교단체도 포함된다. 清 宣統3年(1911) 성공회 목사 胡厚齋가 항구에서 처음으로 基督教青年會(YMCA)를 설립하였다.[60]

保安各會 상인을 보호하는 일을 하고 官家를 도와 警視하느라 바쁘다. 警告團의 우두머리는 부대의 두목도 겸하니, 이를 영광으로 여겨 함부로 軍裝을 착용하고 헛된 일을 하지 말지어다.[61]

各團이 연합하여 연락[交通]을 편하게 하니, 대체로 권세가 중앙으로 모이는 것과 같네. 이전의 혁명을 생각하면 모든 대원이 떨쳐나와 위풍이 당당했었네.[62]

상회는 당연히 민간조직의 중심이었다. 清 光緒33年(1907), 한구의 각 상인집단 이사장들이 정부 商務局의 선도 아래 漢口商務總會를 결성하고, 總理 · 協理 약간 명을 선출한 후, 이를 農商部에 보고하였다. 이로써 商務局은 자진 해산하였다. 이때부터 한구의 상업관련 사무는 모두 이 조직에 의해 관리되었다. 총회의 직책은 상업 종사자들의 친목을 도모하고 상업상황을 고시하며, 시장정보를 수집하고 대외무역을 촉진하며, 상업분쟁을 조정하고 상업계의 권익을 보호하는 것이었다. 民國4年(1915), 農商部 「商會法」을 반포하였고, 이듬해 漢口商務總會는 법에 의거하여 漢口總商會로 개편되었다. 또 總理, 協理의 이름은 會長, 副會長으로 바뀌었다. 이에 대해 죽지사는 "한구의 상회는 오래 전에 설립되어, 자금지원이 필요한 많은 일을 맡고 있다."라고 했다.[63]

한구는 상업으로 인해 성장했기 때문에 그 경제적 기능은 당연히 도시기능의 핵심적인 요소였다. "도도한 세상의 변화를 세월에 흘려보내고, 외국 선박이 (한구와) 만국의 상인들을 교통시키게 되었다."라고 죽지사는 기록했다.[64] 서세동점의 분위기 안에서 사람들의 상업경쟁의식도 날로 농후해졌다.

---

60) 羅漢, 「漢口竹枝詞」, 第47首 "青年會."
61) 羅漢, 「漢口竹枝詞」, 第43首 "保安會."
62) 羅漢, 「漢口竹枝詞」, 第44首 "各團聯合會."
63) 羅漢, 「漢口竹枝詞」, 第46首 "商會."
64) 棣華館生, 「鄂垣竹枝詞」, 第3首.

> 상업 전쟁을 이겨낼 수 있는 사람은 없네. 예전의 발걸음을 고수하고자 해도 이미 그럴 수 없네. 貿易通商册을 보시게나. 이미 洋酒와 양담배가 주요상품일세.[65]

> 중국과 서양의 항로가 그동안 몇 번이나 닫혔건만, (그럼에도) 서양상인들은 중국에 와 큰 사업을 벌이네. 상업경쟁 속에서 이를 느끼지 못하는 사람이 없으니 (중국의) 좋은 것을 모두 빨아들여서 (외국으로 가져가고) 다시 내놓지 않았네.[66]

이와 동시에 적지 않은 중국인들도 외국회사에 취직하였다. "洋行은 스스로 영업권을 가지니, 고용인이 어찌 이와 어깨를 나란히 할 수 있을 것인가? 명목은 비록 사무직이라지만 고개를 숙이고 몇 푼 돈을 벌어들일 뿐인 것을"이라고 죽지사는 노래한다.[67] 이런 사람들은 또 '洋行買辦', '華經理', '中國經理'라고 불렸다. 이들은 상품을 판촉하는 중간상인들이었다.[68]

경제조직의 변화는 도시기능 확장의 주요한 표지였다. 개항 후의 한구는 금융기구의 발전이 매우 두드러진 도시였다. 구식의 錢莊, 票號가 계속하여 발전하는 동시에 새로운 융자방식인 은행도 출현하였다.[69] 한구 개항 후 외국은행은 앞을 다투어 한구에 지점을 설치하였는데 구체적인 외자은행은 다음과 같다. 맥커리은행(麥加利銀行)(英), 홍콩상하이은행(滙豐銀行)(英), 시티뱅크(花旗銀行)(美), 萬國通商銀行(美), 正金銀

---

65) 羅漢, 「漢口竹枝詞」, 第83首 "洋貨."
66) 羅漢, 「漢口竹枝詞」, 第156首 "洋商."
67) 羅漢, 「漢口竹枝詞」, 第153首 "洋行翻譯."
68) 羅漢, 「漢口竹枝詞」, 第154首 "洋行買辦."
69) 漢口의 錢莊은 일찍이 道光末年에 이미 일정 정도의 규모를 가지고 있었다. 1908년 한구에 있는 錢莊은 110곳, 武昌에는 39곳에 달했다. 신해혁명 시기의 陽夏戰爭 과정에서 한구시는 큰 피해를 입었으며 전장의 손실도 막대했다. 民國 초기에 전장은 점차 이전의 영업상태를 회복하여 1919년 약 69곳이 다시 개업하였다. 羅漢, 「漢口竹枝詞」, 第64首 "錢業."

行(日), 스미토모은행(住友銀行)(日), 臺灣銀行(日), 東方匯理銀行(佛), 德華銀行(獨), 華俄道勝銀行(中魯合資), 中法實業銀行(中佛合資), 義品放款銀行(프랑스-벨기에 합자) 등이 그것이다.

民國初期에 개업한 은행으로는 다음과 같은 은행이 있다. 中法振業銀行(中-佛合資), 中華匯業銀行(中-日合資), 中華懋業銀行(中-美合資), 震義銀行(中伊合資), 漢口銀行(日), 華義銀行(伊), 華比銀行(중국-벨기에 합자), 友華銀行(美) 등이 그것이다.

"화폐는 응당 국가에 속해야 하는데, 洋圓이 中華에까지 침투하여 사용된다. 이권이 서양상인의 손에 떨어지니, 환전시의 비율을 마음대로 정한다."라고 한 죽지사의 작자는 기록하였다.[70] 뒤이어 중국인이 개설한 은행이 나타났다. 清 光緒31年(1905) 戶部銀行이 북경에 설립되었다. 이듬해 戶部銀行은 한구에 지점을 설립하였다. 이것은 국립은행이 처음으로 한구에 설치한 지점이었다. 光緒34年(1908) 戶部銀行은 大淸銀行으로 개명하였다. 신해혁명 후에는 中國銀行으로 개조되었다. 民國2年(1913) 중국은행 한구지점이 설립되었으며 다음해 武昌辦事處가 설치되었다. 民國17年(1928) 국민정부는 동은행을 국제환전은행으로 지정했다. 죽지사는 "中國銀行은 大淸(은행)이니 국가의 실업을 흥성하게 하려는 본분이 명확하도다. 金元을 본위로 銀元을 보조수단으로, 화폐제도[幣制]가 언제나 통일될 것인가?"라고 기록했다.

清 光緒33年(1907), 郵傳部의 주청에 의해 交通銀行이 설립되었다. 교통은행은 철도, 전보, 우편, 항운 등의 자금을 융통시킬 책임을 지고 있었다. 이듬해 한구에 지점이 설립되었다. 신해혁명 후 교통은행은 국고를 대신하여 兌換券을 발행해 운영능력이 날로 확대되었다. 民國17年(1928) 국민정부는 교통은행을 전국실업발전은행으로 지정하였다. 죽지사는 "交通部는 도처에 은행을 개설하니, 經濟는 (여러 部 중)이 部(교통

---

70) 羅漢, 「漢口竹枝詞」, 第55首 "各國銀行."

부)가 가장 강할 것이다. 철도정책이 근년 들어 성과를 얻으니 그중, 京漢(철도)과 京張(철도)을 자랑하네."라고 하였다.

상업은행으로는 中國通商銀行, 黃陂實業銀行, 浙江興業銀行, 鄂州興業銀行 등이 있었다. "유럽에서 전쟁의 풍운이 일기 시작한 후, 저축하는 사람이 날로 늘어났다."라는 내용의 죽지사가 있다.71) 중국과 외국 금융기관이 병존했기 때문에 淸末民初의 한구 시장에는 서로 다른 유형의 다양한 화폐가 나타났다. 이런 화폐에는 官錢局 銀元票, 銀元, 銅元, 製錢, 外國鈔票 등이 있었다.72)

금융수단의 쇄신 외에 공업기업도 성장했다. 용수 · 전력회사가 그것이다. 淸 光緖32年(1906) 상인 宋煒臣은 漢口 英租界 太平路에 '商辦漢鎭既濟水電股份有限公司'를 설립하였는데, 이 기업은 官督商辦의 성격을 가지고 있었다. 동 회사의 자본은 주로 浙江, 湖北, 江西의 거상들이 출자한 300萬 元을 바탕으로 했다. 이외에 湖北官錢局의 주식 30만 원을 구입하였다. 신해혁명 후 湖北官線局의 주식은 동회사에 의해 60만 원에 매입되었다. "한구는 난리(신해혁명) 후에 몇 배로 번화하게 되었다. 수도와 전기를 쓰는 것도 지금이 더 사치스럽다."라고 쓰인 죽지사가 남아있다.73)

또 성냥 공장이 있다. 淸 光緖23年(1897) 宋煒臣, 葉澄衷이 자본을 합쳐 燮昌火柴廠을 건립했는데, 이 공장은 燮昌洋火廠, 燮昌自來火廠, 燮昌火柴公司 등으로도 불렸으며, 한구 일본조계의 小路(지금의 旅順路)가에 위치했다. 이 공장은 38대의 기계를 갖추고 매월 쌍사자표[雙獅牌] 성냥 150상자를 생산하였다. 湖廣總督 張之洞은 이 공장에 10년의 특허를 제공했다. 죽지사는 이를 "古風은 傳薪되지 않고, 洋火는 곳곳에 흩

71) 羅漢, 「漢口竹枝詞」, 第53首 "交通銀行" · 第54首 "中國銀行" · 第56首 "浙江興業銀行" · 第57首 "鄂州興業銀行."

72) 羅漢, 「漢口竹枝詞」, 第127首 "官錢局銀元票" · 第128首 "光緒宣統銀元" · 第130首 "銅元" · 第131首 "前製錢" · 第129首 "各國鈔票."

73) 羅漢, 「漢口竹枝詞」, 第60首 "水電公司."

러넘친다. 이렇게 이권은 스스로 보호해야 하며, 함부로 남에게 넘겨서는 안 된다."라고 하였다.[74] 清末 무한지역에는 48개의 造廠이 있었다. 이른바 營造廠은 곧 오늘날의 건축회사를 일컫는다. 1929년에는 569개로 늘어났다. 죽지사는 "저자가 별처럼 늘어서 있는 것이 마치 벌집과 같다. 동란이 평정된 후 그 숫자는 더욱 늘어나고 있다. 土木 관련 업종을 비교하면, 요즘 廣東(상인들)은 寧波(상인)보다 못하다."라고 읊었다.[75] 보험회사도 있었다. "지금은 채무를 피하기 위해 직접 보험회사에 화재보험을 든다. 기발한 생각을 해서 불을 한번 내면 돈[靑蚨]이 날아갔다가 다시 날아든다."라고 죽지사는 기록하였다.[76]

하층 민중의 취업문제를 해결하기 위해 한구에는 빈민 공장이 나타났다. 清 光緖28年(1902) 湖廣總督 張之洞은 한구 靜室庵堤의 외부에 방직 공장을 건립했다. 여기서는 면포, 수건 등을 생산했고 '勸工院'이라고 불렀다. 民國 초기 지방정부는 아편관련 벌금으로부터 이 공장을 운영하기 위한 예산을 갹출하기 시작했으며, 이름 역시 '貧民工廠'으로 고쳤다.[77] 이 공장 때문에 이 지역은 새로운 거주지역이 되었다.

전화국도 새로 나타났다. 清 光緖26年(1900) 官設電話局이 한구 張美之巷(현재의 民生路)에 설립되었는데, 자석 교환기 20~30대가 비치되어 있었다. 한구의 전화업무는 이전에 전보국에서 관리했다. 清 光緖28年(1902) 자금부족으로 지방정부는 사업가들에게 지분을 판매하여 경영하기 시작했다. 清 光緖30年(1904), 전화회사가 설립되었는데, 富商 劉歆生이 이사[董事]를 맡았다. 이것은 중국 官督商辦 전화의 시초이기도 하다. 民國4年(1915) 교통부는 18만 원으로 전화국을 매입하여 국유로 전환시켰고, 별도로 9만 원을 지출하여 한구 조계지역의 전화업무를 함

74) 羅漢, 「漢口竹枝詞」, 第61首 "洋火廠."
75) 羅漢, 「漢口竹枝詞」, 第71首 "建築公司."
76) 佚名, 「漢上竹枝詞」, 第1首.
77) 羅漢, 「漢口竹枝詞」, 第63首 "貧民工廠."

께 매입하였다. 죽지사는 "두 지역이 멀리 떨어져 있는데도 한 가닥 선으로 통하게 되었다. 이는 月下老人이 (인연을 맺어주는) 붉은 실을 묶었기 때문이 아니다. (전화기를 통해 전해지는) 목소리는 확연하게 들리는데 사람은 어디에 있을까? 많은 소식이 전화를 통해 전해지네."라고 하였다.[78)]

대외무역 영역에서는 수출입 업무의 영향을 받아, 茶葉과 牛皮가 주요 수출품목이 되었다. 이를 두고 죽지사는 "兩湖의 茶業은 祁寧지역보다 못하고 오직 宜昌만 우세를 유지하고 있다. 돈의 가치가 날로 높아져 차의 가격이 날로 싸지는데, 茶經에도 이를 만회할 계책이 전해지지 않네."라고 하였다.[79)] 시장에서 유통되는 茶葉은 兩湖지역의 茶葉이 가장 많았지만, 판매가격이 安徽의 祁門茶나 江西의 寧都茶보다 낮았다. 湖北 宜昌茶와 湖南 安化茶의 가격은 두 省의 다른 지역 茶葉의 가격보다 높았다. 인도 · 실론차가 (시장에) 유통되면서, 한구의 차시장에 가격파동이 일어났고, 차 농가와 차 상인의 생존환경은 날로 어려워졌다. 국내의 유명한 차생산지로서의 한구의 명성은 점차 위축되었다. 한구가 개항된 후, 牛皮는 茶葉에 다음가는 두 번째 주요상품이었다. 淸 宣統3年(1911) 한구의 우피업자들은 花樓正街(현재 花樓街)에 皮業회사를 설립했다. 죽지사는 이를 "서양사람이 피혁제품을 만드는 기술이 예사롭지 않네. 우피 한 조각을 수십 층으로 잘라 낸다네. 수출용 牛皮는 콩이나 밤과 같으니(농산물처럼 가격이 낮으니) 고향으로 돌아가 농사나 지을 생각이나 해볼까?"라고 묘사했다.[80)]

수입비단과 수입면포는 한구 개항 후의 주요수입품이었다. "서양상품[洋貨] 중에는 면포 판매가 주를 이루는데 그 세력이 무서운 파도와 같다. 님들아 花樓에 가 보소. 서양면포점에 사람들이 수십 겹이나 물건을

78) 羅漢, 「漢口竹枝詞」, 第62首 "電話局."
79) 羅漢, 「漢口竹枝詞」, 第65首 "茶業."
80) 羅漢, 「漢口竹枝詞」, 第87首 "牛皮."

사러 에워싸고 있수다."라는 내용이 이를 잘 증명해 준다.[81]

稅收는 각급 행정정부가 시장을 조절하는 도구였다. 淸末民初 시기에 한구에서는 세제개혁이 실시되어 새로운 세입항목이 나타났다. 印紙稅[印花稅]도 그중 하나이다. 光緖33年(1907) 度支部는 印花稅則을 제정하였으나 宣統元年(1909)이 되어서야 이를 정식으로 실시하였다. 같은 해 호북성도 印花稅를 신설하여 무한지역에 전문적으로 印紙를 발매하는 기관을 두었다. 1912년, 北洋政府는 印花稅法을 반포하였고, 1927~1945년 국민정부도 여러번 印花稅 법령을 반포하였다. 1948년의 통계에 의하면 한구의 인세수입은 전년에 비해 6배 증가하여 한구 직접세 수입의 48%를 차지하였다. 1958년 인세는 工商統一稅에 통합되었다. "국가의 세금은 우리 백성에서 나오는데 그 부담이 해마다 괴로워진다. 印花功令이 생기고부터는 일 년에 몇 銀이라도 더 내야하니……"라고 죽지사는 읊었다.[82]

牛皮捐은 牛皮蛋捐으로도 불리며 淸末民初 무한지역의 牛皮業이나 계란취급 업자들에게 징수하던 잡세이다. "九九商捐은 추진되지 못했고 牛皮捐例은 前淸부터 시작되었다. 이런 繁重한 화물은 무거워도 상관없다. 서양상인에게 팔면 가격도 낮지 않으니……."라는 내용의 죽지사가 있다.[83] 조계에는 巡捕捐이라는 조계경찰을 유지하기 위한 잡세가 있었다. "조계의 巡捕捐은 차별없이 징수한다. 동아시아 사람이건 서구사람이건 상관없이."라고 죽지사는 기록하였다.[84] 중국인 지역[華界]에는 警捐이 있었다. 이것은 경시청의 비용을 유지하기 위해 설치된 세목이었다. "경시청의 한 해의 비용이 적지 않으니, 각 집마다 나누어 부담하는 것은 당연한 일, (이것으로) 실제적인 일[實事]을 해야지 진정한 효과

81) 羅漢, 「漢口竹枝詞」, 第68首 "匹頭店."
82) 羅漢, 「漢口竹枝詞」, 第121首 "印花稅."
83) 羅漢, 「漢口竹枝詞」, 第122首 "牛皮捐."
84) 羅漢, 「漢口竹枝詞」, 第123首 "租界巡捕捐."

[求是]를 얻을 수 있으니, (경시청은 이 비용으로) 사람들의 비웃음을 사는 행위를 하지 말라"라는 내용의 죽지사가 있다.[85]

다음으로 부동산 임대료가 있다. "조계에는 새로 지은 주택이 많아서 사람들마다 그곳에 살면서 (중국의) 풍파를 피한다. 집주인도 그들이 조계에 온 이유를 이해하니, 제 멋대로 임대료를 올린다 해도 어찌할 도리가 없네."라고 죽지사는 기록했다.[86] 중국인 지역의 임대료 역시 마찬가지였다. "임대료가 난리 후에 더욱 올랐네. 각종 잡세 역시 그 특징일세. 처음에는 오랜 기간 편히 사는 것이 쉽지 않다고 믿었는데, 외부의 작은 힘도 막지 못하는구나."라고 죽지사는 기록했다.[87]

이와 동시에 공채권과 같은 유가증권도 발행되기 시작했다. 이와 관련해 죽지사는 "前淸의 신용은 들어 이야기할 것도 없네. 관가의 법이 가장 필요했을 때가 그때였다네. 民國이 되어 공채표가 나왔는데, 원금과 이자까지 원래대로 돌려주네."라고 기록했다.[88]

저축표도 있었는데 이는 '彩票'라고도 불렸으며, 儲蓄會가 발행한 저축 장려를 위한 복권이었다. 1912년 프랑스인이 상해에서 萬國儲蓄會를 만들고 한구에 지회를 설치했다. 이 기구는 호북 · 호남 · 하남 · 사천 네 성의 15년 만기 적금업무를 처리하고 있었는데, 매달마다 복권추첨을 통해 예금주들을 끌어들였다. 죽지사를 보자.

> 연초에는 모든 업종이 휴무에 들어가는데 복권회사만 보통 때처럼 영업한다네. 이때부터 사람들은 큰 이익을 탐냈는데, 누가 알았으랴? 풍속이 이로부터 부패하기 시작한 것을.[89]

---

85) 羅漢, 「漢口竹枝詞」, 第124首 "華界警捐."
86) 羅漢, 「漢口竹枝詞」, 第125首 "租界房租."
87) 羅漢, 「漢口竹枝詞」, 第126首 "華界房租."
88) 羅漢, 「漢口竹枝詞」, 第119首 "公債票."
89) 羅漢, 「漢口竹枝詞」, 第120首 "儲蓄票."

이에 대해 저자는 "연초에 각 상점이 모두 문을 닫는데, 오로지 복권회사만 이상할 정도로 붐빈다. 정말 탄식할 만한 일이다."라고 기록하였다.

한구의 교통운수업도 빠른 속도로 발전하였다. 각종 신식 교통수단이 모두 갖추어졌다. 개항에 따라 증기선이 한구 부두의 중요한 수송수단이 되었다. 죽지사는 "봄이 되어 할 일 없이 무료할 때에는 揚子江에서 증기선 표를 산다네. 기적소리가 한 차례 울리면, 배는 화살처럼 나아가 이미 멀리서 한구를 바라보아야 한다네."라고 읊었다.[90]

외국 상인들의 증기선 부두는 대부분 조계에 설치되어 있었다. 오직 일본계 大阪商船公司의 부두만 漢水가 長江으로 합류하는 지점인 龍王廟에 설치되어 있었다. 부두의 규모는 컸고 선진적인 설비를 갖추고 있었다. 民國 초기에 한구에서 활동하는 외국상인이 경영하던 항운회사는 모두 7개였다. 太古洋行漢口分行(英), 怡和洋行漢口分行(英), 東方輪船公司(佛), 瑞記洋行(獨), 美最時洋行(獨), 日淸汽船株式會社(日), 華昌公司(中英合資)가 그것이다. 淸 同治12年(1873), 輪船招商局이 상해에 설립되었으며 漢口分局은 5개 항로를 개척하였다. 漢口－上海, 漢口－宜昌, 漢口－湘潭, 漢口－常德, 漢口－重慶 노선이 그것이다. 중국 증기선이 정박하는 부두는 모두 중국인 지역에 있었으며, 설비는 낙후했고, 대부분 흙이 드러난 산비탈의 형태였다. 죽지사를 보자.

> 招商局 · 太古에서 怡和 증기선회사까지 또 華昌 · 大阪 증기선회사까지 배들이 화살처럼 늘어섰으니, 큰 배들이 작은 배보다 많도다.[91]

작자는 이 죽지사에 "항운업의 동 · 서경쟁이 치열해서 시시로 협력하고 갈라지는 것이 合縱連橫과 같다."라는 기록을 남겼다.

---

90) 髻漁羅懋其, 「漢口新年竹枝詞」, 第6首.
91) 漱盂, 「遣興」, 第1首.

清 光緒23年(1897) 蘆漢鐵路 건설이 시작되었다. 9년의 기간이 지난 후, 비로소 공사가 끝났으며 철도의 이름도 '京漢鐵路'로 개칭했다. 清 光緒26年(1900), 漢口 大智門 기차역 건설이 시작되었다. 이 역은 벨기에로부터 차관을 얻어 프랑스 설계사가 설계하고 광동상인이 시공하였는데, 경한철로 남단에서 가장 큰 역이었다. 1991년 한구 金家墩기차역이 개통되면서 大智門 역은 歷史의 무대에서 퇴장했다. 사람들이 기차를 타고 한구에 드나들게 되자, 한구의 사회유동성은 한층 더 강화되었으며, 도시공간도 진일보 확대되었다. 관련 죽지사를 보자.

> 智門 가차역은 北京과 天津으로 통하는데, 손님을 실어 나르는 연기가 날마다 자욱하네, 기적이 한번 울리면 다시는 말리지 못하니 어떤 이는 눈물을 머금고 손수건을 적시는구나.[92]

> 大智門 역이 번화하다고 하더니 전동 엔진이 우렁차게 기차를 움직이는구나. 기적 소리 한번에 사람은 떠나가고 몇 줄기 눈물만 흘릴 뿐이네.[93]

> 기차역에 기적이 울리면 짐을 든 사람들이 길에 가득하네. 모두 고향을 떠나 한구에 오는 사람들이니 마치 한구의 春色이 고향에는 없는 듯하네.[94]

다음으로 자동차도 있었다. 한구의 거리를 달린 첫 번째 자동차는 清 光緒29年(1903) 영국 영사인 포드가 가져온 자동차였다. 車頭는 타원형이었으며 손으로 돌려 시동을 걸었고, 앞부분에는 석유램프를 장착했다. 한구의 중국인 중 처음으로 자동차를 가졌던 사람은 清 宣統元年

92) 羅漢, 「漢口竹枝詞」, 第12首 "輪船碼頭"· 第58首 "招商局"· 第59首 "各國輪船公司."
93) 羅漢, 「漢口竹枝詞」, 第11首 "火車站."
94) 方敏公, 「漢皋竹枝詞」, 第1首.

(1909) 阜昌洋行의 買辦이었던 劉子敬이었다. 신해혁명 직전 한구에는 20여 대의 자동차가 있었는데, 모두 조계지역에 있었다. 그중 2/3는 외국인 소유였다.

자동차는 또 시민들이 이용하는 교통수단이기도 했다. 즉 지금의 버스에 해당한다. 한구에 공공운행을 위한 자동차가 생긴 것은 民國17年(1928)이었다. 이해에 시당국은 安利洋行으로부터 16대의 자동차를 구매하여 21개의 좌석이 있는 客車로 개조했다. 이듬해 한구에는 礄口－六合路, 觀音閣－老圃 두 개의 버스노선이 생겼는데, 매일 평균 승객 수는 만여 명이었다. 民國20年(1931)에 한구에는 모두 31대의 버스가 운행되고 있었다. 관련 죽지사는 다음과 같다.

> 자동차가 활발하게 움직이는 것은 운전기사 덕분인데, 雙輪을 힘차게 두드리면 마치 날아가는 것 같네.[95]

> 자동차가 힘차게 내달리면 푸른 빛과 붉은 빛이 따라 내리네.[96]

여기에 대해 저자는 "여성들이 (공공의) 자동차를 타는 것을 좋아했다."라는 주를 붙였다.

> 얼마나 많은 미인들이 老圃에서 노니는 것을 좋아하는가? 남편을 따라 모두 버스를 타고 돌아가네.
>
> ……
>
> 많은 관람객이 흩날리는 모래처럼 모여드는데 (타고 오는 것은 모두) 마차가 아니면 자동차일세.[97]

清末民初 신식 마차가 한구 거리에 나타났다. 清 光緖年間, 한구에는

95) 蔡寄鷗, 「詠漢口竹枝詞」, 第2首.
96) 羅漢, 「漢口竹枝詞」, 第109首 "汽車."
97) 閔惠明, 「漢口元夜竹枝詞」, 第1·7首.

4대의 신식마차가 있었다. 신식마차는 앞에서 말 한 마리가 마차를 끌고 마부는 뒷부분의 높은 의자에 앉을 수 있도록 설계되었다. 뒷부분에는 창문과 부드러운 좌석이 있는 차체가 결합되어 있었으며, 두 사람을 태울 수 있었다. 光緒29年(1903), 漢陽 사람 龍飛는 漢口 六渡橋開에 한구 최초의 마차회사를 설립했는데, 이 회사는 10여 대의 마차를 임대했다. 이후 마차 형태가 텐트형으로 변화했다. 즉 원래의 창문이 절접식 텐트로 대체된 것이다. 차내의 좌석도 서로 마주 볼 수 있는 4인석으로 바뀌었으며, 양 옆의 발판에도 2명이 설 수 있었다. 마부석도 병렬로 2인이 앉을 수 있었다.

마차를 이용하는 승객들은 수시로 마차에 탑승할 수 있었으며, 노선에 따라 비용을 지불했는데, 일반적으로 인력거의 절반 가격이었다. 民國35年(1946) 마차업종은 최성기에 달하여 마차는 250대를 초과했다. 당시 사람들은 마차운영업을 '발굽장사꾼(蹄子幫)'이라고 불렀다. 1951년 무한시 당국은 마차운행을 취소시켰다.[98)]

인력거는 근대 중국도시의 전형적인 풍경 중 하나였다. 이는 인력으로 움직이는 雙輪車로 일본인이 발명한 것이다. 淸 同治13年(1874) 인력거는 일본에서 상해로 전해졌는데, 당시에는 '東洋車', '行車', '包車'라고도 불렸다. 淸 光緒14年(1888), 인력거가 한구 조계에 등장했다. 淸 宣統3年(1911) 한구 조계에는 약 500대의 인력거가 있었으며, 중국인 지역에는 1,000대의 인력거가 있었다. 인력거는 시민들의 가장 중요한 교통수단이었던 것이다.

1920~1930년대는 인력거가 가장 활발하게 발전하던 시대였으며, 바퀴도 강철바퀴살에서 고무 타이어로 바뀌었다.

富商大賈의 자가용 인력거가 거리의 인력거보다 더 안정적인 것

98) 羅漢, 「漢口竹枝詞」, 第110首 "馬車."

도 아닐세. 넓은 좌석과 바퀴는 마치 숫돌과 같아서 어느 쪽으로부터 끌어당기든 기울어지지 않네.[99]

東洋車 한 대를 불렀는데 3분 안에 (도착해서) 목적지를 묻네.[100]

구슬을 입힌 雙燈이 유달리 붉고 방울을 밟으니 딸랑딸랑 소리가 울리네. (이 차가) 서양거리에 한번 들어가면 바로 벙어리가 되니, 지금은 암닭인 것이(조용해 지는 것이) 왜 (서양거리, 즉 조계에 들어오기) 이전(중국인 지역에서는 시끄럽게 우는) 숫닭이었던 것인가?[101]

이에 대해 작자는 "자가용 인력거를 한구 사람들은 '行車'라고도 하고 '包車'라고도 한다. 인력거에는 방울이 있는데, 탑승자는 그것을 흔들어 따릉따릉 소리를 내어 앞에 가는 사람들에게 길을 양보하게 한다. 조계에서는 방울사용을 금지하였으며, 그렇지 않으면 구류의 벌에 처해졌다. 이전에 자가용 인력거를 탄 사람이 높은 의자에 앉아 중국인 지역[內地]을 달릴 때는 앞에 사람이 없어도 딩동딩동 소리를 내어 다른 사람이 자신의 위세를 알도록 하더니, 일단 조계 지역만 들어가면 쥐 죽은 듯 조용해지는 것을 보았다. 심히 가소로운 일이다."라는 주를 달았다.

民國35年(1946) 한구에는 三輪車가 등장하여 인력거의 시장을 위협했다. 1957년 무한시 당국이 인력거를 폐지하자 자전거도 무한 시내에 등장하기 시작했다. 자전거는 당시 '腳踏車'라고 불렸으며 주로 영국에서 수입한 것으로, 바퀴 하나는 크고 다른 하나는 작았다. 죽지사는 "한 바퀴는 높고, 다른 하나는 낮으니, 香塵과 馬蹄를 따르기에 좋네. 오고가고 힘들일 필요 없으니 동서로 마음대로 움직인다네."라고 읊었다.[102]

99) 羅漢, 「漢口竹枝詞」, 第111首 "人力車."
100) 失名, 「漢口新年竹枝詞」, 第8首.
101) 雪・華, 「漢口竹枝詞」, 第28首.
102) 羅漢, 「漢口竹枝詞」, 第112首 "腳踏車."

4) 結語

각기 다른 작자들의 손에서 나온 죽지사들을 상호 연관시켜 이해하는 것을 통해 우리는 清末民初 한구의 특정한 역사적 기억을 얻을 수 있다. 어떤 기억은 이미 사라졌거나, 어떤 기억은 이미 한구의 도시 분위기 안에 융화되어 지금 한구가 한구일 수 있는 이유가 되고 있다.

개별적인 서사의 일종으로서 죽지사는 도시의 다원적 모습의 한 측면일 뿐이다. 그것은 완전한 화면이 아니라, 당시인들이 동시대의 도시에 느꼈던 일면을 자유롭게 선택한 것일 뿐이다. 서사방식의 측면에서 죽지사는 거의 潤文의 흔적이 없는 개별적 감정의 직접적인 노출을 통해 표현된 문학양식이라 할 수 있다. 바로 이 때문에 죽지사는 역사적 단편의 진실한 묘사로서 현재인들이 과거를 분석하는 소재가 될 수 있는 것이다.

수백 수의 죽지사가 전달하는 역사적 정보 안에서 우리는 개항 후 한구의 변화를 대강이나마 이해할 수 있었다. 도시건설, 공공생활, 도시관리, 경제적 기능 등이 모두 이에 포함되며, 清末民初 한구 도시공간이 확장되는 추세를 잘 보여준다. 이러한 도시공간과 기능의 지속적인 확장이야말로 한구가 근대 중국에서 상업적 경쟁력이 가장 높은 도시 중 하나로 성장할 수 있었던 원인이었다.

3. 한구 모델의 역사적 시사점

清末民初 한구 도시공간과 기능의 확장을 통하여 우리는 한구 모델과 중국 초기 근대화의 관계가 매우 깊음을 알 수 있다. 다시 얘기해서 동 모델은 중요한 시사점을 가지고 있는 것이다.

강남의 초기 공업화 역사는 明清시대 강남공업이 집약적 형태로 발전했음을 보여준다. 즉 노동분업과 전문화가 강남공업의 발전을 촉진했으며, 이러한 촉진작용의 규모와 지속시간은 주로 시장의 변화에 기인한다는 것이다. 구미학자들의 계산에 의하면 1700~1820년간 세계 GDP 중에서 중국의 GDP(국내총생산)가 점하는 비중은 23.1%부터 32.4%까지 상승했으며, 연성장률은 0.21%였다고 한다.

이는 明淸시대의 중국 국내시장이 절대적 규모 면에서나 발전 속도의 면에서나 놀랄 만한 정도의 발전을 보이고 있었음을 보여준다. 영국과 비교했을 때 적어도 절대규모 면에서 明淸시대 중국 국내시장은 영국과 그 식민지로 구성되는 대영제국의 시장보다 더 컸던 것이다. 그뿐만 아니라 明淸시대 강남은 통일된 중화제국의 일부분이었고 이 제국 안에서 가장 좋은 지리적 위치를 점하고 있었다. 이 때문에 강남은 평화적인 방식을 통해 거대한 중국 국내시장 안에서 지역적 노동분업과 전문화라는 이익을 얻을 수 있었다. 이 때문에 초기 영국인이 전쟁을 통해서 해외식민지로부터 경제적 이익을 얻었던 것보다 더 저렴한 초기비용이 투여될 수 있었다.

이 밖에 明淸시대는 동아시아 지역에서 국제무역이 발전하여 중국을 중심으로 동아시아 무역권이 형성되던 시기였다. 또 강남지역은 이 무역권의 중심에 있었다. 만일 서방의 침입이 없었다면 강남의 초기 공업화는 근대공업으로 발전할 가능성이 거의 없었다. 주요 이유는 집약적 동력은 산업혁명을 낳을 수 없기 때문이었다. 이러한 점으로 볼 때, 석탄과 철 등의 자원이 부족했기 때문에 강남에서는 에너지 혁명과 자원혁명이 일어날 수 없었으며, 근대공업화도 발전시킬 수 없었다.[103] 그러므로 만일 서방의 침입이 없었다면, 강남의 초기 공업화가 근대공업화로 발전될 가능성은 극히 적었다고 할 수 있다.

강남이 그러했다면 경제수준이 강남보다 낙후한 다른 지역은 어떠했

---

103) 李伯重 著, 『江南的早期工業化(1500~1850)』, 第11章 참조.

을까? 호북성을 예로 들면 한구 개방 이전 호북은 농촌에서 城鎭으로 구성되는 수공업 면방직업을 위주로 한 수공업 생산 네트워크를 갖추고 있었다. 강남과 마찬가지로 호북 전통공업의 발전도 집약적 성장 유형에 속했기 때문에 근대 산업화를 이끌 수 없었다. 張之洞이 양광총독이 된 후 실시한 '湖北新政' 역시 마찬가지였다. 도시에서는 일정한 성과를 거두기도 했지만, 광대한 농촌지역에서는 전통소농경제의 주도적인 지위가 조금도 흔들리지 않았다. 만일 '湖北新政'이 근대화된 새로운 기술로 淸 후기 호북 사회경제의 첫 번째 특징으로 도약했다면, 너른 바다와 같은 소농경제는 고전적인 자태로 淸 후기 호북 사회경제의 두 번째 특징으로 자리잡고 있었다. 이러한 경제적 다층구조는 전통과 근대화의 복잡한 관계를 전형적으로 보여준다고 하였다.[104)]

강남 초기 근대화와 관련된 연구 및 본고에서 토론한 한구 모델은 모두 전통적인 중국의 초기 근대화의 기초 및 동력이 공업영역이 아닌 상업영역에 있었다는 점을 잘 보여준다. 이것은 영국 모델과 다른 중국 버전의 근대화라고 할 수 있다. 바로 이 때문에 서방의 선진적인 기술과 무기[堅船利炮]에 의해 국가의 문호가 열린 후, 파도처럼 중국시장으로 들이닥친 기계제 면사·면포 공업이 점차 중국의 전통적인 방사·방직이 결합된 중국전통의 농민 가정 면방직 수공업을 와해시킬 수 있었던 것이다. 이 과정을 살펴보면 우선 방사와 방직공업의 유기적 통일을 단절시키고, 그 다음으로 기계직포 공장의 건립에 따라 가장 발전한 공업지대에서는 수공 면방직업이 역사의 중심무대에서 퇴장하게 되었다.

그러나 明淸시기에 형성된 전통상업 네트워크 및 시장 메커니즘은 충격에도 불구하고 활력을 가지고 있었으며, 근대 상품 유통의 중요한 루트 중 하나가 되었다. 다른 것은 이때의 중국에는 이원적인 상품유통 루트가 형성되어 있었다는 점이다. 하나는 국제시장과 결합된 상품유통

104) 陳鈞·任放 著, 앞의 책.

루트로서 서양상품 수입 및 본국상품 수출을 주된 내용으로 했다. 두 번째는 국내시장과 연결된 상품유통루트로서 국산품의 국내교역을 위주로 하는 것이었다. 서양열강은 중국의 전통적 상업화의 성과를 이용하였던 것이다. 이는 한편으로는 서양자본주의의 중국에 대한 약탈을 편리하게 하였고, 또 다른 한편으로는 중국 일부지역의 전통상업이 역사적 기회를 맞아 근대적 전환을 실현할 수 있는 기초를 제공하였다. 한구 모델이 대표적인 예라고 할 수 있다.

한구 모델은 중국 초기 근대화의 여러 모델 중 하나라고 할 수 있다. 한구의 초기 현대화의 동력은 상업화였지 공업화가 아니었다. 이것은 중국 내 다른 지역과 차이가 있으며 영국 모델과도 다르다. 역사는 하나의 국가가 근대화를 실현하는 과정 중에서 지역의 비교 우위를 활용하는 데 관심을 기울여야 하며, 고정된 모델을 그대로 이식하거나 맹목적으로 거대한 경제규모만을 추구해서는 안 된다는 것을 보여준다. 어떤 지역은 상업화의 길을 갈 수 있고, 어떤 지역은 공업화의 길을 갈 수 있으며, 또 어떤 지역은 문화와 교육부분을 특화시킬 수 있고, 다른 지역은 농업생산을 강화할 수도 있다. 이런 과정을 통해 지역규모의 경제가 형성되는 것이다. 그런 후 통일된 전국적 시장조건하에서 각각의 장점을 상호 보완하여, 큰 경제적 효과를 거두고 종합적 국력을 향상시킬 수 있는 것이다. 결론적으로 중국의 초기 근대화의 각도에서 한구 모델을 고찰하는 것은 중요한 역사적·현실적 의의를 가진다고 하겠다.

(「漢口模式與中國早期現代化」, 『光明日報·理論版』, 2003 ;
「竹枝詞所見淸末民初漢口城市空間及功能的擴張」,
『10世紀以來長江中游環境·經濟與社會變遷』, 2007)
(권택규 번역)

찾아보기

【ㅇ】